女性特色教育系列丛书
NÜXING TESE JIAOYU XILIE CONGSHU

# 女性与生活实用技能

NÜXING YU SHENGHUO SHIYONG JINENG

赵继忠 ◎ 主　编
颜　丽 ◎ 副主编

编　者
（按拼音排序）
侯丽霞　李明坤　刘乐天　刘文红
刘　宇　颜　丽　赵继忠

东北师范大学出版社
NORTHEAST NORMAL UNIVERSITY PRESS
长　春

**图书在版编目（CIP）数据**

女性与生活实用技能/赵继忠主编． —长春：东北师范大学出版社，2022.1
ISBN 978-7-5681-8662-9

Ⅰ.①女… Ⅱ.①赵… Ⅲ.①女性—家庭社会学—高等学校—教材 Ⅳ.①C913.11

中国版本图书馆 CIP 数据核字（2022）第 016690 号

□责任编辑：高 铭 □封面设计：迟兴成
□责任校对：石 斌 □责任印制：许 冰

东北师范大学出版社出版发行
长春净月经济开发区金宝街 118 号（邮政编码：130117）
电话：0431—84568023
网址：http：//www.nenup.com
东北师范大学音像出版社制版
河北亿源印刷有限公司印装
石家庄市栾城区霍家屯裕翔街 165 号未来科技城 3 区 9 号 B
（电话：0311—85978120）
2022 年 1 月第 1 版 2022 年 1 月第 1 次印刷
幅面尺寸：170mm×240mm 印张：12.5 字数：245 千
定价：38.00 元

# 前　言

近年来,"劳动光荣、技能宝贵、创造伟大"的理念在我国逐渐深入人心,崇尚技能、尊重劳动蔚然成风。劳动者素质的高低对一个国家、一个民族的发展起着至关重要的作用,而技能人才是支撑中国制造、中国创造以及推动经济高质量发展的重要基础。中国智造正在抒写技能强国新的篇章,社会对技能劳动者的需求将保持不断增长的趋势。

技能,有工作和专业技能、日常生活技能之分,无论是怎样的表现形式,都可以殊途同归,手巧促进心灵,人们会因掌握技能而成就事业,因掌握技能而实现人生梦想。

在日常生活中,无论是炒菜、做饭,还是打理衣物、运动健身,都有一些"八仙过海各显其能"的高手,其"运指如飞"的各种表现不仅让人们赞叹不已,而且给生活带来诸多便利和无穷乐趣。

虽然不需要每个人都成为各个方面的技能高手,但是,能够熟练地准备一桌营养丰富的家宴,能够迅捷地打点好适宜的出行服装,能够高效地整理好居家环境,能够熟练使用信息化工具,等等,都是许多人所需要和向往的。而技能都是通过一定的方式后天习得的,无论是外显的动作技能还是内隐的心智技能,都是一个面向目标不断熟练化的过程。因此,通过学习一些生活实用技能,提升生活技能水平从而提升生活质量和幸福感,是件一举多得的事情。

促进技能强国,需要充分发挥女性"半边天"的重要作用。为了帮助更多的女性提高生活技能水平,提高生活和工作效率,从而提升生活的幸福感,我们编写了本书。本书把女性生活实用技能,根据衣、食、住、行、说、用的逻辑,按照着装技能、营养搭配技能、生活美化技能、运动技能、沟通技能、财务管理技能、科学育儿技能、信息化技能等方面进行了简要介绍,主要突出了以下特点:

一、突出技能。技能与知识密不可分,但知识并不等于技能。知识带有"有"和"无"的性质,技能则以"熟练"和"不熟练"来衡量。因此,本书注重介绍怎样操作、怎样运用,重在体现"行",以达到"知行合一"直至熟练。

二、提供线索。生活中的技能有很多,单是运动技能,就有走、跑、跳、投、钻、爬、游泳、滑雪、球类活动、棋类活动、体操活动等多种。本书对生活技能没有包罗万象,而是举其中与大众生活联系密切的耐力性运动、力量性运动、柔韧性和协调性运动中的几种形式作为例子，进行了简要说明，给大家指出一些技巧和注意事项，来提高大家的技能水平。着装技能、育儿技能、信息化技能等也是如此，以便学习者举一反三，纲举目张。

三、实例引导。在技能面前，语言是"苍白无力"的，因为多数技能"只可意会不可言传"，只有反复练习和操作，才能不断提高技能水平。绝大多数技能"不是听来的，不是看来的，而是练来的"。因此，本书用了大量的例子和图片来告诉学习者具体的操作过程，以便大家加深理解，熟能生巧。

本书编写团队具有多年从事高校职业教育教学工作的丰富经验，有服装设计、学前教育、园艺技术、计算机应用等专业教师，为本书内容的实践应用性提供了可靠保障。本书为集体智慧的结晶，各章的编写分工为：第一章由赵继忠教授编写，第二章由刘宇编写，第三章由侯丽霞、刘乐天编写，第四章由颜丽副教授编写，第五章由刘乐天编写，第六章由赵继忠教授编写，第七章由颜丽副教授编写，第八章由李明坤编写，第九章由侯丽霞编写。最后，由赵继忠教授负责全书统稿。

在编写过程中，编写人员参阅了相关书籍和许多研究成果，在此谨向这些作者表示衷心的谢意。与此同时，编写组还得到了专家的悉心指导和鼎力支持，在此我们要特别感谢河北女子职业技术学院樊桂林教授为本书出版所给予的专业指导和大力支持，也衷心感谢河北女子职业技术学院领导在本书编写过程中给予的大力支持和帮助。

由于编写人员认识水平、学识水平有限，本书还存在诸多不足和问题。我们希望专家和同行多提宝贵意见，在此我们表示衷心感谢！

本教材编写组<br>2022 年 4 月 9 日

# 目 录

**第一章　生活实用技能概述** …………………………………………… 001
　　一、技能的内涵与特点 ………………………………………… 001
　　二、生活实用技能的分类 ……………………………………… 003
　　三、女性实用生活技能概要 …………………………………… 005

**第二章　女性与着装技能** ………………………………………………… 008
　　一、服装选择技能 ……………………………………………… 008
　　二、服装缝制技能 ……………………………………………… 017
　　三、服装管理技能 ……………………………………………… 022

**第三章　女性与营养搭配技能** …………………………………………… 028
　　一、人体的营养需求 …………………………………………… 028
　　二、各类食物的营养价值 ……………………………………… 037
　　三、针对特殊人群的营养搭配技能 …………………………… 039

**第四章　女性与生活美化技能** …………………………………………… 056
　　一、生活美化技能基本要求 …………………………………… 056
　　二、色彩美化生活技能 ………………………………………… 057
　　三、观赏植物绿化生活技能 …………………………………… 060
　　四、智能家居优化生活技能 …………………………………… 074
　　五、环保家居净化生活技能 …………………………………… 078

**第五章　女性与运动技能** ………………………………………………… 084
　　一、发展耐力性的运动技能 …………………………………… 084
　　二、发展力量性的运动技能 …………………………………… 090
　　三、发展柔韧性与协调性的运动技能 ………………………… 094

## 第六章　女性与沟通技能 …………………………………… 105

一、沟通概述 ………………………………………………… 105
二、优化沟通过程的基本策略 ……………………………… 108
三、提高有效沟通的技巧 …………………………………… 111
四、与不同性格类型的人沟通的技巧 ……………………… 112

## 第七章　女性与财务管理技能 ………………………………… 120

一、女性与家庭财务管理 …………………………………… 120
二、如何做好家庭财务管理 ………………………………… 121
三、家庭理财投资工具 ……………………………………… 128
四、工薪家庭如何理财 ……………………………………… 136
五、家庭理财如何规避风险 ………………………………… 137

## 第八章　女性与科学育儿技能 ………………………………… 139

一、婴幼儿日常护理技能 …………………………………… 139
二、辅食选择与制作方法 …………………………………… 141
三、玩具选择与使用方法 …………………………………… 150
四、育儿游戏与指导技能 …………………………………… 158

## 第九章　女性与信息化技能 …………………………………… 166

一、信息化技能的内涵 ……………………………………… 166
二、信息的获取技能 ………………………………………… 167
三、数据信息的处理技能 …………………………………… 174
四、主要软件使用技能 ……………………………………… 189

# 第一章　生活实用技能概述

> **本章要点**

个体运用已有的知识经验，通过练习而形成的一定的动作方式或智力活动方式，就是技能，包括初级技能和技巧性技能。知识不同于技能，而技能与能力也不同。获取技能的方式有正式教育、训练、非正式学习及工作经验等。在训练与教育的相关文献里，一般将技能区分为基本技能、一般性技能、职业技能。女性与生活实用技能根据生活实用技能的衣、食、住、行、说、用的逻辑，主要有着装技能、营养搭配技能、生活美化技能、运动技能、沟通技能、财务管理技能、科学育儿技能、信息化技能等。

伴随着科技的发展，人类社会的便捷度不断提高，机械化、自动化程度提高，许多事情都不需要人们自己动手。很多事做起来都容易了，但是，人们收获的快乐少了，而且滋生了人们的懒惰。有的人稍微工作辛苦些，就感觉压力大，就感觉生活无趣；有的人活动少了，身体出现的毛病却多了。现实让更多的人认识到，生活越方便，越需要我们坚持自己动手做一些东西，要去掌握一些生活技能，让生活更美好。想要过怎样的生活，就让自己去做怎样的努力。总有乐在其中的本领，是我们这一生必须学会的一项很重要的生活技能。

## 一、技能的内涵与特点

### （一）技能的内涵

在生活中，有许多技能让我们称赞不已：有的刀削面师傅运刀如飞，面条飞舞，如同耍杂技一般把面条下到锅里；有的倒茶的小哥把带有很长壶嘴的茶壶挥舞得上下翻飞，却能把茶水稳稳地冲到顾客的茶碗里……每当看到这些场景，许多人不由联想起《庖丁解牛》中的描述："庖丁为文惠君解牛，手之所触，肩之所倚，足之所履，膝之所踦，砉然向然，奏刀騞然，莫不中音。合于《桑林》之舞，乃中《经首》之会。"这些技能不仅提高了生活效率，而且给人们带来了美的享受。这些都是技能娴熟的突出表现。

在生活中，虽然不是每个人都要成为技能高手，但是，能够熟练地准备一桌营养丰富的家宴，能够迅捷地打点好适宜的出行服装，能够高效地整理好居家环境，能够顺畅高效地与人沟通，能够熟练使用信息化工具工作，等等，不是许多人所需要和向往的吗？而这些都需要我们提升生活技能水平。

那么，什么是技能呢？关于技能的内涵，有以下几种说法。

**1. 技能是活动方式或动作方式**

《辞海》将技能定义为：运用知识和经验执行一定活动的能力叫技能。通过反复练习达到迅速、精确、运用自如的技能也叫技巧。《教育词典》把技能定义为：通过学习重复和反省而习得的体能、心能和社会能力，个体对这种能力的提高也许是无止境的。《教育大辞典》的定义：主体在已有的知识经验基础上，经过练习形成的对待某种任务的活动方式。该观点突出强调了技能是通过活动或动作习得的，对技能的获得方式有较为明确的回答，但忽视了技能与知识的联系，未能提示技能尤其是智慧技能与知识的本质联系。在技能训练方法上，可能导致机械模仿和重复练习。

**2. 技能是行为和认知活动的结合**

斯诺（R. F. Snow）认为技能是由与行为及认知有关的事项的结构系列组成。该观点突出强调了技能结构中各因素的相互联系，但未能揭示技能的真正内涵，对于行为和认知到底是怎样结合的没有给出明确的回答，令人难以正确理解技能的真正含义。

**3. 技能属于知识范畴**

在认知主义广义的知识观中，动作技能、智慧技能和认知策略被视为不同形式的程序性知识，将知识、技能和策略都统一在知识范畴中。该观点突出强调了技能对活动的指导作用，但混淆了知识与技能的概念，难以说明技能的本质并否定技能训练。

我们认为，个体运用已有的知识经验，通过练习而形成的一定的动作方式或智力活动方式，就是技能。它包括初级技能和技巧性技能。前者是借助有关的知识和过去的经验，经过练习和模仿而达到会做某事或能够完成某种工作的水平。后者则要经过反复练习，达到自动化的程度。

**（二）技能的特点**

尽管在对技能下定义时有诸多分歧，但是这些定义都是相通的，不难找到其共同点：

**1. 技能都是通过一定的方式后天习得的**

外显的动作技能和内隐的心智技能都可以用一定的方式表现出来。同时技能的发展和提高是一个面向目标不断熟练化的过程。因此,对人的技能培养是可能的,而且必须贯穿终身。

**2. 技能与知识密不可分**

知识带有有和无的性质,技能则以熟练和不熟练来衡量。在练习和掌握某种技能时,必须运用某些储存在大脑中的先决知识。有效的知识必须能够指导活动。能力是在运用知识解决问题的过程中表现出来的。知识并不直接转化为能力,技能就成为联络知识和能力的桥梁。

**(三)知识、技能与能力**

掌握了知识,不等于拥有了技能和能力,而技能与能力也不是一个概念。

技能是个体身上固定下来的复杂的动作系统,而能力是个体顺利完成活动任务的直接有效的心理特征;技能是对动作和动作方式的概括,而能力是对调节认识活动的心理活动过程的概括,是较高水平的概括。

学校教育的任何一个教学科目,不仅要教给学生系统的知识,而且要使学生形成一定的技能。知识和技能都是具体的教学内容,而能力是教育所要达到的目的。

知识、技能的掌握,并不意味着能力的高低。在学校教育中,出现所谓"高分低能"的现象,说明了在教学过程中,反映学生掌握知识、技能的程度的分数可能很高,而学生分析问题和解决问题的能力却仍有可能很低。

## 二、生活实用技能的分类

**(一)技能的分类**

技能按其熟练程度可分为初级技能和技巧性技能。初级技能只表示会做某件事,而未达到熟练的程度。初级技能如果经过有目的、有组织的反复练习,动作就会趋向自动化,而达到技巧性技能阶段。

技能按其性质和表现特点,可区分为如书写、骑车等活动的动作技能和像演算、写作之类的智力技能两种。技能形成过程中,各种技能动作之间会相互影响。已形成的技能若促进新技能的形成,叫技能正迁移;如果已形成的技能阻碍了新技能的形成,叫技能干扰,或技能负迁移。

在训练与教育的相关文献里,一般将技能区分为基本技能(Basic Skills)、一般性技能(Generic Skills)、职业技能(Vocational Skills)。基本技能:作为发展更深度技能的必要基本技能,例如读写能力、计算能力。一般性技能:包括问题解决、团队合作以及增进个人学习与表现的能力。职业技能:能够帮助达成某职业任务的技术性技能。

技能还可分为技术类(technical)、管理类(supervisory)、人际互动类

(interpersonal)、企业类（general business）技能。技术类技能是具有工作单位相关的概念、方法与工具应用的能力；个人能够有效监督与管理他人是管理类技能；人际互动类包括有效与他人沟通及互动的技能。技能通常是运用所需要的知识程度与决策自主完成某些任务，通常与工作者的资格有关，缺乏技能的工作者不容易完成相关任务。

（二）技能的形成

由外部动作构成的技能为运动技能，如踢球、骑车、弹琴、写字等；由头脑内部完成的心智活动构成的技能为智力技能，如心算、阅读、文章构思、疾病诊断等。运动技能和智力技能的区分不是绝对的，许多运动技能都包含智力技能的成分，如修车、安装收音机等。在运用运动技能过程中，常有许多障碍或事故要排除、新的情况要处理，这就需要智力技能与运动技能的统一，如在交通拥挤的路上开汽车。

以运动技能的形成为例，它是通过练习逐渐形成的，一般要经过以下阶段。

**1. 认知定向阶段**

即学习有关知识和原理，并对正确的动作模式形成鲜明的视觉表象的过程。在此基础上，能基本完成单个动作，但呆板、不协调，不能形成连贯的系统。

**2. 动作系统初步形成阶段**

这阶段开始掌握连贯的动作，注意力从认知转向运动，从个别动作转向动作的协调与组织。

**3. 协调完善阶段**

这阶段动作已在时间和空间上形成连贯稳定的动作系统，速度和准确性提高，紧张及多余动作消失。更重要的是，这阶段意识对动作的控制减弱，达到自动化水平，调节动作的反馈方式由视觉控制转化为动觉控制。这样，动作的完成摆脱了对视觉及整个意识的依赖，使我们有更好的条件去处理其他的信息（如一边看稿子一边打字，一边开车一边做导游），使我们能更顺利地完成更复杂的任务，也有利于根据不断变化的情况灵活地运用技能。

技能的成绩随练习的次数与时间增加而提高，主要表现为动作错误次数的减少和动作速度的提高。练习成绩随时间提高的趋势有以下几种：（1）匀速增长；（2）先快速增长，然后增长变缓；（3）增长先慢后快。较为常见的是高原现象，即在练习的中期，练习成绩的提高发生停顿，此后又继续提高。不少技能形成都表现为初期成绩迅速提高、逐渐停顿、再提高、再停顿等一系列波浪前进的过程。高原现象同练习中的疲劳有关，而更可能因为技能的进一步提高，要求旧有技能结构发生改变，这些都是培养技能时应注意的。有效的练习应遵循学习规律，如确立明确详细的练习目标、给予充分和及时的反馈、适当分散练习时间以防疲劳、注意循序渐进等，并根据动作特点决定是采取分解练习还是整体练习。练习还应同原理的掌握、示范动作的表象的建立相结合。

（三）生活实用技能

生活技能有很多。1999年，世界卫生组织确定了生活技能的六个关键领域：

**1. 沟通和人际交往能力**

这是与其他人相处和合作所需的技能，特别是以书面或口头形式传输和接收消息的技能。

**2. 决策和解决问题的能力**

这是理解问题、单独或与他人一起找到解决方案，然后采取行动解决问题所需的技能。

**3. 创造性思维和批判性思维**

这是以不同和不寻常的方式思考问题、找到新解决方案或产生新想法的能力，以及仔细评估信息和理解其相关性的能力。

**4. 自我意识和同理心**

这是情商的两个关键部分。具备这种能力的人能了解自己并能够感受他人，就好像别人的经历发生在自己身上一样。

**5. 自信和镇定，或自我控制**

这是为自己和他人挺身而出的技能，即使在面对相当大的挑衅时也能保持冷静。

**6. 复原力和处理问题的能力**

这是从挫折中恢复的能力，并将其视为学习的机会，或简单的经验。

世界卫生组织确定的生活技能的六个关键领域比较宏观，有些抽象，并不是像一般人认为的生活技能就是做饭、开车、洗衣服、烹饪、修理等方面。因此，可以把上述生活技能具体分为以下主要的生活技能：动手技能、沟通技能、交往技能、表达技能等。

在本书中，我们把女性生活实用技能，根据衣、食、住、行、说、用的逻辑，主要分为着装技能、营养搭配技能、生活美化技能、运动技能、沟通技能、财务管理技能、科学育儿技能、信息化技能等。

## 三、女性实用生活技能概要

本书讲述的是女性实用生活技能，主要的内容构成如下。

第一章"生活实用技能概述"，介绍了技能的内涵、特点、分类、形成过程，指出知识不同于技能，而技能与能力也不同，将女性生活实用技能根据衣、食、住、行、说、用的逻辑，分为着装技能、营养搭配技能、生活美化技能、运动技能、沟通技能、财务管理技能、科学育儿技能、信息化技能。

第二章"女性与着装技能"。随着经济的发展和人民生活水平的提高，现代女性也会随着年龄、职业、生活经历的变化而变化。现代女性能准确地把握生活真谛，在工作之余，学习服装选择、服装缝制及服装收纳等生活实用技能，逐步成为适应社会发展需要的素质全面的新型女性。现代女性要树立现代家庭观念，学习新知识和新技能，崇尚科学、健康、文明的生活方式，追求充实健康的精神文化生活。

第三章"女性与营养搭配技能"。能够维持生命的除了水和空气之外，就是食物。食物中富含人体所需的各种丰富的营养素，每日平衡的、合理的饮食是健康长寿的前提。一个家庭的成员健康与否在很大程度上与其营养膳食密切相关。女性在家庭中更多地负责一家人的饮食起居，负责家人的营养与健康，成为新型一家之"煮"。家庭中一日三餐应该吃什么，如何才能吃出健康还是很有学问的。合理膳食，营养惠万家。本章首先介绍了人体的营养需求、各类食物的营养价值；其次，针对不同的家庭成员阐述了不同群体的营养关注点；最后，介绍如何进行家庭营养配餐。

第四章"女性与生活美化技能"。人的一生中有将近2/3的时间都是在家中度过的，创造一个优美、健康、安全、舒适的生活环境，成为我们每个家庭成员的一门必修课。本章从家庭的生活环境出发，发挥女性优势，就如何利用色彩、观赏植物、智能家居、环保家居等来美化生活环境展开论述。

第五章"女性与运动技能"。女性从出生起便注定要扮演女儿、妻子、母亲的三重角色，特殊的身份使女性具有普遍担当的职能特点，可以说女性是健康生活的"发动机"，是推动健康生活方式的重要群体。掌握适当的运动技能，不仅有利于提高自身的健康水平，而且能够塑造形体，提升自身气质和自信心，在工作和生活中充满正能量。本章基于女性特点，重点介绍了三类运动技能，即发展耐力性的运动技能、发展力量性的运动技能和发展柔韧性与协调性的运动技能，以期让女性明晰常见运动中的关键要素和误区，掌握各种运动技能和技巧。

第六章"女性与沟通技能"。人是社会性的动物，沟通能力是一个人生存与发展的必备能力，也是决定一个人成功的必要条件。沟通是人与人之间、人与群体之间思想与感情的传递和反馈的过程，这种过程不仅包含口头语言和书面语言，而且包含形体语言、个人的习气、物质环境等。沟通过程包含编码、传递、解码、反馈四个环节。沟通时，任何一个环节出现问题，都无法使信息准确传递。因此，可以从眼神、短句、语调、内容、语气等方面来提高女性有效沟通的技能水平。

第七章"女性与财务管理技能"。随着经济的不断发展，人们的收入水平不断提高，消费模式与财富观念逐渐发生变化，家庭的财富结构开始由储蓄向多元化转变，许多家庭对投资理财与财富增长的需求也越加迫切与重视。而女性天生就具有谨慎、图稳的优势，很适合现在的经济投资形势，也更加适合当今社会的家庭理财。为了更好地帮助家庭优化财富结构，发挥女性的优势，控制好理财的风险，本章从家庭财务管理、家庭财务规划、家庭理财投资工具等方面入手，为女性进行家庭财务管理提出一些可参考的建议。

　　第八章"女性与科学育儿技能"。科学育儿的任务并不是女性单方面的事情，但女性作为生命的孕育者，跟幼儿有一种天然的纽带，在孕期就对胎儿不断产生影响，出生后的照料和教育更是对孩子一生的发展产生影响。因此，女性作为母亲、作为教养者，掌握必要的科学育儿技能就显得尤为重要。本章主要从婴幼儿日常护理、辅食选择与制作方法、玩具选择与使用方法以及育儿游戏与指导技能四个方面来介绍一些方便女性学习的科学育儿技能。

　　第九章"女性与信息化技能"。进入 21 世纪以来，社会信息化进程逐渐加快，信息化在不断推进社会发展的同时，也在不断影响和改变着个人和家庭的行为方式。因此，个人与家庭信息化应用水平在一定程度上反映了整个国家、地区或城市的信息化应用水平。本章首先介绍了家庭信息化涵盖的内容，其次介绍了家庭中各类信息的获取方式和处理技术，并附有实际操作步骤，提升女性信息化素养的同时提高了实操技能。

# 第二章 女性与着装技能

### 本章要点

随着经济的发展和人民生活水平的提高，现代女性也会随着年龄、职业、生活经历的变化而变化。在日常的学习、生活及工作中，现代女性应体现干练与柔美、高贵与浪漫，采取积极向上的健康生活方式，逐渐构建自己的人格，构建和谐幸福的家庭，塑造自己的生命之态。现代女性应准确地把握生活真谛，在工作之余，学习服装选择、服装缝制、服装保养与收纳等的方法与技能，逐步成为适应社会发展需要的素质全面的新型女性。本章总结归纳了服装选择、服装缝制及服装保养与服装收纳的一些主要方法与技能。

## 一、服装选择技能

### （一）按照风格选择服装

时代的变迁、社会的进步与发展，使人类审美意识也随之发生变化，现代人在追求自我人生价值、突出个性表现等意识上表现得极为突出与强烈，所以个性化与多样化就成为现代人审美意识的具体表现形式。根据发展趋势，服装可以归纳出八种感性类别，即服装风格形象。

**1. 古典服装风格**

这一类是指正统的、真实的、传统的保守风格，是不太受流行左右的、表现真实思想的服装风格形象。

特点：正统西式套装最具代表性，颜色以所谓的古典色——藏蓝、酒红、墨绿等沉静淡雅色调为主。

**2. 高贵、雅致、上品的服装风格**

这一类是指优雅、庄重、上品的服装风格，表现出了成熟女性那种脱俗考究、优雅稳重的气质风范。

特点：多以女性自然天成的完美曲线为造型要点。以礼服和晚礼服为代表，色彩多为柔和的灰色调和中性色为主。

**3. 浪漫的、柔美的女性风格**

这一类是展现甜美、柔和、富于梦幻的纯情浪漫女孩形象，纯粹表现女性柔美的服装风格形象。

特点：表现少女的天真可爱、浪漫纯真的风格。婚纱最具代表性，局部与细部常采用波形的绉边、花边等进行装饰。色彩以白色、浅淡、柔和为主。

**4. 民族服饰风格**

这一类是指吸取了民族服装理念精华的服装风格形象。

特点：既可以是古朴、含蓄的，又可以是热情奔放的；吸取民俗和民族传统服饰的精华。如各少数民族代表服饰，颜色鲜艳质朴，大多采用传统手工工艺制作。

**5. 前卫服装风格**

这一类是指抽象派、幻想派、超现实主义等前卫艺术风格形象。

特点：与古典风格相对立的风格形象。前卫风格是异俗追新的，它表现出一种对传统观念的叛逆和创新精神。造型以怪异为主线。色彩大胆夸张，常以纯色为主，如红、黄、蓝。

**6. 运动休闲服装风格**

这一类以运动装、休闲装、工作装等为主，是机能性和实用性极强的风格形象。

特点：有穿着舒适、结实耐用、强调机能性的特点。运动服、休闲服最具代表性，以白色、卡其色、纯色为代表颜色。

**7. 中性服装风格**

这一类是指吸收采纳了男性服装要素的女子长裤套装等形象。

特点：体现了男性意识、追求自立、洒脱自信等前所未有的新女性魅力。与浪漫形象形成对比。以衬衫和牛仔裤为代表，颜色以暗色和中性色为主。

**8. 现代的、时尚的、都市的服装风格**

这一类是指饱经大都市锤炼，富有时代内涵，脱俗、冷静的风格形象。

特点：有一种简洁利落的现代化元素，简练的造型也体现出现代化都市的紧张节奏，具有强烈的时代感。造型多以棱角的直线构成，色彩多采用无彩色或冷色系。

**（二）按照色彩选择服装**

在我们的生活环境中，如果所有的色彩都突然消失，那肯定是一个难以想象的黑暗世界。色彩在人们的生活中是不可缺少的视觉感受，随着一年四季的变化，大自然的色彩也会相应地发生奇妙的变化，所以我们每一天都在享受色彩赋予我们的情感。

在服装设计中，色彩起着举足轻重的作用，色彩是服装的灵魂，色彩赋予服装以生命。为了有效地表现服装的风格形象及时尚的主题，色彩搭配就成了重要的因素。因此色彩就成了服装设计的要素之一。

**1. 认识色彩**

色彩的三要素：

色相：色彩的相貌被称为色相。如红、橙、黄、绿、青、蓝、紫等。

明度：色彩的明暗程度。色彩的明暗是由含白色和黑色的量决定的，白色量多则明亮，黑色量多则暗。

纯度：色彩的鲜艳程度。色彩的纯度是由含其他颜色量的多少决定的，少则纯，多则浊。

**色彩的三要素**

**2. 色彩情感分析**

以色相为基础的搭配（表现性格的特征）：

红：让人联想到奔放、自由和年轻，也有生命的象征。

橙：让人联想到爽朗、温暖、喜悦和富有的感觉。

黄：有对未来不确定、朦胧、未成熟的联想，也有欢喜、希望和明快的感觉。

**12色相环**

绿：让人联想到和平、希望、健康和安全等。

紫：让人联想到古典、优雅、神秘、严谨和高贵。

蓝：让人联想到大海、幻想、凉爽和寒冷。

白：让人联想到洁白、纯真、浪漫和活泼。

灰：让人联想到郁闷、忧伤和高贵。

黑：让人联想到恐惧、神秘、永恒和大方。

**3. 根据肤色选择服装风格与色彩**

肤色黄，忌穿蓝色、紫色、卡其色。

肤色黑，忌穿褐色、黑色、暗紫色、咖啡色。

肤色苍白发青，忌穿粉红色、浅绿色、嫩黄色。

肤色偏红，忌穿含白色、浅色调的服装。

**4. 按季节选择服装风格与色彩**

（1）春季型肤色特征：瓷器般象牙色、暖米色，细腻而有透明感。

建议：黑色是最不适合的颜色，过深过重的颜色会与春季型人的白色肌肤产生不和谐音，会使春季型人看上去显得暗淡。属于春季型的人用明亮、鲜艳的颜色打扮自己，会比实际年龄显得年轻。

（2）夏季型肤色特征：粉白色、乳白色皮肤。

建议：服装颜色一定要柔和淡雅。夏季型人不适合穿黑色，过深的颜色会破坏夏季型人的柔美，可用一些浅淡的灰蓝色、蓝灰色、紫色来代替黑色。夏季型人穿灰色会非常高雅，但注意选择浅至中度的灰。夏季型人不太适合藏蓝色。

（3）秋季型肤色特征：大麦色、深橘色、暗驼色或黄橙色。

建议：最适合的颜色是金色、苔绿色、橙色等深而华丽的颜色。选择红色时，一定要选择砖红色和与暗橘红相近的颜色。秋季型人的服饰基调是暖色系中的沉稳色调。浓郁而华丽的颜色可衬托出秋季型人成熟高贵的气质，越浑厚的颜色也越能衬托出秋季型人陶瓷般的皮肤。

（4）冬季型肤色特征：青白或略带橄榄色、带青色的黄褐色、冷调的看不到红晕的肤色。

建议：冬季型人最适合纯色。选择红色时，可选正红、酒红和纯正的玫瑰红。在四季颜色中，只有冬季型人最适合使用黑、纯白、灰这三种颜色，藏蓝色也是冬季型人的专利色。但在选择深重颜色的时候一定要有对比色出现。

（三）按照面料选择服装

**1. 西装**

西装一般指西式上装或西式套装，最初为男子穿用，后来发展出女装款式。西装造型端庄，整齐大方，匀称稳定，线条柔和而有轮廓。男式西装按穿用时间和场合的不同，大体可分为两类：正规西装，又称传统礼服；非正规西装，也称常用便服。此外还有时装，又称流行装。近几年来，西装变化趋向简化、轻便、舒适、美观和实用。

西装面料要求平整挺括，弹性丰富，可塑性和保形性要好，以纯毛呢绒最为合适。根据款式和穿着特点，其他流行面料也可选择。

春秋穿着：面料选择范围较广。各种纯毛、毛混纺、精纺呢绒都是上好面料，如单面华达呢、啥味呢、哔叽、驼丝锦、牙签呢、花呢等。目前国际上流行的是各类花呢、倒比例毛混纺织物（羊毛含量低于50%，涤纶含量高于50%）。女式西装还可选用女衣呢。

夏季穿着：选择轻薄柔软的精纺毛织物为宜，如凡立丁、薄花呢、派力司等，色调宜浅。棉、麻、丝的混纺面料和化纤混纺面料也比较适宜。女式西装面料颜色可鲜艳柔美些。

冬季穿着：要求面料厚实、丰满，如双面华达呢、缎精华达呢、贡呢、中厚花呢、法兰绒、粗花呢、火姆斯本等。颜色以深色为主。

纯毛面料档次高，价格贵，多用于正规西装。非正规西装款式多变，风格随意，面料多采用毛混纺织物和仿毛织物，价格便宜，品种多样。纯棉灯芯绒、重磅砂洗双绉、绸缎和部分针织面料也可制作西装。

**2. 大衣**

大衣种类很多，款式多样。按季节和用途有春秋大衣、冬大衣、风雪大衣；按长度有长大衣、中长大衣、短大衣。

春秋大衣：要求厚实、保暖、挺括、保形，一般多采用缎精华达呢、马裤呢、巧克丁、驼丝锦、法兰绒、粗花呢、火姆斯本等。男装以灰色、驼色、米色、夹花色为主。女式大衣还可选用女式呢、花式法兰绒、海力蒙等。色调丰富，冷暖兼有。

冬大衣：面料应丰厚温暖，柔软而有弹性，原光足，色泽好。主要采用各种粗纺大衣呢，如平厚大衣呢、立绒大衣呢、顺毛大衣呢、拷花大衣呢、雪花大衣呢、银枪大衣呢等。颜色可深些。女式大衣面料还有花式大衣呢、长顺毛大衣呢、兔毛混纺大衣呢等。色调鲜艳柔和。近年来羊绒大衣呢颇为流行，轻暖美观。

风雪大衣：是轻便御寒大衣。衣里为驼绒、长毛绒、装皮等。普通风雪大衣面料可选择涤棉卡其、涤棉克罗丁、仿毛华达呢等。高档毛皮里的风雪大衣可选用纯毛华达呢、马裤呢、贡呢、驼丝锦等高档呢绒。

**3. 夹克衫**

夹克衫即短外套，穿着轻松适意，上下装搭配灵活，在国内外广为流行。卡曲衫、猎装、香槟衫、拉链衫等均属夹克衫。

厚型夹克衫主要选择大方、实用的毛型面料，如法兰绒、粗花呢、麦尔登、海军呢、学生呢等粗纺呢绒和华达呢、中厚花呢等精纺呢绒。纯棉灯芯绒、毛麻混纺织物、中长织物、中厚型针织物、人造鹿皮等也是较好的夹克面料。女式夹克用色鲜亮流行，印花和条格面料较多见。

薄型夹克衫初夏穿着，要求面料挺括、滑爽、轻薄。高档面料可采用真丝双绉、真丝桑波缎、真丝电力纺及其砂洗产品，以及绢丝纺面料、丝麻面料等。大众化面料有水洗布、水洗丝、仿丝绸等。春秋季节穿着的夹克衫，面料应紧密、平挺，一般可选择涤棉卡其、磨绒卡其、斜纹布、防雨府绸、尼龙绸、涂层织物等。

**4. 衬衫**

男式正规衬衫：可以在正式社交场合及办公室等半正式场合穿着的衬衫。这类衬衫对面料要求较高。有华贵的真丝塔夫绸、绸缎，全棉精梳高支府绸，全毛高支精纺麦斯林，等等。大众面料多选用涤/棉府绸、细布、纬长丝面料、小提花面料和牛津纺，等等。

男式便服衬衫：注重追求男士的潇洒风度。这类衬衫穿着轻松舒适，随便惬意，且款式多样，风格各异，因此面料形式也较为丰富。有丝光纯棉或涤/棉条格布、棉斜纹布、棉细布、涤麻布、水洗布、磨绒布、塔夫绸、双绉、砂洗丝绸及纯棉、棉针织面料等。

女式衬衫：女式衬衫款式多变，受流行时尚影响很大。轻薄型衬衫面料应柔软飘逸，凉爽舒适，如各种真丝面料——双绉、电力纺、乔其纱、绸缎、桑波缎、斜纹绸、绢丝纺等，轻盈柔滑；各种薄型棉、麻及其混纺面料——府绸、麻纱、细纺、印花布、泡泡纱等，吸汗透气；人造棉、富春纺，悬垂舒适；涤纶水洗丝、水洗绸、涤纶乔其纱、纺绸等，挺括抗皱，易洗免烫，是较好的大众衬衫面料。春秋季厚型衬衫主要选用细灯芯绒、涤棉布、绒布、薄牛仔布、牛津纺、罗缎和中长织物做面料，保暖挺括。

### 5. 风衣

风衣起防风御寒的作用，要求实用、美观，面料应紧密挺实，富有弹性，抗皱性良好，同时要考虑流行因素。

常见的风衣面料有：涤棉府绸、涤棉卡其、涤棉克罗丁等，经济实惠；涤棉水洗布柔软美观，一直流行不衰。精纺毛织物如华达呢、哔叽、花呢等是高档的风衣面料，特别适于制作正规、端庄的男式风衣，穿着挺括，保暖而高雅。各类中长华达呢、中长哔叽、中长花呢等也可用作风衣面料，平整挺括，易洗免烫，流行性强，价格适中。

### 6. 女式套装

套装是近年来女性穿着很广泛的服装，包括西装套装和时装套装，特别是后者款式变化丰富，流行周期短，突出职业女性的洒脱柔美。

女式套装在面料的选择上追求多样化、风格化和个性化。高档厚型套装多选用纯毛呢绒，如颜色鲜艳流行的凡立丁、啥味呢、女衣呢、精纺花呢、条格法兰绒，质地柔和、外观高雅的羊绒、兔毛、马海毛花呢，以及采用各种花式纱线、突出表现肌理效果的粗纺女式呢、花呢等。毛混纺呢绒和化纤仿毛面料价廉物美，较适于中低档套装。薄型套装多选用丝质面料，特别是经特殊处理的涤纶水洗丝、水洗麻、水洗绒、砂洗丝绸等，爽挺保形。桃皮绒和超薄型毛织物是近年来新型的女式套装面料。女式套装的上衣与裙子或衬衫可采用相同面料，也可采用同质异色、异质同色调或异质异色调的面料，经协调搭配，更显多样化和个性化。

### 7. 裙装

裙装种类丰富，款式多变，有连衣裙、套裙、单件裙，长裙、短裙、直裙、斜裙、节裙，等等。应根据具体款式来选择面料。

连衣裙：夏季穿着的连衣裙，要求面料轻薄凉爽，吸湿透气，最好易洗免烫。纯棉布、纯麻细布、涤棉、涤麻织物穿着舒适，但造型性不够好，缺乏悬垂感和飘逸感。真丝双绉、乔其纱、桑波缎和人造棉、富春纺既舒适又能表现裙子的特点。涤纶丝绸种类繁多，且较为流行，抗皱性和免烫性很好，只是吸湿性逊色些。春秋季穿着的中厚型连衣裙保暖性要好，面料多选用悬垂柔软的纯毛、毛混纺女衣呢、薄花呢、薄型法兰绒等。针织面料也适合制作连衣裙，特别是合身性较好的款式，既可表现女性优美的线条，又能满足人体活动的需要。

单件裙：夏季单件裙的面料与连衣裙相同。直裙面料的质地无特殊要求，斜裙面料应选用柔软悬垂、不易走形的面料，多为涤纶丝绸和涤棉织物。春、秋、冬季的单件裙多采用纯毛、毛混纺和仿毛类中厚型面料，及棉针织、毛针织面料。皮革、珩缝面料可制作秋冬季裙子，保暖舒适。

### 8. 裤装

西裤：要求面料平整挺括，轻柔坚牢。夏季宜选择吸湿、干爽、精细的纯毛凡立丁、派力司、薄型格子呢和花呢及毛涤精纺面料。悬垂滑爽的涤纶水洗绒、水洗绸也可制作夏季西裤。女式西裤还可选用重磅真丝双绉和涤纶双绉等，更具时装感。春秋季西裤以平挺丰满、质地稍厚的面料为好，如纯毛及毛混纺的华达呢、哔叽、海力蒙、人字呢、格子呢、法兰绒和化纤仿毛织物等。

宽松裤：宽松裤轻便惬意，穿着舒适，面料有质朴大方的棉卡其、棉斜纹布、棉平纹布、亚麻布和涤麻呢等。水洗棉布、磨绒卡其、牛仔布、灯芯绒是流行的裤料。华达呢、巧克丁、法兰绒及仿毛花呢也是较好的宽松裤面料。女式宽松裤的颜色丰富多彩，印花类面料已不足为怪。

健美裤：健美裤突出女性的健康丰满，具有合体舒适的特点。因此面料多采用轻薄柔软、弹性丰富的织物，如涤纶弹力布、氨纶弹力布、羊绒弹力布、涤盖棉等，其中以涤纶针织面料居多。弹力牛仔布和弹力灯芯绒是机织面料，经向或纬向交织有氨纶弹力丝，弹性好且十分保暖。

### 9. 旗袍

旗袍是我国富有民族传统特色的女装，既可作为礼服，又可作为便服，四季相宜。

传统旗袍多以礼服形式出现，用料十分考究。夏季旗袍可选择淡雅的真丝印花面料，如斜纹绸、双绉、桑波缎、绸缎等。春秋季旗袍以织锦缎、古香缎、花软缎及天鹅绒、金丝绒、乔其绒等面料为主。

现代旗袍融汇现代设计意识，款式和面料都有创新，多为便服穿着。面料有纯棉府绸、花贡缎、罗缎、平绒、涤纶绸缎、精纺女衣呢等。

### 10. 中山装

中山装穿着方便自如，保暖护身。（见图2-1）

作为礼服的中山装，面料主要采用毛织物，如纯毛华达呢、驼丝锦、哔叽、板司呢、凡立丁、毛涤薄花呢、麦尔登、海军呢、制服呢等。根据季节选择相应厚薄的面料。

作为便服的中山装，可采用棉布类的卡其、哔叽、华达呢和涤棉卡其、中长花呢、仿毛华达呢、仿毛花呢等面料。

图2-1 中山装

### （四）按照着装原则选择服装

#### 1. 个性原则

个性原则指在社交场合树立个人形象。人人都希望自己以一个独立的人被社会接纳与承认，而服饰打扮可以帮助你达到这个目标。要使打扮富有个性，应注意两个问题：第一就是不要盲目赶时髦，最时髦的往往是最没有生命力的；第二就是穿出自己的个性。俗话说，"世间没有两片完全相同的叶子""一样米养百样人"。不同的人由于年龄、性格、职业、文化素养等不同，自然就会有不同的气质，故服饰选择应符合个人气质要求。为此，必须深入了解自我，让服装尽显自己的个性风采。一个盲目追求时髦的人必然会失去自我。可想而知，一个身为教师的女性穿着透明装和超短裙出现在讲台上，同一个粗腰壮腿的女士穿迷你裙招摇于街市一样不可理解。服饰的个性原则，归根到底也是一个美的原则，服饰搭配技巧美的生命力就在于掩盖人们的缺点，尽显个人的优点。

#### 2. 整洁原则

服装搭配的整洁原则指穿着整齐干净，这是服装搭配打扮最根本的原则。一个穿着整洁的人总能给人积极向上的感觉，总是受欢迎的，而一个穿着褴褛肮脏的人给人感觉总是消极颓废的。在社交场合，人们往往通过衣着是否整洁大方来判断对方对交往是否重视，是否文明、有涵养，等等。整洁原则并不意味着穿着高档时髦，只要保持服饰干净合体、全身整齐有致便可。

### 3. 和谐原则

所谓和谐原则指穿着协调得体。它有两层含义：一是指着装应与自身体型相和谐，二是指着装应与年龄相符合。服饰本来是一种艺术，能遮盖体型的某些不足。借助于服饰，能创造出一种美妙身材的错觉。天下人等，高矮胖瘦各得其所，不同体型的人着装意识应有所区别。

对于高大的人而言，在服装选择与搭配上，应注意：上衣适当加长以缩小高度，切忌穿太短的上装。服装款式不能太复杂，适宜穿横条或格子上装。服装色彩宜选择深色、单色，太亮、太淡、太花的色彩有一种扩张感，人就显得更大了。

对于矮的人而言，希望通过服装打扮拉长高度，故上衣不要太长、太宽，裤子不能太短，裤腿不要太大，裤子以盖着鞋面为好，服装色彩宜稍淡、明快柔和些，上下色彩一致可造成修长之感。服装款式宜简洁，忌穿横条纹的服装。V形无领上衣比圆领上衣更能营造修长之感。简洁的连衣裙可以提高腰线，忌用太阔的腰带。

对于较胖的人而言，穿衣就要尽量让自己显瘦，故不能穿太紧身的衣服。以宽松随意些为好，衣服领以低矮的V形领为最佳，裤或裙不宜穿在衣服外边，更不能用太夸张的腰带，这样容易显出粗大的腰围。在颜色上以冷色调为好，过于强烈的色调就更显胖了。忌穿横条纹、大格子或大花的衣服。

对于偏瘦的人而言，要尽量穿得丰满些。不要穿太紧身的服装，色彩尽量明亮柔和，太深、太暗的色彩反而更显瘦弱。可选穿一些横条、方格、大花图案的服饰，以达到丰满的视觉效果。

着装除了与体型、身材协调外，还应注意与年龄相符合，不是所有的服饰搭配都适合同一个年龄。由于年龄的差异，从服装款式到色彩均有讲究。一般而言，年轻人可以穿得鲜亮、活泼、随意些，而中年人相对应穿得庄重、严谨些。年轻人穿着太老气就显得未老先衰、没有朝气，相反，老年人如穿太花哨就会被认为"老来俏"。随着生活的发展，人们着装的观念发生了许多变化，一个很明显的趋势就是：年轻人穿得素雅，中老年人穿得相对花哨。中老年人希望通过服装来掩盖岁月的痕迹，年轻人试图通过服饰来彰显自己的成熟，这自然无可厚非。青春自有自己独特的魅力，而中老年人自然也有年轻人无法企及的成熟美，服饰的选择唯有适应这种美的呼应，方能创造出服饰的神韵。

## 二、服装缝制技能

### （一）基础手缝针法

手缝工艺即采用手针缝制的工艺，它是几千年来劳动人民通过劳动不断积累起来的成果，它体现了劳动人民的智慧。手缝工艺有着灵活、针法多变的特点，它是服装缝制过程中一项重要的基础工艺。

**1. 手缝工具**

手针：手工缝制所用的钢针顶端尖锐，尾端有小孔，可穿入缝线进行缝制，手针按长短粗细分型号，号码越小，针身越粗越长；号码越大，针身越细越短。（见图2-2）

顶针：顶针也称顶针箍，它是铜、铁、铝等金属制成的圆形箍，其表面有较密的凹型小洞穴，不分型号，只分活口和死口两种。现在顶针多为活口，便于放大和缩小。选用顶针时以凹穴较深、大小均匀为宜。手缝时将顶针套在右手中指上，起顶住针尾帮助将针推向前的作用。（见图2-3）

图2-2 手针 　　　　　图2-3 顶针

尺：尺的种类很多，常用的有塑料软尺、有机玻璃直尺（30cm、40cm、60cm）、方眼定规等。软尺的作用是量体及检查服装成品规格等；有机玻璃直尺可用于定位及画线，也可用于测量零件尺寸大小等；方眼定规可用于定位尺寸及画线、放毛板线、推板线等。（见图2-4）

画粉：画粉用于在衣料上画线、定位，多以石灰粉制成。画粉颜色有多种，形状为有角的薄片，以确保画线时线迹的精确性。使用时，深色衣料可用浅色或深色画粉，浅色衣料可用较深色或浅色画粉，白色衣料应用浅色画粉。（见图2-5）

图2-4 尺 　　　　　图2-5 画粉

剪刀：缝纫时一般应准备两种剪刀，一种是裁剪布料用的剪刀（9♯～12♯），其剪刀后柄有一定的弯度，以便在布料铺平的状态下裁剪，减少误差（见图2-6）；第一种是普通小剪刀或小纱剪，主要用于剪线头或拆线头等（见图2-7）。剪刀要求刀口锋利，刀尖整齐不缺口，刀刃的咬合无缝隙。

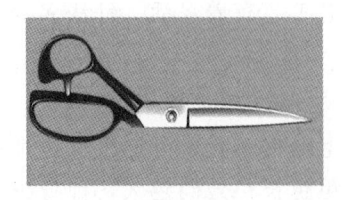

图2-6 剪刀 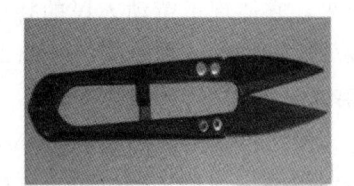　　　　　　图2-7 小剪刀

**2. 手缝工具的使用及保管**

手缝针一般要求针身圆滑，针尖锐利，因此使用时切忌沾湿，以免针身生锈。另外，应避免针尖起钩，否则缝纫时会产生阻滞或将织物拉毛的现象。由于手针较小，容易失落，因此使用完毕后应将针插在针插上，或在针尾留有余线，不能乱丢或随手插在衣物上。使用剪刀时应注意不要随手去剪衣料以外的硬物，如硬纸盒，也不要多层衣料叠合在一起剪。

**3. 手缝针法**

手缝工艺的基本动作是用已穿线的手针扎进衣料，再移位扎出并拔针拉出缝线，缝住衣料，连续插针缝线，即可把衣物的一边缝合。在具体的手缝工艺中，应区别不同部位与不同要求，采用不同的针法，以达到不同的质量要求和效果。

平缝针：是一种一上一下、自右向左顺向等距运针的针法。线迹长短均匀，排列顺直整齐，可抽动聚缩。这种针法在服装袖山头、袋的圆角、抽细褶等呈圆弧形或需要收缩的部位均常用到。（见图2-8）

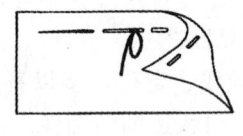

图2-8 平缝针

纳针：也叫八字针，是一种将服装两层或多层织物牢固扎缝在一起的针法。常用于毛呢服装纳驳头、领子等。（见图2-9）

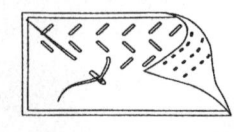

图2-9 纳针

## 第二章 女性与着装技能

摌针：也称假缝，是一种将服装两层或多层布料定位缝合的针法，通常起暂时固定的作用。例如：服装衣面敷衬、敷挂面，以及制作某些服装时为使袖子、裙摆、衣领等上得圆顺而需在缝缉前将它们事先固定。（见图2-10）

图2-10 摌针

钩针：也称回针，是一种运针方向进退结合的针法。有顺钩针和倒钩针之分。顺钩针主要用在高档毛料裤子的后裆缝及下裆线的上段。倒钩针用于高档上装的袖窿弯边或领口的缝头处。（见图2-11、图2-12）

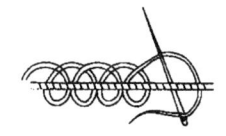

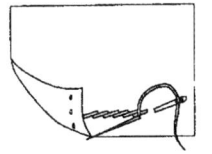

图2-11 顺钩针　　图2-12 倒钩针

拱针：也称攻针，是一种将服装多层织物用细小点状线迹固定住的针法。常用于西装止口、驳口边缘，手巾袋封口以及毛呢服装不缉明线而需固定处等。（见图2-13）

扳针：是一种进退结合的针法，主要用于服装边缘起固定作用，如扳止口等。（见图2-14）

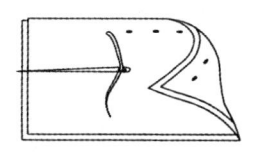

图2-13 拱针 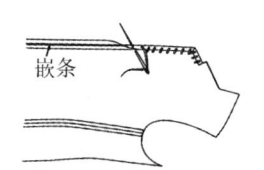　　图2-14 扳针

扳三角针：也称花绷三角针，是用在服装折边口的一种常见针法。在折边外是一个X形线迹，而衣片表面仅留细小的点状线迹。缝三角针时缝线选用与面料同色或近似色的（用较粗的皮线为宜）。（见图2-15）

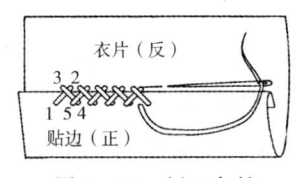

图2-15 扳三角针

杨树花针：是一种多用于女装活里、衣服下摆贴边等处的装饰性针法，有二针花、三针花等。运针方法由右向左运针，进退结合，针针套扣。缝线可选用较粗的丝线或绣线，线色可用与衣里料同色或近似色或对比色，以求达到鲜明的装饰效果。（见图2-16）

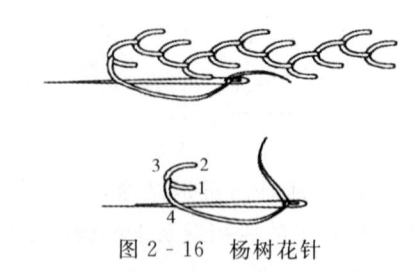

图2-16 杨树花针

环针：也称甩针，是一种将服装衣片边沿毛丝扣压住，而不使其散乱的针法，用于衣片毛边锁光，现已用包缝机代替。但毛呢服装剪开省缝的边缘锁光，仍用此针法。（见图2-17）

贯针：也称通针，是一种缝针暗藏在衣服边缘折缝中的针法，常用于高档服装夹里底边、袖口、衣摆、裤脚等部位。（见图2-18）

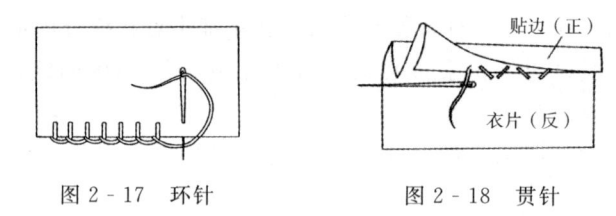

图2-17 环针　　　　图2-18 贯针

钉纽扣：将纽扣缝缀、固定在服装上。常用的纽扣有两眼扣、四眼扣，缝线以采用与纽扣同色或近色的粗丝线为宜。（见图2-19）

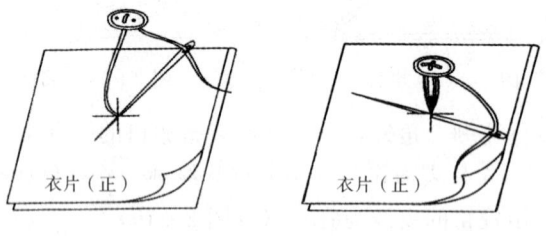

图2-19 钉纽扣

（二）装饰针法

服装基础缝制针法主要是培养服装造型工艺的技能和技法。通过对基础缝制的学习和操作，初步掌握服装基础缝制工艺方法后，可以运用基础针法进行布艺和生活饰品的设计与制作，提高大家创意设计与制作的能力。

第二章　女性与着装技能

**1. 杯垫制作方法**

家庭中都会需要杯垫，我们可以结合手缝针法，自己动手设计制作一款杯垫。不织布颜色鲜艳，质地紧密而且易缝制，所以不织布是平时制作家用小饰品的首选材料。

杯垫制作步骤：首先设计杯垫的样式及图案，结合设计的样式及图案，选择适合的不织布颜色和缝纫线的颜色，选好材料后结合杯垫形状进行裁剪。下一步把裁剪好的杯垫形状和图案进行缝合，我们可以灵活地运用基础手缝针法进行缝合。结合杯垫的形状和图案特点，选择适合的手缝针法进行装饰，先缝合图案，后缝合杯垫外轮廓，这样一个精美、漂亮又实用的杯垫就制作好了。这里采取手缝针法不单单是起到缝合的作用，也起到了装饰的作用。（见图2-20）

图2-20　自制杯垫

**2. 手机袋制作方法**

我们平时把手机放在兜里或者包里容易滑落，我们可以运用手缝针法，给自己的手机制作一个手机袋，也可以体验一下自己设计与制作的乐趣。

手机袋制作步骤：首先结合自己的手机型号设计样式及图案，结合设计的手机袋样式及图案，选择适合的不织布颜色和缝纫线的颜色，选好制作材料后结合手机型号进行裁剪。下一步把裁剪好的裁片和图案进行缝合，我们可以灵活地运用基础手缝针法进行缝合。结合手机袋的款式和图案特点，选择适合的手缝针法进行装饰，先缝合图案，后缝合手机袋外轮廓，这样既美观又环保的手机袋就做好了。（见图2-21）

图2-21　自制手机袋

### 三、服装管理技能

#### （一）不同材质服装的洗涤与保养方法

请参照以下洗涤方式洗涤，以保证您的服装的耐久性。

**1. 棉织物**

特性：吸湿性好，手感柔软，穿着卫生舒适；湿态强度大于干态强度，但整体上坚牢耐用；染色性能好，光泽柔和，有自然美感；耐碱，高温碱处理可制成丝光棉，抗皱性差，缩水率大。

洗涤方法：以棉为主的服装，请用手洗的方式分开洗涤，如用机洗请用轻柔的洗涤方式分开洗涤。洗涤时间不超过 30 分钟。可放在水中浸泡几分钟，但不宜过久，以免颜色受到破坏。深色、颜色鲜艳的衣服会有浮色褪落，是正常的。但我们还是建议不要长时间浸泡衣服，没什么好处。绝对不可用热水浸泡，以免使汗渍中的蛋白质凝固而黏附在服装上，且会出现黄色汗斑。请使用中性洗衣液或专门洗衣液，如丝麻洗涤剂等。禁止使用含氯、酶洗涤用品。深颜色的衣服第一次洗的时候可以用盐水泡上 1～2 个小时，可以防止衣服脱色。为了您的穿着效果更加完美，在穿着前请先熨烫，棉织物请使用 160 ℃～180 ℃中温熨烫。服装不穿时，清洗后叠放整齐或挂好，置于阴凉通风处。

保养方法：应在通风阴凉处晾晒衣服，避免在日光下暴晒，使有色织物褪色；晒的时候不要正晒，应晒反面，这样可以防止衣服毁色及衣服变黄硬化。切忌拧绞。洗净晾干，深、浅色分置；注意通风，避免潮湿，以免发霉。

**2. 麻织物**

特性：透气，有独特凉爽感，出汗不粘身；手感粗糙，易起皱，悬垂性差；麻纤维较硬，抱合力差。

洗涤方法：选用碱性洗涤剂，麻纤维的耐碱性比较好。使用含纤维素酶的碱性洗涤剂洗涤麻织物，可使其表面平整、光滑、柔软，保持织物自身的颜色，并收到去污增白的效果。洗涤液温度不宜过高，麻织物的着色性差，洗涤温度过高容易引起织物掉色，使其失去原有的色泽。一般洗涤温度以 40 ℃为宜。揉搓，不绞拧，麻织物的抱合力较差，如果洗涤时所用力度过大，就会使面料的组织结构发生位移，使麻织物容易起毛。在漂洗时要避免绞拧，否则容易引起织物组织发生滑移变形，影响其外观效果。洗涤时间不宜过长，以 10～15 分钟为宜。漂白要浸泡彻底，麻织物的组织比较粗硬，因此漂白时要尽量浸泡均匀。

保养方法：同棉织物基本相同。

**3. 丝织物**

特性：蛋白质纤维，富有光泽，有独特"丝鸣感"，手感滑爽，穿着舒适，高雅华贵，强度比毛高，但抗皱性差，比棉、毛耐热，但耐光性差，对无机酸较稳定，对碱反应敏感。

洗涤方法：忌碱性洗涤剂，应选用中性或丝绸专用洗涤剂，冷水或温水洗涤，不宜长时间浸泡，轻柔洗涤，忌拧绞，忌硬板刷刷洗，应阴干，忌日晒，不宜烘干，部分丝织物应干洗，深色丝织物应清水漂洗，以免褪色，与其他衣物分开洗涤，切忌拧绞。

保养方法：勿暴晒，以免降低坚牢度及引起褪色泛黄。忌与粗糙或酸、碱物质接触。收藏前应洗净、熨烫、晾干，最好叠放，用布包好。不宜放置樟脑丸，否则白色衣物会泛黄。熨烫时垫布，避免极光。

**4. 仿真丝织物**

特性：既具有真丝织物的优美光泽、舒适柔软的手感、悬垂性好等外观风格，又保留涤纶纤维抗皱、挺括、耐穿等优异性能，且价格便宜。

洗涤方法：同丝织物。

保养方法：同丝织物。

- 小贴士 -

要使真丝衣服色泽鲜艳、绸面光亮，可在冲洗时滴几滴醋，能保持鲜艳度。

**5. 毛织物**

特性：蛋白质纤维，光泽柔和自然，手感柔软，比棉、麻、丝等其他天然纤维更有弹性，抗皱性好，熨烫后有较好的褶皱成型和保型性，保暖性好，吸汗及透气性较好，穿着舒适。

洗涤方法：不耐碱，应选用中性洗涤剂，最好采用羊毛专用洗涤剂，冷水短时间浸泡，洗涤温度不超过 40 ℃，采用挤压洗，忌拧绞，挤压除水，平摊阴干或折半悬挂阴干，勿曝晒，湿态整形或半干时整形，能除皱纹。机洗勿用波轮洗衣机，建议选用滚筒洗衣机，应选择轻洗档，高档全毛料或毛与其他纤维混纺的衣物建议干洗，夹克类及西装类应干洗，不宜水洗。切忌用搓衣板搓洗。

保养方法：忌与尖锐、粗糙的物品和强碱性物品接触，选择阴凉通风处晾晒，干透后方可收藏，并应放置适量的防霉防蛀药剂。收藏期中应定期打开箱柜通风透气，保持干燥，高温潮湿季节应晾晒几次，防止霉变。

**6. 涤纶织物**

特性：坚牢耐用，抗皱挺括，尺寸稳定性好，吸水性差，易洗快干，免烫，易产生静电，易起毛球，穿着不舒适。

洗涤方法：可用各种洗衣粉及肥皂洗涤，洗涤温度在 45 ℃以下，可机洗，可手洗，可干洗，可用毛刷刷洗。

保养方法：不可曝晒，不宜烘干。

### 7. 锦纶织物（尼龙）

特性：弹性好，耐磨，不耐晒，易老化。

洗涤方法：选用一般合成洗涤剂，水温不宜超过 45 ℃，可轻拧绞，忌暴晒和烘干，低温蒸汽熨烫，洗后通风阴干。

保养方法：熨烫温度不能超过 110 ℃，熨烫时要打蒸汽，不能干烫。

### 8. 氨纶织物（卡莱）

特性：弹性很好，有弹性纤维之称。水洗、干洗均可，低温蒸汽熨烫。用高支棉织物经高浓度烧碱处理，再用优质柔软剂处理，有真丝般光泽，穿着清爽，光滑而舒适，单丝光即一次光处理，双丝光即两次丝光处理，效果更好。

洗涤方法：同棉织物。

### 9. 针织面料

洗涤方法：针织衣服在洗涤前，拍去灰尘放在冷水中浸泡 10~20 分钟，拿出挤干水分，放入洗衣溶液或肥皂片溶液中轻轻搓洗，用清水漂洗。为了保证毛线的色泽，可在水中滴入 2％的醋酸（食用醋即可）来中和残留的肥皂。用茶水洗涤针织衫（白色衣服最好不要使用此方法），不仅能将灰尘洗净，还能使毛线不褪色，延长使用寿命。洗涤方法是用一盆开水，放入少量茶叶，待茶叶泡透、水凉之后，滤除茶叶，把毛衣放在茶水中浸泡 15 分钟，然后轻轻搓几次后，再用清水漂洗干净。白色针织衫穿久了会逐渐发黑，如果将针织衫漂洗后放入冰箱冷冻一小时，再取出晾干，即可洁白如新。若是深色针织衣服沾了灰尘，可用海绵蘸水后挤干，轻轻擦拭。

保养方法：切忌用晾衣挂，那样只能让衣服变成长宽针织衫。应避免阳光下的暴晒，那样会破坏它的光泽及弹性，使其变黄、变黑。针织衫洗涤后应采用阴干的方式，放在通风干燥的地方，最好平放并根据衣物原形摆放，以免变形，还可以免熨烫。

### （二）衣服的收纳方法

进入冬季，家中衣柜的空间若较小，将冬装拿出来与夏装挤在一起就会显得拥挤不堪，衣柜也进入了一种夏冬混放、叠挂不清的无序状态。对四季衣物进行收纳整理，才不会显得很杂乱。下面就带你一起把秋冬换季收纳衣物的方法梳理一遍。

### 1. 夏装藏起来

夏季衣物单薄，可选择多种多样的收纳方式，用储物箱、盒子打包起来放置，也可以为衣柜预留出空间收纳冬季的衣物。

收纳筐：夏季的衣物材质也各有不同，适于折叠的T恤和棉衫可以卷起叠放在一起，收纳起来也不会占用太多空间。

床下储物箱：具有收纳功能的床，可滑动抽屉式的设计也易于夏装的收纳，能充分利用室内的死角空间，提高空间的使用率。

封闭式收纳箱：立面空间的利用也是小户型收纳的制胜法则。将夏装按照分类用不同的收纳盒子收纳起来，可以避免灰尘的污染。在储物盒上贴上标签，方便寻找。

一体式收纳衣柜：在选择一体式衣柜时，可以选择抽屉＋组合柜的形式，不仅能收纳衣物和各类日常用品，摆脱凌乱感，而且能打造简洁大方的衣帽间空间。

**2. 冬装亮出来**

悬挂法：冬季以厚重的中长衣物为主，应该悬挂在长衣区域。既不会导致衣物褶皱，又不会浪费空间。

分类存放：如果有独立的衣帽间，衣物分类的存放更应讲究一些。羊绒衫、羊毛衫放上层，以免受重压而影响弹性和松软感。厚实的羽绒服等可以悬挂起来，比折叠起来更能节约空间。

简版衣架：冬季常有穿过一次又不用洗的长大衣，换下来就占据了你的沙发、床脚，等到再穿的时候，就变得皱皱巴巴的。在家里添置这种简版的衣架收纳冬季衣物和鞋子，只需一小块空间，就能让房间变得整洁许多。

定制收纳柜：对很多女性朋友来说，家里有个万能的衣柜比什么都重要。鞋子、裙子、裤子、衬衫甚至围巾和袜子都要在衣柜里有一席之地。可是，普通的衣柜往往无法满足女性朋友的需求，单一的功能、同等大小的分层让人头疼不已。可定制的衣柜不仅可以实现合理收纳，利用率也大大提高。

毛衣折叠收纳：秋冬毛衣最多，毛衣大多可以折叠起来，收纳就变得灵活许多，不用再去和大衣们挤进狭窄的衣柜里了。

**3. 小巧衣物配饰收纳**

浅抽屉：衣柜内置的抽屉，以浅抽屉最佳，因为抽屉过深，每次拿取东西的时候都会把抽屉内弄乱。深度不超过18厘米的抽屉，两三件毛衣、两件衬衣就能填满，拿取也更轻松。衣柜根据户型来做嵌入和定制，可以将空间完美地利用起来。只要做好衣物归类分区，将衣物饰品等进行合理摆放，整个衣帽间就可以变得与众不同。

包包收纳架：女生的包包特别多，左边一个右边一个，把空间弄得乱糟糟，包包也会变形。选用这样一款简约的收纳架将包收纳起来，不仅赏心悦目，选择和搭配起来也更方便。

智能收纳柜：智能触摸型的抽屉柜，用来摆放小巧的物品最为便捷，随手触控，分类排列收纳，科技感十足。

**4. 夏季凉鞋收起来，冬鞋摆上架**

玄关鞋柜收纳：玄关空间较小，夏季的鞋子与冬季的鞋子混在一起，容易错乱，出门也不方便。不妨将夏季的鞋子用单独的袋子一双双收纳起来装进柜子，这样的玄关既能应季收纳又整洁大方。

鞋子上墙装饰兼收纳：冬季一到，夏季的凉鞋就该收起来了。不过漂亮的鞋子赏心悦目，在墙面钉上几片木板装饰起来也非常不错，鞋柜也增加了收纳空间。

货架式收纳：如果有足够空间的话，可以找一个小空间专门用来放鞋子。夏季的鞋子与冬季的鞋子分开收纳，将鞋子一双双整齐地摆放在架子上，一目了然，方便大方。

**5. 衣帽间的衣物收纳方法与技巧**

衣帽间作为衣物存放的一个单独空间，表面上看起来似乎比衣柜好很多，有足够的空间与不同种类形式的存放空间，但是如果衣帽间不做好收纳，只会越来越乱，找不到自己想要的东西，那个时候你会感觉面积大也是一种烦恼。

（1）衣物吊牌区分折叠衣物。衣物折叠起来后，大家看到的往往都是衣物的颜色，大致可以看出材质，在这种情况下，可以在衣物的折叠柜上贴上一个标签，标明衣物的季节、材质与比较好的搭配，放上一张衣物的打印小照片也是一个不错的选择，这样就可以避免在选择的时候要把衣物打开才可以看到衣物面貌的情况。

（2）衣物颜色由浅到深摆放。衣物的颜色搭配是穿衣的一个很重要的技巧，衣物由浅到深地搭配，让你在选择衣物的时候可以更加迅速地找到适合自己搭配的衣物颜色。

（3）根据季节规划放置衣物。各种不同季节的衣物可以分开放置，而一些四季都可以穿搭的衣物可以单独放置，在换季的时候只需要将悬挂的衣物更换掉即可，不需要在每个季节都给衣帽间来一个大清理。

（4）长短悬挂衣物分开放置。衣帽间衣物的悬挂空间是非常充足的，常用的衣物都可以悬挂起来，需要悬挂的主要是短上衣、长大衣，还有就是裤子。大衣和上衣的高度不同，最好不要混放在一起，衬衣等里衣和外衣如果可以的话也最好分开放置。

（5）小收纳格让衣帽间更整洁。收纳格是小物品放置的绝佳地点，一些装饰物、围巾、内衣物、袜子都可以放在收纳格里面。小物品最容易造成衣帽间的混乱，整齐划一的收纳格可以很好地解决这个问题。（见图 2-22）

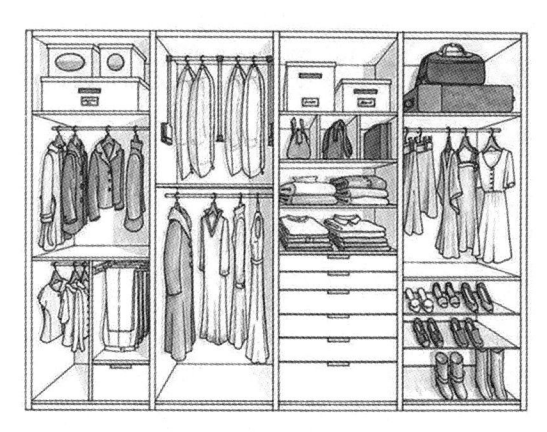

图 2-22　衣帽间收纳

现代女性要树立现代家庭观念，学习新知识和新技能，崇尚科学、健康、文明的生活方式，追求充实健康的精神文化生活，在职场中发挥越来越大作用的同时也充分发挥在构建和谐家庭中的积极作用，从而促进家庭和谐乃至社会和谐，推进社会的文明进步。

## 参考文献

[1] 王丽华. 浅谈服装色彩搭配 [J]. 大众文艺，2010（12）：154.
[2] 上海纺织工业专科学校. 服装造型设计 [M]. 北京：中国纺织业出版社，1998.
[3] 于晶. 服饰风格与人物整体形象设计的研究 [J]. 大众文艺，2013（23）：63.
[4] 马腾文，殷广胜. 服装材料 [M]. 北京：化学工业出版社，2007.
[5] 阿黛尔. 时装设计元素：面料与设计 [M]. 朱方龙，译. 北京：中国纺织出版社，2010.
[6] 姚穆. 纺织材料学：第3版 [M]. 北京：中国纺织出版社，2009.
[7] 于伟东，储才元. 纺织物理：第二版 [M]. 上海：东华大学出版社，2009.
[8] 姜怀. 纺织材料学：第二版 [M]. 北京：中国纺织出版社，1996.
[9] 孙兆全. 成衣纸样与服装缝制工艺：第2版 [M]. 北京：中国纺织出版社，2010.

# 第三章　女性与营养搭配技能

> **本章要点**

俗话说得好，民以食为天。能够维持生命的除了水和空气之外，就是食物了。食物中富含人体所需的各种营养素，每日平衡的、合理的饮食是健康长寿的前提。一个家庭的成员健康与否在很大程度上与其营养膳食密切相关。女性在家庭中更多地负责一家人的饮食起居，负责家人的营养与健康，成为新型一家之"煮"。家庭中一日三餐应该吃什么，如何才能吃出健康还是很有学问的。合理膳食，营养惠万家。本章首先介绍了人体所需的营养需求、各类食物的营养价值；其次，针对不同的家庭成员阐述了不同群体的营养关注点；最后，介绍如何进行家庭营养配餐。

## 一、人体的营养需求

营养学界广泛流传着这样一句话："没有不好的食物，只有不合理的膳食。"面对种类繁多的食物，哪些营养是人体所必需的？到底怎样才能吃得好、吃得科学？这些是每位对自己健康负责的人都应关注的。

### （一）蛋白质——生命的物质基础

**1. 蛋白质的作用**

蛋白质（protein）是化学结构复杂的一类有机化合物，是人体必需的营养素。

一切细胞和组织都由蛋白质组成，可以说没有蛋白质，就不存在人体。蛋白质占人体体重的16%～19%，是构成和修补组织的主要材料。人的大脑、神经、皮肤、肌肉、内脏、血液甚至指甲、头发都是以蛋白质为主要成分构成的。身体的生长发育，成年后衰老组织的更新，损伤后组织的新生修补，都离不开蛋白质的参与。人体内的蛋白质不断地处于合成的动态平衡中，每天约有3%的蛋白质被更新，换句话说，约1个月的时间全身的蛋白质就更新了一遍。

蛋白质在体内是构成多种重要生理活性物质的成分，参与调节生理功能。此外，蛋白质还能给我们提供热量。人体约14%的热量消耗来自蛋白质。虽然这并不是它的主要职责，但是陈旧的或已经破损的组织细胞中的蛋白质会不断分解，释放能量。

**2. 蛋白质的分类和来源**

蛋白质虽然重要，但也有优劣之分。氨基酸是组成蛋白质的基本单位，所以营养学上根据食物蛋白质所含氨基酸的种类和数量将食物蛋白质分为三类：

（1）完全蛋白质。这类蛋白质所含的必需氨基酸种类齐全，数量充足，彼此比例适当。这一类蛋白质属于优质蛋白质。肉、蛋、奶、鱼中的蛋白质都属于完全蛋白质，是人体蛋白质的理想来源。

（2）半完全蛋白质。这类蛋白质虽然各种必需氨基酸种类齐全，但其中某些氨基酸的数量不能满足人体的需要，比例也不适当。它们可以维持生命，但不能促进生长发育。例如小麦中的麦胶蛋白便是半完全蛋白质，含赖氨酸很少。这种蛋白质处在好与不好之间，但仍是日常膳食中蛋白质的重要来源。

（3）不完全蛋白质。也就是我们所说的坏蛋白质，所含的必需氨基酸种类不全，如果单纯靠它们，既不能促进生长发育，又不能维持生命。例如肉皮中的胶原蛋白、玉米中的胶蛋白、豌豆中的球蛋白等。

为改善膳食蛋白质质量，一般要求动物性蛋白质和大豆蛋白质应占膳食蛋白质总量的30%～50%。含优质蛋白质多的食物包括：奶类，如牛奶、羊奶、马奶，它是婴幼儿蛋白质的最佳来源；畜肉类，如牛、羊、猪肉等；禽肉，如鸡、鸭、鹅、鹌鹑等；蛋类，如鸡蛋、鸭蛋、鹌鹑蛋等；大豆类，如黄豆、大青豆和黑豆等，其中以黄豆的营养价值最高，它是食品中优质的蛋白质来源。常见食物蛋白质含量见表3-1。

表3-1 常见食物蛋白质含量（g/100 g）

| 食物 | 蛋白质 | 食物 | 蛋白质 |
| --- | --- | --- | --- |
| 小麦粉（标准粉） | 11.2 | 黄豆 | 35.0 |
| 粳米（标一） | 7.7 | 绿豆 | 21.6 |
| 籼米（标一） | 7.7 | 赤小豆 | 20.2 |
| 玉米（干） | 8.7 | 花生仁 | 24.8 |
| 玉米面 | 8.1 | 猪肉（肥瘦） | 13.2 |
| 小米 | 9.0 | 牛肉（肥瘦） | 19.9 |
| 高粱米 | 10.4 | 羊肉（肥瘦） | 19.0 |

续　表

| 食物 | 蛋白质 | 食物 | 蛋白质 |
| --- | --- | --- | --- |
| 马铃薯 | 2.0 | 鸡 | 19.3 |
| 甘薯 | 0.2 | 鸡蛋 | 13.3 |
| 蘑菇（干） | 21.1 | 草鱼 | 16.6 |
| 紫菜（干） | 26.7 | 牛奶 | 3.0 |

### （二）碳水化合物——人体的燃料库

#### 1. 碳水化合物的作用

碳水化合物是一大类有机化合物，之所以叫这个名字，是因为它是由碳、氢、氧3种元素组成的，而且氢氧比例为2∶1，和水一样，所以叫作碳水化合物。它也曾被称作糖类。它是人类最主要、最廉价的能量来源，可谓物美价廉。

根据世界卫生组织和世界粮农组织规定，碳水化合物根据所含单糖的个数可分为3类：第一类是糖，由1～2个单糖组成，如葡萄糖、果糖等，提供这类糖的食物有糖果、甜食、甜味水果、蜂蜜、含糖饮料、糕点等，这类糖分子较小，吃下去很容易就被吸收，转化成热量；第二类是寡糖，由3～9个单糖组成，麦芽糊精、棉子糖、水苏糖属于这一类；第三类是多糖，组成单位至少为10个单糖，主要来源于淀粉、膳食纤维、果胶等。

碳水化合物是人体的能源物质，如果人体是一台精密的机器的话，那么碳水化合物就是机器运作的燃料，缺少了碳水化合物，人体的各项功能就不能正常运作，特别是心脏、神经系统、肌肉活动。碳水化合物的主要作用是：

（1）供给能量。每克葡萄糖产热4000卡路里，营养专家认为人体总热量的50%～60%应该来源于碳水化合物。人体摄入的碳水化合物最终会变成葡萄糖或其他单糖参加机体代谢。人们平时摄入的碳水化合物主要是多糖，在米面等主食中含量较高。

（2）构成细胞和组织。人体由细胞组成，而每个细胞都有碳水化合物，其含量为2%～10%，主要以糖脂、糖蛋白和蛋白多糖的形式存在，分布在细胞膜、细胞器膜、细胞质以及细胞间质中。

（3）节省蛋白质。如果食物中碳水化合物不足，机体就会调动蛋白质来提供能量，这会影响机体对蛋白质的利用和组织更新。而足量的碳水化合物有利于蛋白质分解后氨基酸的转运。

（4）抗生酮和解毒作用。若碳水化合物供应不足，人体会分解脂肪酸来为机体产热，而脂肪酸分解不彻底会产生过多的酮体，酮体在体内蓄积，就会导致酮中毒，产生酮体血症和酮体尿症。经糖醛酸途径生成的葡萄糖醛酸，是体内一种重要的结合解毒剂，在肝脏中能与许多有害物质如细菌毒素、酒精、砷等结合，以消除或减轻这些物质的毒性或生物活性，从而起到解毒作用。

（5）增强肠道功能。非淀粉多糖类如纤维素和果胶、抗性淀粉、功能性低聚糖等抗消化的碳水化合物，虽不能在小肠消化吸收，但能刺激肠道蠕动，增加结肠内的发酵，发酵产生的短链脂肪酸和肠道菌群增殖，有助于正常消化和增加排便量。

**2. 碳水化合物的来源**

谷物、蔬菜、水果和豆类是碳水化合物的主要来源，而奶制品是唯一含有大量碳水化合物的动物性食品。富含碳水化合物的食物包括：稻米、小麦加工成的精细米面和其他谷类，如燕麦、玉米、荞麦、高粱、薏米、黑米等；多种根茎类作物，如马铃薯、山药、薯类；多种豆类，如豌豆、红豆、芸豆、黄豆等；多种水果，如橙子、甘蔗、桂圆、香蕉和枣；多种蔬菜，如木耳、大白菜、金针菜、南瓜、胡萝卜等。

营养膳食宝塔推荐的各类食物的比例为：谷类6～9份，蔬菜3～4份，水果2～3份。而一些加工食品（如糕点、饼干、面包、巧克力）中含有大量的易被人体吸收的糖，过量进食容易导致肥胖和血糖升高，应尽量少吃。

**（三）维生素——调节人体代谢的卫士**

**1. 维生素的作用**

维生素在人体中不像蛋白质能维持生命和供给生长所需的物质，也不像碳水化合物能提供热量，但是它同样是人类所必需的微量有机物。人体对维生素的需求量很少，但是人体不能自己合成或者合成量很少，因此，我们必须通过食物来补充人体所需的维生素。维生素是一个大家族，人体需要的有20多种，每一种都有着无法替代的作用。一旦缺乏某种维生素便会引起相应的代谢障碍，并表现出一系列的临床疾病。例如，缺乏维生素C会导致维生素C缺乏病，缺乏维生素B会导致脚气病，缺乏维生素A会导致夜盲症，缺乏维生素D会导致佝偻病，等等。因此，维生素是人体必需的一种营养素。

按照溶解性质，维生素可分为两大类：水溶性维生素和脂溶性维生素，水溶性维生素包括维生素C和B族维生素，脂溶性维生素包括维生素A、维生素D、维生素E和维生素K等。

**2. 维生素的来源**

（1）维生素A。维生素A是第一个被发现的维生素，又名视黄醇或抗干眼病维生素。主要功能是维持正常视力，预防夜盲症，增强人体对传染病的抵抗力，预防和治疗眼干燥症。维生素A只存在于动物性食品中，植物中的胡萝卜素被吸收后，在体内可转变为维生素A。动物肝脏、鱼肝油、鱼子、奶油、牛奶、禽蛋等是维生素 A 的良好来源。而胡萝卜素主要来自有色蔬菜，如胡萝卜、菠菜、豌豆苗、辣椒，还有杏、柿子、菠萝等水果。胡萝卜素溶于脂肪，与油脂同食吸收效果更好。

（2）B 族维生素。B 族维生素有 12 种以上，最常见的成员有维生素 B1、维生素 B2、维生素 B3（烟酸）、维生素 B5（泛酸）、维生素 B6、维生素 B9（叶酸）、维生素 B12（钴胺素），它们的作用分述如下：

维生素 B1 又称抗脚气病维生素，能预防脚气病，保持循环系统、消化系统、神经系统和肌肉的正常功能。含量丰富的食物有杂粮、粗粮、谷物、坚果、豆类、动物内脏、猪瘦肉、蛋类中含量也很可观。

维生素 B2 又叫核黄素，主要存在于瘦肉和内脏类、乳类、蛋类和豆类中。它的功效是辅助生长，维持神经系统正常功能，保持健康。如果缺乏维生素 B2 就会影响儿童生长，诱发口角炎、唇炎和舌炎等病。

维生素 B3 是 B 族维生素中人体需求量最多者。它是维持消化系统健康的维生素，也是性激素合成不可缺少的物质。对生活充满压力的现代人来说，维生素 B3 可维系神经系统健康和脑机能正常运作，也绝对不可以忽视。维生素 B3 主要存在于动物性食物中，花生、豆类、肉类尤其是肝脏中含量最为丰富。

维生素 B6 在蛋白质代谢中起重要作用。可治疗神经衰弱、眩晕、动脉粥样硬化等。蛋黄、鱼类、奶类、白菜及豆类中含量较多。

缺乏维生素 B12 时会发生恶性贫血。人体对维生素 B12 的需求量极少，人在一般情况下不会缺少，老人、素食且不吃蛋和奶制品的人、经常饮酒的人、处于月经期间或月经前的女性、孕妇及哺乳期妇女容易缺乏，需要适当补充。肝、瘦肉、鱼、牛奶及鸡蛋是人类获得维生素 B12 的主要来源。

（3）维生素 C。又称抗坏血酸，是人体需求量最大的一种维生素。具有防治维生素 C 缺乏病、促进铁质吸收、抗氧化、延缓衰老、增强抵抗力、防治感冒的作用。维生素 C 的主要来源是新鲜的水果蔬菜，只要常吃新鲜的水果蔬菜，通常不会缺乏。

（4）维生素 D。维生素 D 可以调节人体内钙和磷的代谢，促进吸收利用，促进骨骼成长。维生素 D 缺乏时儿童会患骨软化病，成年人可能会患骨质疏松。值得注意的是，如果接受足够的阳光照射，人体皮肤就能合成所需的维生素 D，大家不妨多走出房间，享受阳光的沐浴。维生素 D 在鱼肝油中含量最丰富，三文鱼、虾、牛奶、蛋黄也是良好的来源。

（5）维生素 E。小麦胚油中的维生素 E 含量最多，其他各种食物如玉米油、花生油、芝麻油、绿叶蔬菜、奶蛋类、鱼肝油等也都富含维生素 E。维生素 E 是促进生殖机能的重要物质，并且具有很强的抗氧化作用。如果缺乏这种维生素，生殖机能就会减退，青少年生长发育就会迟缓，妇女则不容易怀孕或容易诱发流产或早产等。

（6）维生素K。维生素K不但是凝血酶原的主要成分，而且能促使肝脏制造凝血酶原，是人体良好的止血剂。维生素K摄入不足会导致鼻出血、皮肤黏膜淤血、胃出血等。它广泛地存在于植物中，尤以绿叶蔬菜为多。外科手术过后，可适当补充维生素K，以加快止血，帮助伤口愈合。

（四）脂肪——人体的能量物质

**1. 脂肪的作用**

脂肪酸可分为三大类：饱和脂肪酸、单不饱和脂肪酸、多不饱和脂肪酸。动物性脂肪中最主要的成分是饱和脂肪酸，少数植物油如棕榈油、可可油、椰子油中也含有动物性脂肪。植物油中则以不饱和脂肪酸含量较高。

脂肪最主要的作用是产能，它是人体内产能效率最高的物质，每1克脂肪能产生9000卡路里的能量，约为碳水化合物、蛋白质的2倍。同时它也是人体能量的"粮仓"，我们每日吃下去的脂肪除了为人体提供能量和生理代谢外，多余的部分可转化为组织脂肪，贮存在体内各组织之中，在饥饿时可为身体提供能量。当摄入脂肪过多，体内贮存脂肪过多时，人就会发胖。

除了为人体提供和储备能量外，其实脂肪还有其他重要的作用。

（1）维持体温。脂肪是不良导体，所以皮下脂肪是身体良好的隔离层，能防止体热散失，还能阻止外热传到体内。在寒冷的冬季，有助于保暖御寒，但是在夏季又不利于散热。这也是体形偏胖的人怕热的缘故。脂肪有助于保存热量，所以从理论上来讲，女性比男性更耐寒，因为女性的皮下脂肪储存量高于男性。

（2）保护脏器。脂肪柔软有弹性，存在于腹腔、皮下、关节处，作为填充衬垫物，可以起到保护和固定内脏器官、减少摩擦的作用。手掌、足底、臀部的脂肪能帮助更好地防震、承受压力。

（3）维生素的载体。脂溶性维生素只有溶于脂肪才能被人体吸收利用，脂肪是它们最好的载体，如维生素A、维生素D、维生素E、维生素K。若长期缺乏脂肪，就会导致脂溶性维生素的缺乏，引起人体维生素A、维生素D的缺乏症，以致出现皮肤干燥、头发枯燥脱落及夜盲症、干眼症等疾病。

（4）构成组织。脂肪是构成身体细胞的重要成分之一，尤其是脑神经，肝脏、肾脏等重要器官中含有很多脂肪。脂肪在体内还能合成体内生物活性物质，如细胞膜的主要成分，在生命活动中起着重要的作用。

（5）提供必需脂肪酸。人体所需的必需脂肪酸主要来自食物脂肪。必需脂肪酸如亚油酸、亚麻酸、花生四烯酸等，它们主要用于磷脂的合成，也是前列腺素的合成原料。脂肪酸还有降低胆固醇水平、防治动脉粥样硬化的作用。

### 2. 脂肪的合理摄入

通常来说，每日 50 克的脂肪已经能满足机体需要。受到季节、气候、饮食习惯的影响，脂肪的摄入量随之波动，应该占总能量的 25%～30%。由于现在肥胖以及肥胖带来的隐性危害已经成为普遍问题，所以建议脂肪的摄入应控制在总能量的 25%以下。同时，要尽量少吃含有"看不见的脂肪"的食物，如坚果类虽然营养丰富，但是脂肪含量也很惊人，每日食用一小把即可。方便面是高盐、高脂、低营养素的垃圾食品，对人体健康极其不利。动物内脏含有大量的胆固醇，心脑血管病、血脂异常、高胆固醇患者应该尽量少吃或不吃。奶油制品几乎全部是糖和反式脂肪，更应该少吃。

### （五）膳食纤维——肠道清道夫

#### 1. 膳食纤维的作用

膳食纤维是一种不能被人体消化的碳水化合物，主要可以从以下几类食物中获取：未经过加工的全谷类（如米糠、糙米、麦麸、燕麦、玉米）及其制品、水果（不包括过滤过的果汁）、粗纤维蔬菜（如笋、裙带菜、芹菜）及蔬菜的根茎、未经加工的豆类（如黄豆、绿豆、红豆）等。

由于现代人工作方式和生活方式的改变，久坐和压力已经成为都市人的家常便饭，随之而来的便秘问题也越来越凸显。大部分白领都有一定程度的便秘和排便困难。而膳食纤维是帮助我们通畅排便的最佳帮手，它就像清道夫一般，能促进排便，增加排便次数，稀释粪便中的毒素，也能促进肠道蠕动，使粪便不在肠道中停留太久，有毒物质就没有作怪的机会。水溶性膳食纤维在大肠中就像吸水的海绵，可增加粪便的含水量，使其变软。膳食纤维还能促进肠道的蠕动，从而加速排便，产生自然通便作用。除此之外，若饮食中提高膳食纤维的比重，还能增加饱腹感，减少热量的摄入，有助于减肥。膳食纤维中的果胶能加速胆固醇的排泄，预防心脑血管疾病，减慢食物的消化时间，降低餐后血糖，有利于糖尿病人血糖的控制。

#### 2. 辨别膳食纤维

糙米、麦麸、米糠、各种豆类，膳食纤维似乎与这些口感粗糙的食材画上了等号。其实这是一个误区，膳食纤维并不等于口感粗糙。膳食纤维分为可溶性和不可溶性两类。不可溶性膳食纤维主要存在于麦麸、坚果、蔬菜中，因为无法溶解，所以口感粗糙。不可溶性膳食纤维主要改善大肠功能，包括缩短消化残渣的通过时间，增加排便次数，起到预防便秘和肠癌的作用，最典型的例子就是芹菜。而大麦、豆类、胡萝卜、柑橘、燕麦等都含有丰富的可溶性膳食纤维，能够减缓食物的消化速度，使餐后血糖平稳，还可以降低胆固醇水平，这些食物的口感较为细腻，但也含有丰富的膳食纤维。

### （六）矿物质——维持酸碱平衡

**1. 矿物质的作用**

矿物质是人体必需的一种微量元素，也是人体必不可少的一种营养素。矿物质的种类比较多，而我们人体所需要的矿物质就要达到20多种，比如钙、钾、磷、硫、氯、钠、镁这七种矿物质在人体内所占的比重是最大的。此外还有铁、锌、铜、硒、铬、氟、钼等含量较少的矿物质。别看矿物质每日所需的量极少，在人体中的总量也不到体重的5%，也不能提供能量，可是它们在人体的生理活动中发挥着自己独特而关键的作用。矿物质的功效主要有以下几个方面：

（1）构成机体组织。如骨骼、牙齿的主要成分是钙、镁、磷，肌肉中含有硫，神经组织中含有磷，血红蛋白中含有铁，等等。

（2）维持渗透压。矿物质中的钾、钠离子与蛋白质合作，共同维持细胞组织的渗透压，使得组织保留一定水分，维持机体的水液平衡。

（3）维持酸碱平衡。细胞活动需在近中性环境进行，硫、磷等酸性离子和钙、镁、钾、钠等碱性离子适当配合，以及重碳酸盐、蛋白质的缓冲作用，可以使体内的酸碱度得到调节和平衡。

（4）维持神经肌肉的兴奋性。钙、镁、钾、钠是维持肌肉神经兴奋性的必要条件。

（5）参与酶的组成，激活酶。某些矿物质能参与酶的合成，如血红蛋白和细胞色素酶系中的铁、甲状腺激素碘等。酶能催化人体代谢中的各种化学反应，而使酶活化的是矿物质。如果矿物质不足，酶就无法正常工作，代谢活动就随之停止。

**2. 人体必不可少的矿物质**

在人体的新陈代谢中，每天都有一定数量的矿物质通过汗液、尿液、粪便等形式排出体外，而且这些矿物质是人体自身不能合成的，因此必须通过饮食补充每日所需的矿物质，使其处在一个动态的平衡之中。矿物质的种类很多，不同的矿物质在体内发挥着不同的功效，呵护健康。下面是几种人体中含量较多、比较重要的矿物质。

（1）钙和镁　健康骨骼的基础。成人体内钙的总量约为1200克，其中99%集中在骨骼和牙齿中，剩下的1%参与人体的代谢。钙对骨骼的发育有着重要的作用，孕妇缺钙可能导致胎儿骨骼发育畸形；婴幼儿缺钙易患佝偻病；儿童缺钙会影响骨骼发育；更年期女性钙流失变多，而对钙的吸收变差，更容易患上骨质疏松。我国居民钙摄入量普遍不足，所以推荐成年人每天摄入钙800毫克，孕妇800~1500毫克，乳母2000毫克。在矿物质里，钙有一位最佳拍档，那就是镁。镁可以促进钙的吸收，当钙与镁的比例为2∶1时，钙的吸收量达到最大。

所以，在补钙的时候，切记不要忘了补充镁。

（2）铁和铜——新鲜血液的创造者。铁广泛分布于人体各种组织，成人体内铁的总量约为4～5克。铁元素是骨髓制造血液的原料，还参与血红蛋白、细胞色素及各种酶的合成，促进生长；铁还在血液中起运输氧和营养物质的作用。人体缺铁会导致缺铁性贫血，使人脸色萎黄，皮肤也会失去光泽。同时，缺铜也会导致贫血，铜是血浆铜蓝蛋白的重要组成部分，铜与铁一起参与造血，促进铁进入骨髓中进行造血。缺铜还会影响铁的吸收和代谢。

（3）锌——促进生长发育。锌对儿童的生长发育尤为重要，儿童缺锌，不仅会生长发育迟缓，而且可能会导致侏儒症，影响儿童的智力发育。成年人每日只需13～15毫克的锌，但如果锌摄入不足，就会皮肤粗糙、食欲减退、贫血、性功能减退甚至不育。

（4）钾——护卫你的心脏。钾虽然不参与人体的组织构成，但有助于调节心跳节律，维持肾上腺的功能，还可以阻断血管紧张素代偿性升高，从而调控血压。它也是维持体内渗透压和酸碱平衡的重要角色。因此，血钾一旦低于正常值，就会造成神经系统的抑郁、嗜睡，肌肉系统的四肢无力软瘫，甚至还可能引起严重的心律失常、心脏骤停，危及生命。

（5）硒——人体的防癌元素。硒能抗癌主要有以下几个原因：硒能提高人体抗氧化能力和免疫力；自由基是癌症的致病因素之一，硒强大的抗氧化能力能帮助清除自由基，保护细胞膜，预防癌症的发生；硒还能清除致癌物的毒性，比如强致癌物黄曲霉素 B1 的毒性。

（七）水——生命活动的载体

水在体内不仅构成身体成分，而且具有调节生理功能的作用。一般断水5～10天即可危及生命。由于水在自然界广泛分布，一般无缺乏的危险，所以，在营养学中未被列为必需营养素，但这并不能否定水在生命活动中的重要作用。

1. 水是构成细胞和体液的重要组成部分。成人体内水分含量约占体重的65%，血液中含水量占80%以上，水广泛分布在组织细胞内外，构成人体的内环境。

2. 参与人体内物质代谢。水的溶解力很强，并有较大的电解力，可使水溶物质以溶解状态和电解质离子状态存在；水具有较大的流动性，在消化、吸收循环、排泄过程中，可加速协助营养物质的运送和废物的排泄，使人体内新陈代谢和生理化学反应得以顺利进行。

3. 调节体温，以维持人体体温的恒定。

4. 润滑作用。在关节、胸腔、腹腔和胃肠道等部位，都存在一定量的水分，对器官、关节、肌肉、组织能起到缓冲、润滑、保护的作用。

## 二、各类食物的营养价值

《黄帝内经》中记载:"五谷为养,五果为助,五畜为益,五菜为充,气味合而服之,以补精益气。"中国人自古以来,除部分少数民族外,均以植物性食物为主。植物性食物除了能够提供人体所需的蛋白质、碳水化合物、脂类三大营养素外,还能提供大多数维生素、矿物质和膳食纤维。

### (一) 谷类

谷类一般指粮食作物,在中国,谷类可分为三大类:禾谷类,包括稻类(籼稻、粳稻、糯稻)、麦类(小麦、大麦、燕麦、黑麦)、玉米、高粱、粟(小黄米)、黍(大黄米)、荞麦等;豆菽类,包括大豆、蚕豆、豌豆、绿豆、红小豆、芸豆等;薯类,包括甘薯(也称红薯或白薯)、马铃薯、山药、芋、木薯。这一类处于"营养金字塔"的第一层,构成塔基,在饮食中占的比重最大。每日谷类食物的摄取量为250~400克,粮食与豆类之比为10:1。

谷类食物碳水化合物含量一般在70%左右,主要为淀粉,经胃肠消化后可变成葡萄糖,是人类最理想、最经济的能量来源。谷类含矿物质约1.5%~3%,主要是磷、钙,铁含量较低,约1.5~3 mg/100 g。

谷类蛋白质含量一般在7.5%~15%,大豆类蛋白质含量较高,一般为35%左右,其中黑豆的含量最高,达36%。谷类是膳食中B族维生素的重要来源,如维生素B1、维生素B2、烟酸、泛酸等,主要分布在糊粉层和谷胚中。因此,谷类加工越细,上述维生素损失就越多。

谷类脂肪含量较低,约2%,玉米和小米可达3%,主要集中在糊粉层和谷胚中,谷类脂肪主要含不饱和脂肪酸,质量较好。从玉米和小麦胚芽中提取的胚芽油,80%为不饱和脂肪酸,其中亚油酸为60%,具有降低血清胆固醇、防止动脉粥样硬化的作用。

### (二) 蔬菜类

蔬菜按其结构及可食部分不同,可分为叶菜类、根茎类、瓜茄类和鲜豆类,所含的营养成分因其种类不同,差异较大。

蔬菜是维生素和矿物质的主要来源。此外还含有较多的纤维素、果胶和有机酸,能刺激胃肠蠕动和消化液的分泌,因此它们还能促进人们的食欲和帮助消化。蔬菜在体内的最终代谢产物呈碱性,故称"碱性食品",对维持体内的酸碱平衡起重要作用。

叶菜类主要包括白菜、菠菜、油菜、韭菜、苋菜等,是胡萝卜素、维生素B2、维生素C、矿物质及膳食纤维的良好来源。绿叶蔬菜和橙色蔬菜营养素含量较为丰富,特别是胡萝卜素的含量较高;维生素B2含量虽不很丰富,但仍是维生素 B2 的主要来源。根茎类主要包括萝卜、胡萝卜、荸荠、藕、山药、芋艿、葱、蒜、竹笋等，其膳食纤维的含量较叶菜类低，约 1%。胡萝卜中含胡萝卜素最高，每 100g 中可达 4130μg。硒的含量以大蒜、芋艿、洋葱、马铃薯等中最高。鲜豆类包括毛豆、豇豆、四季豆、扁豆、豌豆等，与其他蔬菜相比，营养素含量相对较高，还含有丰富的钾、钙、铁、锌、硒等。锌的含量以蚕豆、豌豆和芸豆中含量较高，硒的含量以玉豆、龙豆、毛豆、豆角和蚕豆较高。俗话说，"四条腿的不如两条腿的，两条腿的不如一条腿的"。其中，"一条腿的"指的就是菌类，如香菇、木耳、银耳、金针菇、猴头菇、竹荪等。菌类营养丰富，其中最主要的就是多糖，对人体具有抗肿瘤和免疫调节、抗病毒、降脂降压的作用。

### （三）水果类及坚果类

水果与蔬菜一样，主要提供维生素和矿物质。水果也属碱性食品。其中含胡萝卜素最高的水果为柑、橘、杏和鲜枣；含维生素 C 丰富的水果为鲜枣、草莓、橙、柑、柿等。坚果是一类营养价值较高的食品，如葵花籽、松仁、核桃、杏仁、香榧、腰果、花生、开心果、夏威夷果、银杏、栗子等。其共同特点是低水分含量和高能量，富含各种矿物质和 B 族维生素、维生素 E，微量元素铁、锌、硒。就营养素含量而言，富含脂肪的坚果优于淀粉类坚果，然而因为坚果类所含能量较高，虽为营养佳品，亦不可过量食用，以免导致肥胖。

### （四）蛋类及蛋制品

蛋类蛋白质含量一般在 10% 以上。全鸡蛋蛋白质的含量为 12% 左右，蛋清中略低，蛋黄中较高，加工成咸蛋或松花蛋后，变化不大。鸭蛋的蛋白质含量与鸡蛋类似。蛋清中含脂肪极少，98% 的脂肪存在于蛋黄当中。蛋黄中的脂肪几乎全部以与蛋白质结合的良好乳化形式存在，因而消化吸收率高。

蛋黄中的胆固醇含量很高，大量食用会引起高脂血症，是诱发动脉粥样硬化、冠心病等疾病的危险因素，但蛋黄中还含有大量的卵磷脂，对心脑血管疾病有防治作用。因此，吃鸡蛋要适量。据研究，每人每日吃 1～2 个鸡蛋，对血清胆固醇水平无明显影响，可发挥禽蛋其他营养成分的作用。

### （五）水产类

水产动物种类繁多，全世界仅鱼类就有 2.5 万～3.0 万种。水产食用资源与人类饮食关系密切。这些丰富的海洋资源作为高生物价的蛋白、脂肪和脂溶性维生素来源，在人类的营养领域具有重要作用。

鱼类因水分和蛋白质含量高，结缔组织少，较畜禽肉更易腐败变质，特别是青皮红肉鱼，如鲐鱼、金枪鱼，组氨酸含量高，所含的不饱和双键极易氧化破坏，能产生脂质过氧化物，对人体有害。因此打捞的鱼类需及时保存或加工处理，防止腐败变质。保存处理一般采用低温或食盐来抑制组织蛋白酶的作用和微生物的生长繁殖。以食盐保藏的海鱼，食盐用量不应低于15%。鱼油和鱼肝油是维生素A和维生素D的重要来源，也是维生素E的一般来源。多脂的海鱼肉也含有一定量的维生素A和维生素D，维生素B1、维生素B2、烟酸等的含量也较高，而维生素C含量则很低。一些生鱼制品中含有硫胺素酶和催化硫胺素降解的蛋白质，因此大量食用生鱼可能造成维生素B1的缺乏。

### （六）乳类及乳制品

乳类是指动物的乳汁，经常食用的是牛奶和羊奶。乳类经浓缩、发酵等工艺可制成奶制品，如奶粉、酸奶、炼乳等。乳类及其制品具有很高的营养价值，不仅是婴儿的主要食物，而且是老弱病患者的营养食品。

牛奶中含有优质的蛋白质和人体生长发育所需的全部氨基酸，还有丰富的维生素和易于消化的脂肪颗粒。但牛奶之所以在我们的营养食谱中占据不可替代的位置，是因为牛奶中含有钙，每100克牛奶中约含有104毫克钙，是天然绝佳的补钙食品，所以成年人每天饮用1～2袋牛奶（250～500毫升）是必需的。另外，牛奶中的蛋白质含量比较恒定，约为3.0%，羊奶的蛋白质含量为1.5%，低于牛奶，但更容易消化。婴儿消化羊奶的消化率可达94%以上。

酸奶是在消毒鲜奶中接种乳酸菌并使其在控制条件下生长繁殖而制成的。牛奶经乳酸菌发酵后游离的氨基酸和肽增加，因此更易消化吸收。乳糖减少，使乳糖酶活性低的成人易于接受。维生素A、维生素B1、维生素B2等的含量与鲜奶含量相似，但叶酸含量却增加了1倍，胆碱含量也明显增加。此外，酸奶的酸度增加，有利于对维生素的保护。乳酸菌进入肠道可抑制一些腐败菌的生长，调整肠道菌相，防止腐败胺类对人体的不良作用。

奶应避光保存，以保护其中的维生素。研究发现，鲜牛奶经日光照射1分钟后，B族维生素很快消失，维生素C也所剩无几。即使在微弱的阳光下，经6小时照射后，B族维生素也仅剩一半，而在避光器皿中保存的牛奶不仅维生素没有消失，还能保持牛奶特有的鲜味。

## 三、针对特殊人群的营养搭配技能

### （一）婴儿的营养搭配

出生1～12个月为婴儿期，包括新生儿期（断脐至生后28天）。

**1. 母乳喂养与人工喂养**

与人类的进化同步，母乳也不断地进化，与现代人类生命发展相适应。人类的乳汁保留了人类生命发展早期所需要的全部营养成分，这是人类生命延续所必需的,是其他任何哺乳类的乳汁无法比拟的。

母乳中含有丰富的免疫活性物质,包括白细胞和淋巴细胞、抗体、乳铁蛋白和溶菌酶等。此外还含有母乳中的激素和生长因子,包括表皮生长因子(EGF)、神经生长因子(NGF)、胰岛素样生长因子Ⅰ和Ⅱ,转移生长因子(TGF)等。这些生长因子可以调节婴儿的生长发育,参与中枢神经系统及其他组织的生长分化。母乳中还含有甲状腺素 T3 和 T4、促甲状腺激素(TSH)、前列腺素、皮质激素和促肾上腺皮质激素(ACTH)、胰岛素、生长激素抑制素、垂体激素、胃肠肽、胃泌素、降血钙素等。这些激素对于维持、调节和促进婴儿的各器官的生长、发育与成熟有重要作用。

因各种原因不能用母乳喂养婴儿时,可采用牛乳、羊乳等动物乳或其他代乳品喂养婴儿,这种非母乳喂养婴儿的方法即人工喂养。由于不同种动物的乳严格来讲只适合相应种类动物的幼子,并不适宜人类婴儿的生长发育,所以不适宜直接喂养婴儿。因此,特别是对 0~4 个月的婴儿,只有在实在无法用母乳喂养时才采用人工喂养。

**2. 婴儿辅食添加顺序**

为了使婴儿的体重正常增长,能量及营养素摄入必须满足消耗及正常生长所需,正常母乳的营养构成及营养素含量是最适宜婴儿营养需要的食品。婴儿六个月左右可添加辅食,首先添加含铁米粉,其后逐步添加蔬菜和水果泥;七八个月后,逐渐从泥糊状食物向固体食物过渡,锻炼婴儿吞咽能力,比如蛋黄、肉泥、鱼肉泥可晚一些,防止过敏;九个月后食物从碎末逐渐过渡到小颗粒状,可选鱼类、瘦肉类、肝类、蔬菜类、水果类,每日应继续奶类喂养并吃 2 次辅食。

**3. 婴儿营养搭配推荐食谱**

很多妈妈都担心宝宝缺钙、缺微量元素,于是钙剂、冲剂各种补。但是我们都知道药补不如食补,妈妈可以自己动手做一些辅食,让宝宝吃出健康。

(1)补钙食谱

婴儿每天要吃富含钙的食物,如海产品、奶类及其制品、豆制品、蔬菜、鸡蛋等。

**推荐食谱一**　奶香紫薯米糊(7 个月+)

①紫薯洗净去皮切块,放入锅中蒸熟后用料理棒打成泥。

②小米洗净放入锅中熬粥,煮 20 分钟至黏稠。

③将紫薯泥小米粥和配方奶放在碗里用料理棒打成糊状即可。

**推荐食谱二**　南瓜红枣奶酪泥(10 个月+)

①南瓜洗净去皮去瓤去籽,切块。

②将红枣在水中浸泡半小时后洗净,南瓜块、红枣入锅蒸熟。
③蒸熟的红枣去皮。
④南瓜和红枣分别捣成泥。
⑤奶酪切小块,放入红枣泥、南瓜泥里,充分搅拌均匀。

**推荐食谱三**　黑芝麻蒸蛋(10个月+)

①黑芝麻炒熟,放凉,然后用料理棒打成粉。
②把鸡蛋打散,放在碗里。
③加入小半碗水,2滴花生油,1勺黑芝麻粉,然后搅拌均匀,就可以上锅蒸了,大概8分钟就可以出锅。

(2)补铁辅食

婴儿的第一口辅食一般推荐高铁婴儿米粉。婴儿辅食中也要注意补充铁元素,红肉是不错的选择。

**推荐食谱一**　胡萝卜猪肝米糊(7个月+)

①猪肝下锅煮熟,可以放几片生姜去腥。
②胡萝卜上锅隔水蒸熟,滴两滴橄榄油。
③泡好米粉,将猪肝和胡萝卜一起装杯,用料理棒打成糊。

**推荐食谱二**　鸡肝白菜粥(9个月+)

①大米在清水中浸泡一小时。
②鸡肝清洗干净,切片,并在清水中浸泡半小时,其间换水三次。
③鸡肝捞出,冲洗,放入锅中,加姜片和水,烫熟鸡肝。
④捞出鸡肝,剁碎。
⑤去掉帮的白菜叶冲洗干净,剁碎。
⑥大米放入锅中,加入五倍的清水,熬煮成白米粥。
⑦白米粥软绵后,加入鸡肝碎和白菜碎。
⑧再次沸腾后煮三分钟盛出。

(3)补锌辅食

锌是婴儿生长发育必需的营养素之一。缺锌可能会导致婴儿厌食、抵抗力差等问题。

**推荐食谱一**　莲藕蛋黄泥(8个月+)

①将莲藕清洗干净,去皮,切成小块,用料理棒打成泥。
②将莲藕糊倒入小锅中,用小火熬煮,然后将煮熟的莲藕糊倒入碗中。
③将鸡蛋煮熟,取蛋黄部分打成泥。
④将蛋黄泥调入莲藕糊中。

**推荐食谱二**　西红柿土豆瘦肉羹（9个月＋）

①将土豆洗净，去皮切成小块。

②将土豆蒸熟之后，压成土豆泥。

③将西红柿洗净去皮，切碎。

④西红柿碎、土豆泥、瘦肉末放入碗中搅拌均匀。

⑤将西红柿、土豆、瘦肉放入蒸锅中，冷水上锅蒸熟。

### （二）幼儿的营养搭配

1周岁到满3周岁之前为幼儿期。由于幼儿仍处于生长发育的旺盛时期，对蛋白质、脂肪、碳水化合物及其他各营养素的需要量相对高于成人。

**1. 能量**

幼儿对能量的需要通常包括基础代谢、生长发育、体力活动以及食物的特殊动力作用的需要。婴幼儿时期基础代谢的需要约占总能量需要量的60％。幼儿的体表面积相对较大，基础代谢率高于成年人，但男女孩之间的差别不大。

**2. 宏量营养素**

（1）蛋白质：幼儿对蛋白质的相对需要不仅量比成人多，而且质量要求也比成人高。一般要求蛋白质所供能量应占膳食总能量的12％～15％，其中有一半应是优质蛋白质。

（2）脂肪：对于1～3岁的幼儿，由脂肪提供的能量在30％～35％为宜，幼儿膳食中含有适量的脂肪也有助于增加食欲。

（3）碳水化合物：活动量大的幼儿，因身体消耗的能量多，对碳水化合物的需要量也多，所以提供的量也应较多。

**3. 微量营养素**

（1）矿物质

①钙：从1岁到10岁，据估计平均每日用于骨骼生长需要储留钙从70 mg上升到150 mg，膳食中钙吸收率仅有35％。奶及其制品是膳食钙的最好来源。1～3岁幼儿的钙适宜摄入量为600 mg/d。

②铁：幼儿期每天从各种途径损失的铁不超过1 mg，加上生长需要，每天平均需要1 mg的铁。

③锌：婴幼儿缺锌时会出现生长发育缓慢、味觉减退、食欲不振、贫血、创伤愈合不良、免疫功能低下等表现。1～3岁幼儿锌的适宜摄入量为9.0 mg/d。锌最好的食物来源是蛤贝类，每100 g可达10 mg以上的锌。其次是动物的内脏（尤其是肝）、蘑菇、坚果类（如花生、核桃、松子等）和豆类，肉类和蛋也含有一定量的锌，其他食物含量低。

④碘：碘对婴幼儿的生长发育影响很大，幼儿期缺碘会影响生长发育。

(2) 维生素

①维生素 A：维生素 A 与机体的生长、骨骼发育、生殖、视觉及抗感染有关。1～3 岁幼儿每日维生素 A 的适宜摄入量为 500 μg 视黄醇当量。

②维生素 D：维生素 D 的膳食来源较少，主要来源是户外活动时由紫外线照射皮肤，使 7-脱氢胆固醇转变成维生素 D。幼儿也可适量补充含维生素 D 的鱼肝油。

③其他维生素：维生素 B 为水溶性维生素，在体内储存极少，需每日从膳食中补充。

**4. 幼儿食物的选择**

(1) 粮谷类及薯类食品

进入幼儿期后，粮谷类应逐渐成为幼儿的主食。谷类食物是碳水化合物和某些 B 族维生素的主要来源，同时因食用量大，也是蛋白质及其他营养素的重要来源。在选择这类食品时应以大米、面制品为主，同时加入适量的杂粮和薯类。

在食物的加工上，应粗细合理，加工过精时，B 族维生素、蛋白质和无机盐损失较大；加工过粗，存在大量的植酸盐及纤维素，会影响钙、铁、锌等营养素的吸收利用。一般以标准米、面为宜。

(2) 乳类食品

乳类食物是幼儿优质蛋白、钙、维生素 B2、维生素 A 等营养素的重要来源。奶类钙含量高、吸收好，可促进幼儿骨骼的健康生长。同时奶类富含赖氨酸，是粮谷类蛋白的极好补充。但奶类的铁、维生素 C 含量很低，脂肪以饱和脂肪为主，需要注意适量供给。过量的奶类也会影响幼儿对谷类和其他食物的摄入，不利于健康饮食习惯的培养。

(3) 鱼、肉、禽、蛋及豆类食品

这类食物不仅为幼儿提供丰富的优质蛋白，而且是维生素 A、维生素 D 及 B 族维生素和大多数微量元素的主要来源。豆类蛋白含量高，质量也接近肉类，价格低，是动物蛋白的较好的替代品，但微量元素（如铁、锌、铜、硒等）低于动物类食物，所以在经济条件允许时，幼儿还是应进食适量动物性食品。

(4) 蔬菜、水果类

这类食物是维生素 C、β-胡萝卜素的唯一来源，也是维生素 B2、无机盐（钙、钾、钠、镁等）和膳食纤维的重要来源。在这类食物中，一般深绿色叶菜及深红、黄色果蔬、柑橘类等含维生素 C 和 β-胡萝卜素较高。蔬菜、水果不仅可提供营养素，而且具有良好的感官性状，可促进幼儿食欲，防治便秘。

(5) 油、糖、盐等调味品及零食

这类食品对于提供必需脂肪酸、调节口感等具有一定的作用，但食用过多对身体有害无益，应少吃。

### 5. 幼儿膳食的基本要求

（1）营养齐全

搭配合理的幼儿膳食应包括上述五类食物。此外应注意不同的食物轮流使用，使膳食多样化，从而发挥出各类食物营养成分的互补作用，达到均衡营养的目的。

（2）合理加工与烹调

幼儿的食物应单独制作，质地应细、软、碎、烂，避免刺激性强和油腻的食物。食物烹调时还应具有较好的色、香、味、形，并经常更换烹调方法，以刺激小儿胃酸的分泌，促进食欲。加工烹调也应尽量减少营养素的损失，如淘米次数及用水量不宜过多，应避免吃捞米饭，以减少B族维生素和无机盐的损失。蔬菜应整棵清洗、焯水（飞水）后切，以减少维生素C的丢失和破坏。

（3）合理安排进餐

幼儿的胃容量相对较小且肝储备的糖原不多，加上幼儿活泼好动，容易饥饿，故幼儿每天进餐的次数要相应增加。在1～2岁每天可进餐5～6次，2～3岁时可进餐4～5次，每餐间相隔3～3.5小时。

（4）营造幽静、舒适的进餐环境

安静、舒适、秩序良好的进餐环境可使小儿专心进食。环境嘈杂，尤其是吃饭时看电视，会转移幼儿的注意力，并使其情绪兴奋或紧张，影响食欲与消化。另外，在就餐时或就餐前不应责备或打骂幼儿，发怒时，消化液分泌减少，降低食欲。进餐时应有固定的场所，并有适于幼儿身体特点的桌椅和餐具。

（5）注意饮食卫生

幼儿抵抗力差，容易感染，因此对幼儿的饮食卫生应特别注意。餐前、便后要洗手；不吃不洁的食物，少吃生冷的食物；瓜果应洗净才吃，动物性食品应彻底煮熟煮透。从小培养良好的卫生习惯。

### 6. 幼儿营养搭配注意事项

（1）1岁左右刚断奶的幼儿，消化能力比较差，营养需要均衡。

（2）2岁的幼儿对食物要求比较高，因胃容量有限，宜少吃多餐。

（3）3岁的幼儿身体发育快，需要补充大量的营养素。

（4）营养搭配禁忌：幼儿需要大量的营养补充，但不是所有食物都适合幼儿食用，有些食物是禁止出现在幼儿的食谱里的。

①蜂蜜：蜂蜜含有各种维生素、矿物质和氨基酸，但是不适合幼儿食用，因为蜂蜜无法消毒，可能会引起幼儿腹泻或便秘。

②花生酱：花生酱比较容易引起过敏，最好不要给幼儿食用，而且花生酱本身非常黏稠，比较容易引起窒息危险。

③刺激性大的食物：这类主要说的是香料，很多香料都有很大的刺激性，对成人来说可能是美味，却不利于幼儿健康成长。

④过多的鱼松：鱼松很美味，很多幼儿都无法抗拒，但是切记不能食用过量。因为鱼松含有大量的氟化物，不利于幼儿健康发育。

⑤茶叶：茶叶中富含很多鞣酸，会影响食物营养的吸收，致使幼儿缺少蛋白质和矿物质而影响其正常成长发育。

**7. 幼儿营养餐推荐**

(1) 猪血菠菜粥：菠菜、猪血洗净切成末，将其倒入煮好的稀饭里，加少许盐，继续煮至粥熟烂即可。

(2) 香蕉奶蛋糊：香蕉去皮切片放入锅内，加奶煮开。将事先准备好的鸡蛋打匀，放入搅拌。用淀粉勾薄芡即可。

(3) 胡萝卜瘦肉粥：胡萝卜、瘦肉洗净切成末，先将胡萝卜倒入煮好的白粥，煮沸后再加入瘦肉，放点盐即可。

(4) 青椒胡萝卜山药泥：准备好需要的材料（山药、胡萝卜、青椒），将山药煮熟压成泥，把炒熟的胡萝卜和青椒末加入山药泥碗中，加入盐，将所有食物抓匀。

(5) 彩蔬蒸蛋：锅中烧开水，加入适量的油和盐，把豌豆、玉米粒、胡萝卜粒等煮熟沥干水。鸡蛋蒸熟后，把做好的彩蔬铺上，再蒸2分钟左右即可。

(6) 甜豆炒鲜贝：鲜贝肉处理（料酒、干淀粉、姜丝），豌豆煮熟沥干，将腌制好的鲜贝炒开，再倒入豌豆粒，加盐，翻炒均匀即可。

## (三) 学龄前儿童的营养搭配

3周岁后至6~7岁入小学前称为学龄前期。

**1. 能量**

3~6岁儿童基础代谢耗能每日每公斤体重约104 kJ (24 kcal)。

**2. 宏量营养素**

(1) 蛋白质：学龄前儿童生长发育每增加1 kg体重约需160 g的蛋白质积累。

(2) 脂肪：儿童生长发育所需的能量、免疫功能的维持、脑的发育和神经髓鞘的形成都需要脂肪，尤其是必需脂肪酸。

(3) 碳水化合物：经幼儿期的逐渐适应，学龄前儿童的膳食基本完成了从以奶和奶制品为主到以谷类为主的过渡。

**3. 微量营养素**

(1) 矿物质

①钙：为满足学龄前儿童骨骼生长需要，每日平均骨骼钙储留量为100~

150 mg，钙需要量 3 岁为 350 mg/d，4～6 岁为 450 mg/d。食物钙的平均吸收率为 35%。

②碘：学龄前儿童碘的 RNI 为 50 μg/d，UL 是 800 μg/d。含碘较高的食物主要是海产品，如海带、紫菜、海鱼、虾、贝类。为保证这一摄入水平，除必须使用碘强化食盐烹调食物外，还建议每周膳食至少安排一次海产食品。

③铁：铁缺乏引起缺铁性贫血是儿童期最常见的疾病。学龄前儿童铁缺乏有如下几方面原因：儿童生长发育快，需要的铁较多；儿童与成人不同，内源性可利用的铁较少，其需要的铁更依赖食物铁的补充；学龄前儿童的膳食中奶类食物仍占较大的比重，其他富铁食物较少。动物性食品中的血红蛋白铁吸收率一般在 10% 或以上。动物肝脏、动物血、瘦肉是铁的良好来源。膳食中丰富的维生素 C 可促进铁的吸收。

④锌：锌缺乏儿童常出现味觉下降、厌食甚至异食癖，嗜睡，面色苍白，抵抗力差而易患各种感染性疾病等，严重者生长迟缓。除海鱼、牡蛎外，鱼、禽、蛋、肉等蛋白质食物锌含量丰富，利用率也较高。

(2) 维生素

①维生素 A：维生素 A 对学龄前儿童生长，尤其是对骨骼生长有重要的作用。

②B 族维生素：维生素 B1、维生素 B2 和烟酸在保证儿童体内的能量代谢以促进其生长发育方面有重要的作用。这三种 B 族维生素常协同发挥作用，缺乏症可能混合出现。

③维生素 C：典型的维生素 C 缺乏症在临床上已不常见，但亚临床缺乏对健康的潜在影响受到特别的关注，如免疫能力降低，以及慢性病的危险增加等。维生素 C 主要来源于新鲜蔬菜和水果，尤其是鲜枣类、柑橘类水果和有色蔬菜，如柿子椒、油菜、韭菜、白菜、菜花等。

**4. 学龄前儿童营养搭配注意事项**

(1) 在饮食上应该注意不要偏食。平时除食用富含动物性蛋白质的肉、蛋、禽类等，还宜多进食一些含脂肪、碳水化合物（即淀粉、糖类等）较丰富的食物，还要适当多吃一些豆制品及蔬菜、瓜果等。

(2) 主食要注意粗细粮搭配。因为粗细粮同时食用可互相补充必需氨基酸，使几种必需氨基酸同时消化吸收入血液内，有利于组成机体蛋白质。如果两种食物摄入时间相距过长，就不能使食物中的不同蛋白质起到互补作用。

(3) 在热能的供给上应适量。如热能摄入不足，有的孩子会无形中以减少活动量来适应这种状况，继而影响孩子的生长发育和智能的全面发展；如热能摄入过量，又会成为童年过胖的因素。

**5．学龄前儿童营养午餐推荐食谱**

**推荐食谱一**　猪肉萝卜丸子＋鱼香鸡蛋＋米饭

猪肉萝卜丸子食材：猪肉馅、白萝卜、淀粉、鸡蛋清、调料。

做法：（1）猪肉馅加一勺酱油、一勺淀粉、盐、一个鸡蛋清、黑芝麻核桃粉顺时针搅拌均匀。

（2）白萝卜加一点盐腌制出水，挤干水分，切碎，放入肉馅，一起搅拌均匀。

（3）锅中放入适量清水，肉丸冷水下锅，煮至漂浮起来捞出。

（4）锅中热油，倒入冰糖，炒出糖色，倒入肉丸翻炒至上色，加勺酱油，淋上淀粉水收汁，出锅撒上白芝麻即可。

**推荐食谱二**　番茄烧茄子＋花生酱菠菜＋米饭

番茄烧茄子食材：茄子、番茄、青椒、蒜末、调料。

做法：（1）茄子去皮切块，均匀裹上淀粉。番茄去皮切块，青椒切块。

（2）锅中热油，油温六成热时倒入茄子，炸至茄子表面金黄捞出。

（3）酱汁：一勺番茄酱、一勺生抽、一点糖、一点盐、一勺淀粉，加适量清水搅拌均匀。

（4）锅中倒入蒜末，再倒入番茄翻炒出汁，加青椒翻炒，淋上酱汁，酱汁浓稠时倒入茄子翻炒均匀即可。

**推荐食谱三**　黄焖鸡＋芦笋炒鸡蛋＋米饭

黄焖鸡食材：鸡腿、土豆、青椒、红椒、香菇、调料。

做法：（1）鸡腿切块冷水下锅，加姜片、葱段焯水后捞出。土豆切块，彩椒切块。

（2）锅中热油，倒入冰糖炒出糖色，再倒入鸡块翻炒上色，加土豆、彩椒、香菇一起翻炒。

（3）加一勺酱油、一勺蚝油、一点盐、姜片、葱段翻炒均匀，加适量清水，水开后中火炖煮 20 分钟，大火收汁即可。

**（四）学龄儿童与青少年的营养搭配**

儿童少年时期是由儿童发育到成年人的过渡时期，可以分为 6 岁到 12 岁的学龄期和 13 岁到 18 岁的少年期或青春期，这个时期正是他们体格和智力发育的关键时期。

由于儿童少年体内合成代谢旺盛，以适应生长发育的需要，所需要的能量和各种营养素的量相对比成人高，尤其是能量、蛋白质、脂类、钙、锌和铁等营养素。同年龄男生和女生在儿童时期对营养素需要的差别很小，从青春期生长开始，男生和女生的营养需要出现较大的差异。

**1. 能量**

生长发育中儿童少年的能量处于正平衡状态。

**2. 宏量营养素**

（1）蛋白质：蛋白质提供的能量应占膳食总能量的 12%～14%。动物性食物蛋白质含量丰富，氨基酸构成好，如肉类为 17%～20%，蛋类为 13%～15%，奶类约为 3%，植物性食物中大豆是优质蛋白质的来源，含量高达 35%～40%，谷类含 5%～10%，利用率较低。

（2）脂类：儿童期脂肪适宜摄入量以占总能量的 25%～30% 为宜。少年时期是生长发育的高峰期，能量的需要也达到了高峰，因此一般不过度限制儿童少年膳食脂肪摄入。

（3）碳水化合物：碳水化合物一直是人类膳食中提供能量的主要来源，与蛋白质和脂肪相比，碳水化合物是更容易被机体利用的能量。学龄前儿童至青少年膳食中碳水化合物适宜摄入量以占总能量的 55%～65% 为宜。

**3. 微量营养素**

（1）矿物质

①钙：青春前期及青春期正值生长突增高峰期，为了满足突增高峰的需要，6～10 岁儿童钙的适宜摄入量为 800 mg/d，11～18 岁青少年钙的适宜摄入量为 1000 mg/d。钙的可耐受摄入量为 2000 mg/d。

奶和奶制品是钙的最好食物来源，其含钙量高，吸收率也高。发酵的酸奶更有利于钙的吸收。可以连骨壳吃的小鱼小虾及一些硬果类，含钙量也较高。绿色蔬菜、豆类也是钙的主要食物来源。

②铁：铁缺乏除引起贫血外，还可能降低学习能力、免疫和抗感染能力。青春期贫血是女童常见的疾病，值得特别关注。

动物血、肝脏及红肉是铁的良好来源，含铁高，吸收好。豆类、黑木耳、芝麻酱含铁也较丰富。

③锌：儿童缺锌的临床表现是食欲差、味觉迟钝甚至丧失，严重时引起生长迟缓、性发育不良及免疫功能受损。

贝壳类海产品、红色肉类、动物内脏等都是锌的良好来源，干果类、谷类胚芽、麦麸、花生和花生酱也富含锌。

④碘：缺碘在儿童期和青春期的主要表现为甲状腺肿，尤其是青春期甲状腺肿发病率较高，需特别预防。

（2）维生素

①维生素 A：婴幼儿和儿童维生素 A 缺乏的发生率远高于成人。动物肝脏，

如羊肝、鸡肝、猪肝含有丰富的维生素 A。植物性食物只能提供维生素 A 原——胡萝卜素。胡萝卜素主要存在于深绿色或红黄色的蔬菜和水果中，如胡萝卜、青椒、芹菜、菠菜。

②维生素 B1：精加工谷类的普及，使儿童维生素 B1 的缺乏成为目前常见的营养问题。维生素 B1 广泛存在天然食物中，如动物内脏（肝、心、肾）、肉类、豆类和没有加工的粮谷类。

③维生素 B2：儿童少年紧张的学习生活，使其易发生维生素 B2 缺乏症。富含维生素 B2 的食物主要是奶类、蛋类、肝脏、谷类，蔬菜水果含量较少。

④维生素 C：我国儿童少年膳食维生素 C 参考摄入量：6 岁为 70 mg/d，7～10 岁为 80 mg/d，11～13 岁为 90 mg/d，14～18 岁为 100 mg/d。新鲜的蔬菜、水果是维生素 C 丰富的食物来源。约 150 g 油菜（菜心）可提供 100 mg 的维生素 C。

**4. 学龄儿童与青少年营养餐推荐食谱**

**推荐食谱一**　柠檬鸡翅＋菠菜厚蛋烧＋米饭

柠檬鸡翅食材：鸡翅、柠檬、蜂蜜、调料。

做法：(1) 鸡翅两面划刀，加一勺酱油、一点蚝油、一勺蜂蜜、一点盐、一勺宝宝油、适量蒜片，搅拌均匀，腌制半个小时以上。

(2) 把腌制好的鸡翅铺在烤盘上，柠檬切片去籽，把柠檬片摆在鸡翅上，烤箱预热，210 ℃烤 25 分钟即可。

**推荐食谱二**　水煮肉片＋芹菜炒胡萝卜＋米饭

水煮肉片食材：里脊肉片、番茄、豆芽、莜麦菜、蒜末、白芝麻、调料。

做法：(1) 里脊肉切片，裹上淀粉，用擀面杖擀成薄片。

(2) 番茄去皮切块，锅中热油倒入番茄，炒出番茄汁，加一勺酱油、一勺番茄酱、一点盐，翻炒均匀，加入适量清水。

(3) 水开后放入青菜，煮两分钟捞出，铺在盘中。再放入肉片，煮熟捞出，铺在盘中。倒入汤汁，加点蒜末、白芝麻、葱花，最后淋上热油即可。

**推荐食谱三**　糖醋里脊＋番茄炒鸡蛋＋米饭

糖醋里脊食材：里脊肉、鸡蛋、淀粉、白芝麻、调料。

做法：(1) 里脊肉切条，加一勺酱油、一点盐、一个鸡蛋、一大勺淀粉、葱段、姜片，抓拌均匀，腌制 20 分钟。

(2) 锅中油温六成热时下入里脊肉，炸至表面定型捞出。油温升高时倒入里脊肉复炸，炸至表面金黄捞出。

(3) 锅中热油，加一大勺番茄酱、一点糖、一点醋，熬至酱汁浓稠时倒入里脊肉，翻炒均匀，出锅撒上白芝麻即可。

## （五）老年人的营养搭配

**1. 能量**

针对老年群体，中国营养学会按 60 岁、70 岁及 80 岁细分为三种能量推荐量，60 岁及 70 岁段又分为轻体力与中等体力两大类，但三者的相差幅度不大。

**2. 宏量营养素**

（1）蛋白质：由于体内细胞衰亡和体内各种代谢，蛋白质不可避免地丢失，及随机体老化，体内分解代谢的加强，氮的负平衡就难以避免，加上蛋白质摄入量不足，器官蛋白质合成代谢与更新就受到更大的影响，从而影响功能。

蛋白质的来源除了谷类食物外，还包括动物性食物或大豆类食品。大豆中脂肪、卵磷脂、植物固醇以及大豆异黄酮对人体有利，因而强调老龄人群选择豆类补充蛋白质是符合当前人们消费水平及均衡膳食要求的。

（2）脂类：在正常条件下，脂类在总能量中也不宜少于 20% 或高于 30%，每日食物中的胆固醇含量不宜多于 300 mg。老年人食用畜肉宜有节制，而植物油中，尤其是人们常用的菜籽油、玉米油、大豆油及花生油都含有多不饱和脂肪酸，也各有长处，混合食用会比单独食用一类好处大。鱼类，尤以海洋鱼类含有多种脂类，合理加工后，鱼类也适用于老龄人的脂肪需要，同时可以提供优良的蛋白质。

（3）碳水化合物：碳水化合物是膳食能量的主要来源，宜占膳食总能量的 50%~60%。老年人的脂肪摄入量减少，相应地碳水化合物的量应适当增多。应选择复合碳水化合物的淀粉类为主食，且多选择粗杂粮，不宜使用蔗糖等简单的糖类，而果糖易被吸收利用，宜多吃水果、蔬菜等富含膳食纤维的食物，增强肠蠕动，防止便秘。

**3. 微量营养素**

（1）矿物质

①钙：老年人对钙的吸收利用能力下降，钙摄入不足使老年人出现钙的负平衡，以致骨质疏松症较常见，尤其是女性老人。我国营养学会推荐应以食物钙为主，牛奶及奶制品是最好的来源，其次为大豆及豆制品、深绿色叶菜、海带、虾皮等。钙的补充不宜过多，每日摄入钙的总量不应超过 2g。

②铁：老年人对铁的摄入量不足，吸收利用差，造血功能减退，血红蛋白含量减少，易出现缺铁性贫血，故铁的摄入量应充足，应选择血红素铁含量高的食品，如动物肝脏、瘦肉、牛肉等，同时应多食用富含维生素 C 的蔬菜、水果，以利于铁的吸收。

(2) 维生素

①维生素 A：胡萝卜素是我国居民膳食维生素 A 的主要来源。老年人进食量少，如果牙齿不好，摄入蔬菜的数量更有限，易出现维生素 A 缺乏。老人应注意多食用黄绿色蔬菜、水果。

②维生素 D：老年人户外活动减少，由皮肤形成的维生素 D 量降低，易出现维生素 D 缺乏而影响钙、磷吸收及骨骼矿化，出现骨质疏松症，故老年人维生素 D 摄入量应高于中年人和青年人。

③维生素 C：维生素 C 可促进胶原蛋白的合成，保持毛细血管的弹性，减少脆性，防止老年血管硬化，并可降低胆固醇，增强免疫力，抗氧化，因此老年人应摄入充足的维生素 C。

**4. 老年人的营养搭配注意事项**

(1) 建议多吃蔬菜、水果。水果、蔬菜富含膳食纤维，热量低，又富含多种维生素，是"三高"患者可以多吃的食物。膳食纤维有助于血脂的调节，维生素能够保持血管的弹性。需要指出的是，尽量不要将水果榨汁食用，这样浓缩了糖分，又吃不到膳食纤维，对"三高"患者没有益处。

(2) 建议多吃杂粮薯类。如果胃肠耐受，完全可以考虑用杂粮薯类代替精米白面。杂粮类食物热量低，多含有有益身体的抗性淀粉，对于血脂控制、体重控制都很有好处。薯类，如红薯等，都是高钾的食物，对于高血压的控制也非常有益。

(3) 建议每周吃一到两次深海鱼。深海鱼富含 DHA 和 EPA 两种不饱和脂肪酸，能够有效地调节甘油三酯。

(4) 鸡肉、鸭肉等建议去皮吃。"三高"患者并不是说不能吃肉了，对于鸡鸭肉等白肉，还是可以适量摄入的，考虑去皮食用更佳，可以大大减少胆固醇的摄入量。

(5) 豆、奶类食品可以吃。豆类和豆制品都富含蛋白质和钙、磷等人体必需元素，"三高"患者食用它们对身体的营养补充很有益处。牛奶也是一样，优质蛋白和钙的补充对于老年人的身体健康非常有益。

(6) 适量食用坚果。坚果热量高，不宜多吃，但每天吃一小把坚果有益于血脂的调节和增加饱腹感，减少其他高热量食物的摄入，也有益于心血管的整体健康。

**5. 老年人营养搭配推荐食谱**

(1) 蔬菜类

**推荐食谱一**　降压菜——空心菜烩玉米

玉米中含亚油酸和维生素 E，两者有协同作用，能有效降低血液胆固醇浓度，防止其在血管壁沉积，避免动脉粥样硬化，从而保持血管弹性，达到降压效果。玉米搭配黄豆、燕麦等富含膳食纤维的食材一起打成玉米糊或豆浆饮用，对高血压有很好的调节效果。

材料：空心菜 300 克，玉米粒 150 克，盐、干辣椒节、花椒各适量。

做法：①将玉米粒洗净，放入沸水锅中煮熟；空心菜洗净，下沸水锅中焯一下捞出，切段备用。

②锅置大火上，放入植物油，下干辣椒节炸至棕红，下花椒炒香。

③倒入玉米粒、空心菜段炒匀，加盐调味，起锅即可。

**推荐食谱二** 降压菜——炝芹菜腐竹

芹菜中含有维生素 P 和芹菜素，对降压有益。维生素 P 可降低毛细血管的通透性，增加血管弹性，具有降血压功效，对原发性、妊娠性及更年期高血压都有食疗效果。芹菜素具有明显的降压作用。食用芹菜前，先将其放入沸水中焯烫，一来可以保持颜色翠绿，更重要的是能减少烹饪时间，从而减少芹菜对油脂的吸收，对肥胖的高血压患者很有益处。

材料：芹菜 100 克，水发腐竹 75 克，葱花、盐、花椒各适量。

做法：①水发腐竹洗净切段，芹菜洗净切段，倒入沸水中焯熟，晾凉；取盘，放入腐竹段、芹菜段、盐。

②炒锅倒入植物油烧至七成热，下葱花、花椒炒出香味，关火，将炒锅内的油连同葱花和花椒一同淋在腐竹段和芹菜段上，拌匀即可。

**推荐食谱三** 降脂菜——彩椒鱿鱼便当：糙米＋大米＋碎玉米饭，洋葱＋彩椒＋炒鱿鱼，白灼菜心（共计 420 kcal）

材料：大米、糙米、碎玉米共 60 克，鱿鱼圈 80 克，青椒 1/2 个，红椒 1/2 个，洋葱 1/4 个，菜心 100 克，调料适量。

做法：①糙米预先浸泡三小时以上，然后和洗净的大米、碎玉米混合倒入电饭锅中，加入 1.5 倍的水，按煮饭键蒸煮即可。

②鱿鱼圈解冻后洗干净，切成两段。如果方便，可以去买新鲜的。洋葱、红椒、青椒洗净后切成小块。

③锅烧热，加入少许油，先加入洋葱炒一两分钟，其次放入青椒、红椒，翻炒几下，再放入鱿鱼翻炒，加入一点盐、一勺酱油、一勺耗油，翻炒均匀出锅。

④菜心切掉粗根，清洗干净。一瓣蒜切成蒜蓉，用小半碗水、一勺耗油、一小勺酱油、一点盐调成汤汁。

⑤烧开锅中的水，加点油，放入菜心煮两分钟左右，捞起盛入碗中备用。

⑥倒掉水，把调好的汤汁和蒜蓉倒入锅中烧开，关火，将汤汁淋在菜心上即可。

**推荐食谱四**　降脂菜——虾仁芦笋套餐：大米＋小米＋玉米饭，芦笋炒虾仁，山药炒木耳，黄瓜（共计 360 kcal）

材料：大米、小米共 40 克，玉米粒 30 克，虾仁 100 克，芦笋 120 克，山药 60 克，黑木耳 30 克，调料适量。

做法：①大米、小米、玉米粒清洗干净，一起放入电饭锅中，加入 1.3 倍的水量，按下煮饭键蒸煮即可。

②芦笋削掉下半段的硬皮层，虾仁去虾线。如果图方便，可以用冷冻虾仁。

③将虾仁清洗后用厨房纸擦干，加入少许盐和料酒腌制十几分钟。

④锅用大火烧热，倒入少许油，把芦笋和虾仁一同下锅，炒至芦笋断生，加入一小勺盐，翻炒一会儿出锅。

⑤预先准备泡发好的黑木耳，山药去皮切片过水，除去表面黏液，捞起。

⑥锅烧热倒入少许油，倒入山药翻炒一会儿，紧接着加入木耳翻炒，最后加点盐、葱花（可选）翻炒出锅。

（2）汤类

**推荐食谱一**　山楂银花汤

材料：山楂 30 克，金银花 6 克，白糖 20 克。

做法：将山楂、金银花放在勺内，用文火炒热，加入白糖，改用小火炒成糖饯，用开水冲泡，日服一剂。

**推荐食谱二**　山楂首乌汤

材料：山楂、何首乌各 15 克。

做法：将山楂、何首乌洗净、切碎，一同入锅，加水适量，浸泡两小时，再熬煮约一小时，去渣取汤，日服一剂，分两次温服。

**推荐食谱三**　百合芦笋汤

材料：百合 50 克，罐头芦笋 250 克，调料适量。

做法：将百合发好洗净，锅中加入素汤，将发好的百合放入汤锅内，加热烧几分钟，加黄酒、精盐、味精调味，倒入盛有芦笋的碗中即成。

（3）粥类

**推荐食谱一**　山楂粳米粥

材料：山楂 30～40 克，粳米 60 克，砂糖适量。

做法：先将山楂入砂锅内煎取浓汁后，再入粳米、砂糖共同煮粥。每天早晚食用，7～10 天为一疗程。

功效：健脾消食，祛淤调脂。

适宜：适用于有高血压和（或）冠心病的血脂异常者。

**推荐食谱二**　三七首乌粥

材料：制首乌30克，三七粉5克，粳米30克。

做法：制首乌、三七粉、粳米放入砂锅，加水适量，共同煮粥。每天早晚食用，7～10天为一疗程。

功效：补肾抗衰，活血调脂。

适宜：适用于老年血脂异常者。

**推荐食谱三**　麦冬玉竹粥

材料：麦冬、玉竹各10克，五味子3克，粳米30克。

做法：先将中药加水煎煮2次，每次沸后再煎20分钟，滤取药汁，再在药汁中加入粳米共同煮粥。每天早晚食用，7～10天为一疗程。

功效：滋阴补肾。

适宜：适用于因肝肾阴虚引起的血脂异常者。

### （六）产妇的营养搭配

**1. 产后膳食要求**

在中国营养学会发布的《中国居民膳食指南及平衡膳食宝塔》中，关于乳母的膳食指南中特别增加了保证供给充足的能量，增加鱼、肉、蛋、奶、海产品摄入量两方面的内容。产后膳食要求见表3-2。

表3-2　产后膳食要求

| 分娩方式 | 膳食要求 | 食谱举例 |
| --- | --- | --- |
| 正常分娩 | 适量进食易消化的半流质食物，1天以后转为普通饮食 | 红糖水、藕粉、蒸蛋羹、蛋花汤 |
| 会阴侧切或会阴撕裂伤重度缝合 | 少渣膳食1周左右，以保证肛门括约肌不会因排便再次发生裂伤 | 米汤、蒸蛋羹、米粉、煮鸡蛋、鸡汤挂面、荷包蛋（瘦肉、菜叶均须煮烂，做成泥状） |
| 剖宫产 | 24小时后进食流质食物1天，逐步改为半流质、普通膳食 | 小米汁、藕粉，忌用牛奶、豆浆及大量蔗糖类易产生胀气的食物 |

**2. 产后第一周月子餐**

女性在分娩过程中失血很多，需要补充造血的重要物质，如蛋白质和铁等。鸡蛋含有很高的蛋白质，但每日进食鸡蛋的量不要多于6个，以免增加肾脏负担。产后第一周月子餐见表3-3。

表 3-3 产后第一周月子餐

| 时间 | 8:00 | 10:00 | 12:00 | 15:00 | 17:00 | 20:00 |
|---|---|---|---|---|---|---|
| 第一天 | 通草小米粥、蛋羹 | 蔬菜发奶汤 | 丝瓜软面条、蒸蛋羹 | 三红汤 | 莴苣丝炒蛋、黑米养生粥 | 原味小米粥 |
| 第二天 | 通草小米粥、油菜蛋羹 | 蔬菜发奶汤 | 紫菜瘦肉汤、奶白菜软面条 | 通草鸽子汤 | 木耳百合山药、菠菜猪肝粥 | 芝麻糊 |
| 第三天 | 通草小米粥、碎菜软蛋饼 | 蔬菜发奶汤 | 肉末娃娃菜煮面、鹌鹑蛋3个 | 鸽子汤（虫草、竹荪） | 清炒西兰花、海参青菜面片 | 香油冲鸡蛋花 |
| 第四天 | 山药玉米糊、麻油煎蛋 | 蔬菜发奶汤 | 小白菜肉末海鲜面 | 通草鲫鱼 | 素什锦粒、红枣桂圆粥 | 碎菜鲜汤面 |
| 第五天 | 海参油菜粥、鹌鹑蛋2个 | 薏米红豆汤 | 丝瓜、肉丝鸡蛋面 | 汤菌味公鸡汤 | 彩椒西红柿炒蛋、花生糯米粥 | 木瓜牛奶 |
| 第六天 | 小米芋头粥、碎菜蛋羹 | 四红汤 | 奶汤冬瓜、肉末青菜粥 | 麻油猪肝汤 | 清炒菜花、小米红枣糯米粥 | 荷包蛋丝瓜汤 |
| 第七天 | 小米稠粥、当归红糖煮蛋 | 通草鲫鱼汤 | 肉末西兰花、红枣山药粥 | 麻油猪肝汤 | 莴笋丝炒肉丝、糯滑紫薯粥 | 芝麻糊、蛋羹 |

# 参考文献

[1] 张东冬，蔡东联. 家庭营养实用问答 [M]. 南京：江苏凤凰科学技术出版社，2016.

# 第四章　女性与生活美化技能

## 本章要点

据统计，人的一生中有将近2/3的时间都是在家中度过的。因而，创造一个优美、健康、安全、舒适的生活环境也成为我们每个家庭成员的一门必修课。那么如何打造出一个舒适、优美、健康的居家环境呢？一直以来，女性都是居家环境的主导，天然地与居住空间相连，生活中居住空间也承载了女性更多的精力和才华，毫不夸张地说，居住环境多是女性化的环境。本章从家庭的生活环境出发，发挥女性优势，就如何利用色彩、观赏植物、智能家居、环保家居等来美化我们的生活环境展开论述。

## 一、生活美化技能基本要求

### （一）经济适用，功能简约

美化装饰前应先摸底调查，计算出所需的预算，再根据家庭条件确定装饰的具体实施计划。本着经济适用的原则，让家居环境既能够提供舒适的空间，又能够储存必要的物品，把家打造成为理想的生活、工作、学习、休息的环境。

### （二）美观简单，整洁卫生

美观、整洁、干净的家居环境不仅能给人营造舒适的生活环境，而且能体现我们的生活品位和审美水平。布置家居环境时尽量陈设简单、有序，东西不可太多，避免杂乱，以免给我们的生活带来不便，影响心情。

### （三）色彩协调，和谐统一

色彩的感觉是一般美感中最大众化的形式，人对物体的第一印象是色彩，然后才是形态、质感等，所以必须重视色彩在家居空间中的重要作用，使室内各家具、植物、墙饰、灯具的材料、形状、颜色从整体上要与家居空间中其他陈设的风格协调统一，这样才能产生整体的和谐美。

### （四）布置均衡，比例恰当

构图是将不同形态、色彩的物体按照美学的观念组成一个和谐的景观。因此，在进行室内设计时，一是布置均衡，以保持稳定感和安全感；二是比例准确，体现真实感和舒适感。

## 二、色彩美化生活技能

对于擅长装饰家居环境的人来说，想要让家变得舒服而美好，色彩是非常重要的一环，从卫生间、厨房到卧室，每一个环节都有讲究。根据不同的人不同的性格搭配不同的色彩，不仅能美化我们的生活，而且对我们的情绪、情感等方面也有直接的影响，良好的色彩搭配能够使人感觉舒服、放松。

### （一）色彩对生活的影响

不同的色彩给人不同的感受。从色彩心理学来考虑，色彩可分为暖色、冷色以及中性色。

#### 1. 暖色

例如红色、橙色及黄色等，一般把橘红色定为最暖色。暖色能使人有温暖及活泼的感觉，而且在视觉上带有扩张的效果。

在所有颜色中，红色是一种较具刺激性的颜色，给人以热烈奔放、活力满满、高贵华丽、艳而不俗的感觉，象征着喜庆、吉祥，具有美好的寓意，因此在家居配色中经常出现。但是过多会让眼睛负担过重，身心受压，出现焦躁感和头晕目眩的感觉，建议用在软装饰上，比如窗帘、床品、靠枕等，可以用淡淡的米色或清新的白色搭配，使人神清气爽，不但能突出红色的喜庆气氛，而且有高雅的感觉。

粉色是最富有女性气质的色彩，是浪漫、柔和、甜蜜的象征，美而不艳、雅而不骄，具有纯真的少女情怀，能够带来柔美气质和浪漫氛围。但大量使用容易使人心情紧张烦躁，因此建议用粉色作为居室内装饰物的点缀出现，尤其是在客厅、卧室。

黄色，最亮眼、尊贵的家居色彩，文雅而自然，温暖而快乐，具有稳定情绪、增进食欲的作用。可以在客厅与餐厅适量点缀一些，但是最不适宜用在书房，它会减慢大脑思考的速度。

咖啡色属于温暖而有质感的中性暖色调，优雅、大气、朴素、庄重，能够为家居奠定静谧沉稳的氛围基调。不宜用在儿童房间，暗沉的颜色会使孩子性格忧郁。与白色、灰色或米色等浅色系搭配，能让人感觉凉爽、清新；与黑色、墨绿等深色系搭配，有种低调的奢华。

## 2. 冷色

如蓝色、绿色、紫色等，给人透明、宁静、凉爽、朴素及遥远的感觉，在视觉上具有收缩的效果。

蓝色是一种令人产生遐想的色彩，优雅而神秘，具有使人心神放松、缓解焦虑情绪的作用，非常适合用于休息区域，例如卧室、卫浴间等。专业的调查结果显示，蓝色号称"最让人没有食欲的颜色"，因此，餐厅或厨房不要用蓝色作为装饰色。

紫色，一种高贵浪漫的色彩，最受追求时尚的人推崇。但紫色的家居空间会让人产生一种压抑感，使人心情沉闷，不太适宜选择紫色作为家居色调。但是可以在局部作为装饰亮点出现。

## 3. 中性色

如黑色、白色、灰色、金色及银色等，能使人产生柔和、宁静、雅致及舒适的感觉。黑色给人高贵、典雅的感觉，具有清热、镇静、安定的作用。白色具有洁净和膨胀感，对易动怒的人可起调节作用，有助于保持血压正常。

黑白搭配是时尚界的热衷搭配，时尚、大气、简单，是年轻人以及时尚人士的首选。但是家居环境中不适宜用黑白等比搭配，会让人感觉眼花缭乱，容易紧张烦躁。房间主色调最好以白色为主，局部以黑色和其他色彩作为点缀，使空间变得明亮舒畅，兼具品位与趣味。

## （二）如何选择色彩

对于一个居室空间的配色来说，通常可以从以下七个方面入手：

### 1. 确定色彩主调

根据自己的性格、喜好等来确定居室整体的基本色调。色彩主调主要是指家居的背景色，能直接体现出家居的主题。

### 2. 确定强调色彩

对大面积地方选定颜色后，可用一些比其更亮或更暗的颜色进行渲染，如用于线角处以及布艺、饰品、灯饰、花卉、植物等，以进一步丰富和变化居室色彩。

### 3. 色调平衡

色彩搭配的成功离不开良好的色调平衡。具体说来，就是冷色调和暖色调的平衡。如果大面积使用冷色，就要用少量的暖色平衡。反之亦然，尤其是在较阴暗的房间里，更为适合以暖色为主，冷色点缀。

### 4. 互补色的运用

把红和绿、蓝和黄两种互补色安排在一起，一冷一暖，能产生强烈的对比效果。互补色的对比往往最明显、最生动，可使房间显得充满活力、生气勃勃。家庭活动室、游戏室甚至是家庭办公室均适合。

**5. 单一色的搭配**

单一色彩搭配是指用同一种基本色下的不同色度和明暗度的颜色进行搭配，能够创造出宁静、协调的氛围，常用于卧室、客厅或者书房等空间。通常的做法为在墙壁、地板等大面积地方选用最浅的色度，窗帘、椅子等小面积选用同一颜色但较深的色度，杯子、花瓶等小装饰品选用最深的色度，从而增加视觉上的层次和趣味。

**6. 黑白灰的运用**

黑色、白色和灰色作为中性色，搭配往往效果出众，具有一种独特的美和高级感。这些颜色很柔和，不会产生强烈的视觉刺激，是打造素雅空间的色彩高手，非常受都市男女的喜爱。

**7. 类似色的运用**

类似色则是色彩较为相近的颜色，把这些颜色放在一起不会造成视觉冲突，可以营造出更为协调、平和的氛围。非常适合客厅、书房、卧室或者餐厅。

**（三）如何搭配色彩**

**1. 色彩不要太多**

如果在色彩搭配上没有什么经验或者对整体没有把握，最稳妥的做法是先少用几种颜色，然后慢慢增加。先从小型的空间着手或采取以点带面的方法，比如围绕原来已经涂刷了的墙漆，以这些色彩为基础去搭配。但是配色一般不超过三种，并不包括黑白两色。

**2. 多用中性色**

中性色是含大比例黑或白的色彩，如沙色、石色、浅黄色、灰色、棕色，这些色彩能给人宁静的感觉，因此常常被用作背景色。不过，又硬又冷的纯白色应尽量避免。如果对白色有偏好，应尽量选择含少量淡色的不标准白色调。

**3. 结合房间朝向选色**

缺乏阳光的朝东、朝北房间应多用一些明亮的浅色。日照长的朝南、朝西房间可以多选择一些冷色。

**4. 上浅下深过渡**

浅色感觉轻，深色感觉重。房间颜色应上浅下深过渡渐变。不妨把屋顶和墙壁刷成白色、米黄色等浅色系，墙裙加深一些，家具颜色更深一些。这样给人感觉十分稳定、和谐。

**5. 结合空间大小选色**

狭窄、低矮的房间，为了能够使空间看上去宽敞，我们可以采用浅色、弱色、冷色等来扩大空间感，后面搭配进来的色彩都以这个要素为中心去展开。面积过大的房间可使用暖色系，使整个房间变得紧凑。

**6. 结合功能选色**

乳白色、米黄色、浅驼色等中性色在客厅使用是非常不错的选择。大红、明黄等刺激神经的颜色以及过深、过冷的颜色不宜在卧室使用，容易令人感觉压抑。浅淡明亮颜色的瓷砖能够给人清爽、洁净的感觉，往往用在厨房和卫生间。橙色具有刺激食欲的作用，给人温馨的感觉，可以在餐厅使用。

**7. 按色彩印象进行配色**

根据个人经历和喜好，找出心仪的色彩印象。这些色彩印象的来源是无限广阔的，同时联系着我们内在的情感，运用在居室中，能产生很强的个性魅力和归属感。

### 三、观赏植物绿化生活技能

随着人类科技不断进步和现代化城市的飞速发展，人们在家中养护绿植，返璞归真、回归自然、净化环境的生态化要求越来越强烈，"以人为本，回归自然"的创意应运而生，即科学地、艺术地将自然界的植物、山水等有关素材引入室内，创造出充满自然风情和美感、满足人们的生理和心理需要的空间环境。

（一）观赏植物的作用

**1. 改善室内环境**

植物是自然的生命支持系统，素来有地球之肺的美誉。因其叶片上有成千上万的纤毛和气孔，能够像海绵一样吸附室内空气中的飘尘微粒、有害气体和放射性物质，还可以调节室内温度、湿度，降低室内噪声，增加室内氧气量，杀灭室内空气中的病原菌，起到改善和净化空气的作用。因此，居室植物被人们誉为家庭环境的卫士。

**2. 美化、柔化环境**

钢筋混凝土的大量运用，使得室内空间呆板生冷，利用绿化中植物独有的曲线、多姿的形态、柔软的质感、丰富的色彩，不仅可以柔化空间生硬的线条，而

且可以增加生命气息和情趣。(见图4-1)

图4-1 利用植物柔化边缘

**3. 满足精神、心理需要**

现代人工作生活节奏加快,精神压力增大。人们向往回归自然,放松心情。在居室内养护一株绿植,仅仅看着它成长也是一件很治愈的事。很多研究者也表明,观赏植物,不论其形、色、质、味,或其枝干、花叶、果实如何,其所显示出的蓬勃向上、充满生机的力量,都可以引人奋发向上,热爱自然,热爱生活,给人们带来身心愉悦的享受,起到缓解消极、焦虑、疲劳、抑郁情绪和精神压力的作用。可见,绿植不仅能装点自己的家,而且能装点自己的心情。(见图4-2)

图4-2 治愈系多肉植物

**4. 文化熏陶**

我国历史悠久,文化灿烂,很多古代诗词及民俗中都留下了赋予植物人格化的光辉篇章,比如苍松翠柏给人以坚强、刚毅、庄重之感,荷花令人想到高洁、无瑕,梅兰竹菊并称为"四君子",等等。(见图4-3)在我国民间赏花意识中,吉祥语也是习见应用的。像吉祥草,除叶片清雅可供观赏外,主要取其吉利寓意。又如富贵竹、发财树也是当今流行的观赏植物。

图 4-3　梅兰竹菊"四君子"

### (二) 如何选择观赏植物

**1. 生态原则**

不同植物对光照、温度、水分、土壤、空气等生态因子的要求不同，因此在室内进行绿化配置时需充分考虑使用场所的生态环境。如一品兰、仙人球喜光，适宜放在阳台等阳光充足的地方；兰花、杜鹃耐阴，则适于放在半阴处；仙客来、竹芋等喜高温、喜肥，则需要定期做好相应的维护和肥水管理。只有这样，植物才能良好生长，发挥出其最佳的功效。（见图4-4）

图 4-4　喜阴的兰花、喜光的仙人球、喜水的铜钱草

**2. 以人为本的原则**

观赏植物的服务对象是人，所以在室内绿化设计时应该充分考虑人的感受。在创造优美舒适的家居环境的过程中应该保证健康，避开有害物。任何设计，安全都是第一位的，观赏植物的应用也是一样。如丁香花在室内，人若闻久了其花香会引起烦闷气喘，也会影响记忆力。

**3. 美学原则**

植物在室内绿化中的使用，不仅是一种简单的摆设，而且是一项艺术创造活动。因此，室内植物的绿化装饰首先应选择个体特征明显、观感强的植物，然后通过高低层次、比例、色彩、季相以及意境等方面的合理配置，达到与周围环境协调、和谐的整体美感。（见图4-5）

图 4-5 植物的艺术创作

**4. 经济原则**

本着经济适用的原则，在选择室内观赏植物时要注重审美与实用相结合。选用植物时可以多选用乡土花木或易于繁殖养护的植物，既能减少经济浪费，又比较好养护，不需要耗费太多的精力来打理。比如仙人掌、仙人球、落地生根、芦荟、多肉植物等，养花新手也能养得很不错。

## （三）观赏植物的装饰技能

家居内绿化装饰方式除要考虑植物的形态、大小、色彩及生长习性外，还要依据室内空间的大小、光线的强弱、季节变化以及气氛而定。其装饰方法和形式多样，主要有栽植式、摆陈式、悬吊式、攀附式绿化装饰等。

**1. 栽植式**

这种装饰方法多用于室内花园及室内大厅有充分空间的场所。栽植时，多采用自然式，使乔灌木、草本植物以及地被植物与其他装饰元素有机搭配，例如假山叠石、水体、水中生物乃至建筑小品（亭台楼阁）等构成的可观可游的多功能室内庭园，给人一种自然回归的感受。（见图 4-6）

就其设计而言，它基本上不是室内工程完成后添加进去的装饰物，而是作为室内设计的一部分予以同步考虑。就技术而言，必须同步考虑维护室内植物、水、石等景观的相关设施。

图 4-6 栽植式绿化装饰

## 2. 摆陈式

摆陈是室内植物绿化装饰的常见手法，也是最简单、有效的装饰方法，包括点式、线式和片式三种，其中以点式最为常见。设计者根据空间层次、空间结构、色彩协调等，利用桌面、茶几、柜角、窗台、架子等家具为依托进行室内绿化，一般尺度较小，例如在桌上摆一盆仙人掌，在窗台陈列一组植物，等等，造成或点或面的摆陈效果。（见图4-7）

图4-7 摆陈式绿化装饰

## 3. 悬吊式

室内装饰植物的种类不同，也决定了植物装饰方法的差异化。观叶型的垂挂型植物，主要采用悬吊的装饰手法。这种手段既充分体现了植物的本身属性，又能够发挥植物的装饰作用，节约了装饰空间。（见图4-8）

图4-8 悬吊式绿化装饰

## 4. 攀附式

攀附式也是室内植物装饰的一种常用手法，为了节约空间、发挥不同植物的装饰效果，可以采用攀附式装饰手法，使植物凭借室内空间或者配合其他陈列物

件,达到装饰的效果。(见图4-9)

图4-9 攀附式绿化装饰

### (四)观赏植物的栽培技能

观赏植物在室内的主要栽培方式为盆栽,凡是用盆体栽培的观赏植物都被称为盆栽植物,简称盆栽。盆栽是最传统的种植方式,是把单棵或者多棵植物培养在一个容器里,根据栽植植物的数量可分为单一盆栽和组合盆栽。(见图4-10)

单一盆栽是指一种植物种植在一个盆器中的栽培形式,这种种植方式较为普遍。组合盆栽也称艺术盆栽,是指通过艺术的手法,将几种生长习性相近的植物栽培在同一个容器内的一种盆栽类型。花器的颜色、材质和设计感与植物的轮廓、叶片色调和叶子形状同样重要,搭配好两者能够很好地展示你的审美。

图4-10 单一盆栽与组合盆栽

水培是盆栽中一种新型的栽培方式,它是无土栽培,是将植物根系连续或不连续地浸入营养液中进行培养的一种方法。在种植过程中需要通气措施,提高营养液中的含氧量,避免藻类植物繁殖生长。(见图4-11)

图 4 - 11　水培植物

盆栽植物有成活率高、搬动灵活、方便管理、受环境限制少、观赏价值高的特点，是观赏植物在家居空间中极广泛的应用方式。

(五) 观赏植物的配置技能

**1. 点状配置**

点状配置是指单个或组合盆栽单独放置的一种绿化配置，运用环境的对比与衬托，突出观赏植物的中心地位。点状配置应从植物的形态、色彩和质感等方面进行精挑细选，这样才能起到画龙点睛的作用。需要注意的是在周围不要摆放与观赏植物对比过高的家具之类的物品。（见图 4 - 12）

图 4 - 12　点状配置

**2. 线状配置**

线状配置是指选用整体色彩和形态大小基本一致的观赏植物进行绿化装饰，充分利用各种曲线或直线连续排列摆放一排或者几排形成的布置。线状绿化搭配

第四章　女性与生活美化技能

静态空间的区域划分，形成动态空间的导向作用，起到规律的组织和疏导的作用，一般用于阳台、窗台、楼梯处的布置。（见图4-13）

图4-13　线状配置

### 3. 面状配置

面状配置是指用较多的盆栽植物自然摆放或者有规律地摆放形成一个图案，进行大面积的绿化和装饰。平面的绿化可形成广阔的气势，立面的绿化则具有明显的分割功能和过滤杂音、遮光的作用，这种绿化形式一般常用在大空间的改造中，在居室中则可用于阳台。（见图4-14）

图4-14　面状配置　　　　图4-15　立体式配置

### 4. 立体式配置

有吊式绿化配置和悬挂式绿化配置，通常是用竹、藤等轻质材料做成的吊盆或吊篮进行悬挂，悬吊在墙壁、立柱或顶棚的花枝、散叶起到从层次上丰富空间的作用，营造出立体空间美。（见图4-15）

## （六）不同生活空间中的绿化方法

### 1. 客厅

对于大部分人来说，客厅是我们接待朋友的地方，承担着"面向公众"的功能，同时是家的橱窗，从中可以体现自己的喜好和品位。

客厅通常是家中面积最大的一个区域，为我们提供了充沛的可以发挥创造力的空间，例如具有台面的家具，转角的空地，沙发、电视柜等的边角处，等等，都可以成为摆放植物的地方。

如果我们的客厅空间够大，可以摆放一些大型植物，或者把几株大小不同的植物聚集在一起，以形成独一无二的视觉焦点，也可以分割出不同的功能空间，遮挡不希望被看到的地方。例如龙血树、垂叶榕、橡皮树、棕榈、散尾葵、龟背竹、发财树、琴叶榕、南洋杉等。

如果客厅空间较小，茶几、电视柜、台灯桌、壁柜等台面就可以好好利用起来。单盆摆放会让设计更灵活，可以随时调整绿植的位置，整体布置也有好处，会使设计显得更简洁有力和具有整体感。适合桌摆的植物有：火鹤花、马蹄莲、石斛、宝莲灯花、孔雀竹芋、绿萝、广东万年青、人参榕以及各种多肉等。尤其是常春藤、猪笼草、芦荟等，这些植物不仅能消杀从室外带回来的细菌、小虫子等，而且能够吸附连吸尘器都难以吸到的灰尘。

应季的鲜花不仅能丰富居室内植物的种类，而且能增添不少色彩。适合家中摆放的春季开花植物有君子兰、金番红花、风信子、水仙、铁兰。夏季开花植物有木茼蒿、矢车菊、薰衣草、芍药、玫瑰、迷迭香。秋季开花植物有杭菊、灯笼草、玛瑙珠、秋海棠。冬季开花植物有仙客来、一品红、红花石蒜、冬青、迎春花、蟹爪兰。（见图 4-16）

图 4-16　蝴蝶兰与玫瑰鲜切花装饰

尽管客厅摆放植物的位置通常都很明确,但尽量不要被条条框框限制住自己的思维,多去尝试探索会产生令你意想不到的效果。但是不管植物摆放在哪里,都要充分考虑光照、温度、湿度等生态条件。

**2. 书房**

越来越多的人开始在家里办公,或者在家里至少会花上一部分时间来工作,这就意味着办公空间在家里的地位越来越重要。摆放植物装点书房,要根据书房和家具的形状、大小来选择。

如书房比较宽敞,则可以在书桌的侧前方摆放稍大的观叶植物或者在书架上摆放一盆垂吊植物,如垂羽豪威椰、龟背竹、南洋杉、常春藤、吊兰、绿萝等,这样结合有利于在看书和学习的同时调节大脑神经,也有缓解视觉疲劳的作用。

如书房较狭窄,就不宜选体积过大的品种,以免产生拥挤压抑的感觉。通常可在书桌或者书架上摆放素雅的微型盆栽或水培花卉等小巧的植物,起到点缀装饰效果,为书房平添一种清雅祥和的气氛。考虑书桌多会临近窗户,选择植物时应考虑喜光的植物,如:仙人掌、芦荟、龙血树、孔雀竹芋、人参榕、白鹤芋、多肉玉蝶等。(见图 4-17)

图 4-17 电脑桌盆栽　　　　图 4-18 书架绿化

书架是一个非常实用的摆放植物的地方,可以使用单盆的植物作为装饰性隔挡,化解成排图书带来的单调的视觉感受。也可以在书架边缘摆放藤蔓植物,让枝条垂落下来,软化过于僵硬的书柜线条。(见图 4-18)

**3. 卧室**

卧室是我们睡觉、休息的地方,也是家中最私密的一处空间。创造一个能让自己放松下来、睡个好觉的卧室环境至关重要。所以,最好选用一些能吸收二氧化碳等废气、在夜间制造氧气的植物,帮助改善我们在睡眠时卧室的空气质量。如盆栽柑橘、芦荟、凤梨科植物、石斛兰、假昙花、蝶兰、迷迭香、蟹爪兰、白

掌、吊兰等。绿萝这类叶大喜水的植物也可以布置在卧室内，能够使空气湿度保持在最佳状态。（见图4-19）

图4-19 白掌、盆栽柑橘

如果卧室比较宽敞，可以选择虎尾兰、螺纹铁这样的中型观赏植物；如果面积不大，则可以把绿化体现在墙面、床头柜或吊顶上。还可以将一些小型的盆栽挂在离窗户近的地方，看起来也别有一番风味。如：栀子花、非洲菊、簇蜡花（又名"马达加斯加茉莉"，简称"马茉莉"）、长寿花等。

适合在大衣柜上摆放的植物：广东万年青、文竹、心叶喜林芋、波士顿蕨、多肉玉柳。适合在卧室悬挂的植物：豹纹竹芋、二歧鹿角蕨、绿萝、洋常春藤、吊兰。

### 4. 厨房和餐厅

大多数厨房面积都不大，所以在厨房内尽量不要摆放大型的观赏植物。而且厨房内的温度变化大，常常还有油烟污渍，所以需选择一些适应性强、吸收油烟效果好的小型盆栽观赏植物。首选的当属对温度、湿度更耐受的植物，比如各种蕨类、吊兰、吊竹梅、绿萝、银皇后、冷水花、万年青、马蹄莲、鹅掌柴、仙人掌、芦荟以及石莲花等多肉植物等。这样可以改善厨房杂乱的环境，使其看起来美观。（见图4-20）

然后可以选一些香草类植物。如细香葱、芫荽、薄荷、罗勒、欧芹、蒜苗等。香草类植物非常实用，不仅能提供新鲜的烹饪材料，而且它们的香气也能遮挡一部分厨房里不受欢迎的味道。如果再搭上漂亮的容器，造型也会非常吸引人。可以将其独立分种在一个个容器中，也可以选一个大一点的容器合种不同的品种。摆放在储物架、操作台或者窗台上皆是一道靓丽的风景。

图 4-20 鹅掌柴、孔雀竹芋

还可以选用一些结果实的植物，打造属于自己的厨房菜园。如金橘、小果柑、甜椒、辣椒等，这些植物的果实可以补充到厨房的烹饪材料当中。

餐厅环境首先应考虑清洁卫生，植物也应以清洁、无异味的品种为主。适合摆些与餐厅环境相协调的绿植，吃饭时会别具情趣。例如黄色康乃馨、橘黄色玫瑰、黄素馨等橘黄色花卉植物，因为橘黄色可增加食欲，有利于身体健康。

如果桌面够宽，也可以整齐地摆放一排植物，每盆之间留些空隙。需要注意的是植物的大小要合适，围桌吃饭的人可不希望因为这些植物太高或者太宽而看不到对方。

**5. 阳台**

阳台作为建筑的外延体，一般光线和通透性比较好，是植物最佳的摆放位置，一般可用悬垂、攀缘、盆栽等方式组合。可根据当地气候和个人喜好栽植各种花木。

南向阳台。阳光充足，温度高，干燥，适宜种植喜光、耐旱的观花观果类花卉。如：长寿花、吊兰、茉莉、米兰、月季、白兰花、栀子花、百日草、向日葵、一品红、一串红、大丽花、三色堇、金鱼草、菊花、石竹及其他小型多肉植物等。尤其是长寿花、蟹爪兰、天竺葵、秋海棠、矮牵牛和仙人掌类，是阳台花卉中的"宠儿"。

北面阳台。适宜种植耐阴或半耐阴的观花、观叶植物。如八仙花、玉簪、文竹、万年青、君子兰、兰花、喜林芋类、吊兰、白掌、春芋、龟背竹、绿萝、袖珍椰子、四季秋海棠、吊竹梅、凤梨、散尾葵、马拉巴栗、蕨类、麦冬、水仙、铜钱草等耐阴植物，会使阳台显得格外清新、幽雅、宁静。

东西向阳台。夏季西晒较严重，为遮挡烈日，可选用一些藤本植物，也可选用一些耐高温的植物。可盆植微型藤本花卉，如金银花、常春藤、牵牛花、三角梅、枸杞等，并附以引绳、支架，使其形成花蔓缠绕的绿色屏障。

此外，阳台绿化的方式有很多，可以采用将植物悬挂于阳台顶端或挂于阳台栏沿上的悬垂式，或者在阳台用树干搭成简易棚架的藤棚式，或者在围栏及附近墙壁选用藤蔓类植物来绿化形成的附壁式，以及花架式、花槽式，还有植物墙绿化，等等。（见图4-21、图4-22）

图4-21 悬垂式 　　　　　　　　　　图4-22 附壁式

阳台园艺。阳台种花可以赏花、闻香，阳台种菜不仅能赏其形、闻其香，而且能品其味。在净化了室内环境的同时，还可以吃到新鲜无污染的蔬菜，提高生活的质量。同时，更是一种健康的生活方式，能够与家人一起享受田园生活带来的乐趣，激发兴趣，陶冶情操，打造出属于自己的"蔬"香生活。（见图4-23）

图4-23 阳台的菜园

**6. 卫浴**

一般来说，卫生间、浴室的面积都较小，并且湿度大，通风条件差，光线阴暗，不利于植物的生长。因此，可以选用一些抵抗力强且耐阴喜湿的植物，如各

种蕨类植物、椒草类植物、兰花草植物、棕榈类植物、吊兰、春羽、常春藤、绿萝、芦荟、广东万年青、虎尾兰等，它们都很喜爱潮湿的环境，并且温度适应性也很强。

如果卫浴空间既宽敞又明亮还有空调的话，则可以培植观叶凤梨、竹芋、万代兰、紫露草、蝶兰、慧兰、琴叶榕等较艳丽的植物，把卫浴装点得如同迷你花园，让人乐在其中。（见图4-24）

图4-24 卫生间绿化

**7. 过渡空间**

玄关连接着室内外，也是开门迎客时对方第一眼看到自家样子的地方，所以挑选放置于玄关的植物时，最好选择那些能保持常绿、生长茂盛、对光照要求不高的高茎植物，其中水养富贵竹、虎尾兰、雪铁芋、香龙血树、酒瓶兰、广东万年青、发财树、绿萝、高身铁树、金钱榕等都是很好的美化玄关的植物。（见图4-25）

图4-25 玄关绿化

楼梯空间在布置家居时很容易被忽略掉，但是其实楼梯也可以展示自己的品位和喜好。通常在台阶上摆放植物的方式是逐级单盆布置，或者隔一层放一盆，一直延伸到认为效果好的高度。也可以顺着楼梯摆放一些垂蔓植物，它们的枝条可以在栏杆空隙攀缘。楼梯转角的平台也是摆放植物的绝佳位置。适合放在楼梯上的植物大多是观叶类植物。

过道通常都比较狭窄，摆放植物需要选择枝叶紧凑的品种，或者布置成一面植物墙，摆放一些水平或者垂直方向的单个悬挂花盆，这样既不会让过道过于拥挤，又能打造出一个绿色通道。

### （七）观赏植物使用禁忌

上述为大家介绍了很多适宜摆放在家里的植物，但是并非所有的植物都是安全、适合摆放在家里的。值得大家注意的有以下几种情况：

**1. 忌香**

一些花草香味过于浓烈，会让人难受，甚至产生不良反应，如夜来香、郁金香、五色梅、百合、月季、玉丁香、接骨木、松柏等。

**2. 忌敏**

一些花卉的花粉会让人产生过敏反应。像五色梅、洋绣球、天竺葵、紫荆花等，人碰触抚摸它们，往往会引起皮肤过敏，甚至出现红疹，奇痒难忍。有的还会诱发哮喘症或使咳嗽症状加重。

**3. 忌毒**

有的观赏花草带有毒性，摆放应注意，如郁金香、含羞草、一品红、夹竹桃、黄杜鹃、状元红、虎刺梅（麒麟花、铁海棠）、高山积雪（银边翠、象牙白）、红雀珊瑚、火殃勒（霸王鞭）、变叶木、细叶变叶木、洒金变叶木、红背桂、结香、黄芫花、凤仙花、假连翘等。

对于这些有毒的花木，我们应该客观理性对待，如果家中种植这类植物，养殖过程中尽量减少损伤，平时不接触它们的汁液、分泌物，避免误食它们的茎叶，弄完花草勤洗手，家里勤开窗通风就可以了。也可以不再继续养殖。

## 四、智能家居优化生活技能

近年来，随着人工智能、物联网、5G通信技术、互联网技术的迅猛发展，人们已经逐步进入数字化的智能化社会，智能家居行业取得了飞速发展，越来越多的智能家居设备逐渐普及到平常百姓的日常生活中。高科技已经使我们享受到了越来越舒适便捷的家居生活和智能生活之美。

### （一）智能家居及其功能

随着互联网、物联网以及通信技术的发展，结合人工智能等新技术的应用，智能家居的内涵不断更新。"智能家居"（Smart Home），又称智能住宅。它是以住宅为平台，利用自动化控制系统、计算机网络系统和网络通信技术将家中的各种设备（如音视频设备、照明系统、窗帘控制、空调控制、安防系统、数字影院系统、网络家电等）通过家庭网络连接到一起，形成的一体化的网络智能化家居控制系统。通过综合管理，家庭生活更舒适、安全、有效和节能。

与普通家居相比，智能家居不仅具有传统的居住功能，提供舒适、安全、高品位且宜人的家庭生活空间，而且将原来被动静止的家居设备转变为具有"智慧"的工具，提供全方位的信息交互功能，帮助家庭与外部保持信息交流畅通，优化人们的生活方式，帮助人们有效安排时间，增强家居生活的安全性和舒适性，甚至可以为各种能源消费节约资金。

（二）智能家居如何选择

智能家居一般是以住宅为基础平台，综合建筑装潢、网络通信、信息家电、设备自动化等技术，将系统、结构、服务、管理集成为一体的高效、安全、便利、环保的居住环境。家庭常用智能家居产品有以下几种：

**1. 智能安防**

家庭是每个人的港湾，家居安全是非常重要的环节，安装使用智能家居能使主人实时远程了解居家环境，确认门窗是否未关闭或者被开启，查看室内监控，看有无其他人员进入；一旦触发智能家居报警系统，随时把报警信息发送给物业与主人，将损失降到最低。

一套完整的智能安防系统通常主要包括门禁、报警和监控三大部分。智能门禁通常配有可视对讲、操作面板和警报蜂鸣器。用户可以使用钥匙、密码或者人脸识别系统开门，同时可以给不同的人设置不同的开门权限。如果主人不在家或者不方便，还能够通过手机接收有人来访的消息，通过 App 远程开门，非常方便而且安全。

**2. 智能门锁**

目前智能门锁已经非常普及，更新换代的速度也很快，现在的门锁基本上能够集门锁、猫眼、摄像头于一体，实现开门、关门、自动反锁。连接手机 App 之后，主人可以通过手机远程查看到门口的实时情况，有些门锁还支持智能 AI 侦测录像，当门前有人逗留，门锁会立即录制视频并主动上报给主人。智能门锁除了可以通过远程来进行操控，减少因为忘记带钥匙而造成各种麻烦外，还可以与家里的其他智能家居设备进行多功能、多场景的智能联动，给人们带来了很多的便利。

目前市场上常见的智能门锁主要有虚位密码、指纹识别、人脸识别、刷卡解锁、语音操作、遥控按钮等功能。相较于传统门锁，智能门锁虽然安全便利，但也不是绝对安全有效的。随着科技的不断进步，智能门锁的安全系数也在不断提升，选购时还是要尽量选择售后完善、有质量保障的品牌。在选购时需要注意以下几点：

（1）锁芯。对于智能锁来说，安全性是第一位的。目前，市面上的锁芯主要分为A、B、C级锁芯，安全性由弱到强，购买时建议大家选择C级智能锁芯，相较于A、B级锁芯，C级智能锁芯在技术上的破解难度更高。

（2）功能。在确保安全性的同时，使用舒适便捷是我们要考虑的第二点。除了基础的开锁方式外，一般智能门锁还都具备电子感应系统，能够感知门实时的开关状态，及时自动给门上锁。如果是支持手机App连接控制的，还要考虑其软件系统是否稳定。

（3）材质。目前，市场上智能锁面板使用的材料有锌合金、不锈钢、铝合金、塑料等；而锁体的材料主要是不锈钢，也有铁的；把手有长把手和圆把手两种，可以根据不同的需要选购不同的智能锁把手。

### 3. 智能照明

灯是家居设计中的一个重要角色，灯具那优雅的外形及漫射出的柔和光线能为我们营造出温馨的空间，是一种很好的装饰。晚餐时通过对于灯光的明暗调节来改善室内的光线，营造出一种在餐厅吃饭的浪漫氛围；看电视时营造出一种电影院的氛围，让我们在家中也能体会到像在电影院看大片的刺激感；离家后可模拟有人在家的场景，替我们看家护院。

智能照明控制系统是利用先进电磁调压及电子感应技术，对供电进行实时监控与跟踪，具有灯光亮度的强弱调节、灯光软启动、定时控制、场景设置等功能，实现对照明设备的智能化控制。通过设置情景模式在不同的时间和场合营造适合的光线方案，让室内灯光随心而动。自由搭配出读书、看电影、玩游戏等不同的居家灯效，来增加生活情调，让家庭生活更加温馨。例如在厕所和走廊区域可以使用人体感应灯，不用频繁开关大灯，一通过就有灯光，走开会自动关灯，省事省电，节能环保。

### 4. 智能窗帘

智能窗帘是带有一定自我反应、调节、控制功能的电动窗帘。它能够根据室内环境状况自动调节光线强度、空气湿度、平衡室温等，可对风力强度、光线强度、雨量大小进行自动感应检测，实现风雨时自动关窗，晴天时自动开窗，智能调节家中环境。

智能窗帘可以通过语音、触屏以及远程控制等多种方式实现全新的遮阳体验，即使离家后忘记关窗帘，也能通过手机App实现关闭。它具有午间小憩、夜晚安眠等多种模式，能营造出舒适恬静的氛围。智能窗帘内置电磁离合装置，即使停电，也能像普通窗帘一样手拉开合，不影响正常使用。

在选购智能窗帘时应注意以下几个方面：

（1）安装方式是内置式还是外置式。

（2）供电方式是电源插座还是使用锂电池。

（3）是否具有涵盖定时设置、光线传感器、语音控制、远程操控、自定义停点等功能。

（4）电机功率有多大，一般13W的电机可以驱动50kg的窗帘。以便根据电机功率确定窗帘的材质、厚度。

（5）噪声有多大，电机性能如何，持续运行会否发热，以及窗帘的使用寿命，等等。

（6）面料建议选择阳光面料，这样可以很清楚地看到室外，而室外却不能看到室内。如果需在家里使用电脑或者在卧室里，可以选择遮光性比较好的全遮光面料。

（7）智能窗帘好用与否，配件至关重要。配件需要与电机、机构配合精准、良好，卷线器最好选择螺纹样式的，以避免出现左右高低不平的现象。

**5. 智能家居机器人**

依托于强大的人工智能，集成了自然语言处理、对话系统、语音视觉等技术，能够自然流畅地与用户进行信息、服务、情感等多方面交流的智能家居机器人越来越受到人们青睐。究其原因，它主要能够帮助解决上班族没有时间陪护、照顾年迈父母和顽皮孩子的问题；替代某一项重复性的家务劳动，如扫地、整理、清洁、洗衣、做饭等；对于有老人和孩子的家庭，智能家居机器人起到了防护以及管理的双重作用，当老人或者孩子一个人在家时，子女可以通过手机查看到家中老人、孩子的活动情况，避免意外事故发生。

总的来说，目前常用的智能家居机器人可分为清洁机器人、孩童教育机器人、陪护机器人、智慧家庭机器人等几类。

除上述智能产品外还有很多智能家电，如智能热水器、智能音箱、智能扫地机器人、智能电动牙刷、智能面包机、智能咖啡机、智能冰箱、智能宠物喂食器、智能花草浇灌器、智能卫浴、智能垃圾桶等。

**（三）智能家居的应用**

智能家居可以说是物联网与人工智能的结合，将之前的不可能变成了可能，也将科技的魅力展现得淋漓尽致。只需一个按键，轻松生活从此开启。然而智能家居的出现，并不代表传统家居生活就没有了意义，智能家居只是在传统家居的基础上有了一个升华，它改变了传统家居死板的生活方式，给人们的生活带来了更加生动的变化与期待。

智能家居领域的技术突破将是通过人工智能技术与物联网来促进业主和家庭之间的连接。通过了解业主需求并提供量身定制的服务，提供更高效、舒适、便捷和安全的个性化体验。

### 五、环保家居净化生活技能

近年来，人们对健康生活越来越重视，特别是看重家居产品对健康的影响，因此环保家居渐渐被人们所重视。那么我们应该如何选购健康、环保、绿色的家居产品呢？下面从家具、涂料以及地板三个方面来介绍。

#### （一）环保家具如何选用

如今，人们在挑选家具时都知道选择环保家具，也更加注重家具的材质、环保、健康、有无甲醛等因素，可是市场上的家具那么多，我们如何在样式新颖、花色繁多的家具中，挑选到称心如意的环保家具呢？下面我们就来看看如何选购环保家具。

**1. 望**

在购买家具时，首先要注意查看家具的材质，目前市场上制作家具的主要材质有木材、竹子、金属以及人造板材等。一般而言，原木家具、实木家具、竹制家具给室内造成污染的可能性较小。

其次，就要看家具上是否有国家认定的环保认证标志。我们在选购环保家具时，不妨让厂家出示相关的认证证书，看产品的认证证书是否有环保认证标志。目前，家具行业内较受认可的环保认证，除了国际上通用的 ISO14000 环境体系认证之外，国内主要的产品环保认证包括以下三种：

（1）通过国家环保总局"中国环境标志"十环认证的产品。该认证包括环境体系和产品环保两个方面，是目前国内最高级别的环保产品认证，通过认证的产品可以说已经达到了最高级别的环保标准。

（2）通过中国质量认证中心 CQC 质量环保产品认证的产品。该认证主要包括产品质量和产品环保两个方面。

（3）中诚认证（CTC）。该认证是在国家家居检测站华南站的基础上建立的。（见图 4-26）

图 4-26　环保认证标志

## 2. 闻

挑选家具时闻闻味道也是一种方法。要闻一闻家具里面是否有强烈的刺激性气味，环保的家具应该是没有刺激性气味的，不会刺激到人体脆弱的部位，如眼睛、喉咙等。买时可拉开抽屉、打开柜门，闻一闻是否有刺激性气味，如果有这样的感觉，就表明这套家具的甲醛含量严重超标。

## 3. 问

在选购时，切记要与销售人员询问了解厂家的实力和背景。环保家具的品质跟生产厂家及品牌的实力息息相关，一般知名品牌、有实力的大厂家生产的家具，污染问题较少。

## 4. 切

切，好比切脉，用手感受一下。选购时摸摸家具的表面也能看出名堂，家具表面的颜色纹理、光滑程度、耐划程度等，也是判断家具质量的标准。还有一个就是家具封边，人造板制成的家具未做全部封边处理的不要买。封边的好坏不仅影响外观，而且影响着家具的甲醛释放量。

## 5. 签

在购买家具时注意尽量要签订工商局统一印刷的家具购买合同。如果允许一定要在购买合同中加上一条：如果发现有室内空气污染问题，必须退货并负责检测费用。这样一旦发生污染问题，就可以尽快得到解决。

此外，家具的安全性也是我们要高度重视的一个方面，如有小孩子的家庭不让家具留有锐利的尖角，将插座等电力装置隐蔽化，等等。只有足够重视细节，选用健康、环保的家具，打造最佳居住环境，才能营造高品质的生活。

### （二）环保涂料如何选用

不管是挑选家具还是装修房子，对于家中有老人、小孩和孕妇的家庭来说，选择优质环保油漆涂料都是家庭装修中的一大重要环节。那么，一款环保墙面涂料应该怎么选呢？

## 1. 看环保标志

与环保家具一样，环保涂料也有相应的环保标志。目前，国内的最高级别的认证就是中国环境认证标志，即我们常说的十环认证。而国外的认证主要有"蓝天使认证标志""德国TÜV认证""ECO欧盟生态认证""新加坡绿色产品标记"。（见图4-27）

十环认证标志　　蓝天使认证标志　　德国TÜV认证

ECO欧盟生态认证　　新加坡绿色产品标记

图4-27　涂料环保认证标志

**2. 看品牌**

购买涂料时，应该选择正规的品牌专卖店或者建材超市，挑选市场上认可程度高的品牌，知名品牌的产品都是经过环保认证的，安全系数较高。

**3. 看涂料表面**

优质的涂料其保护胶水溶液层呈无色或微黄色，且较清晰通透，表面通常是没有漂浮物的；如果有漂浮物，则需谨慎购买。

**4. 看分层**

如果可能的话，请销售商打开涂料桶，亲自检测一下。一般来说，涂料分层越严重的，质量也就越差；用棍子轻轻搅动，抬起后，涂料在棍子上停留时间较长、覆盖均匀，则说明质量较好；用手轻捻，越细腻，涂料质量越好。

**5. 闻气味**

非环保型的涂料由于VOC（挥发性有机化合物）、甲醛等有害物质超标，大多有刺激性气味，购买时可闻一闻涂料中是否有刺鼻的气味，有异味的需要谨慎购买。同时不要购买闻起来很香的涂料，一般来说这类涂料都添加了香精，而添加剂本身就是一种化工产品，很难保证环保。

**6. 看检验报告**

仔细查看产品的质量检验报告，不要忘了查看产品检验报告中的VOC、TDI（甲苯二异氰酸酯）等的含量。真正的检验报告应该是一个型号产品对应一份检验报告，并在检验报告中清楚标明VOC、TDI等的含量。而且检验报告一定要是国家级检验机构出具的才有效。

### 7. 看原材料

不同的环保涂料，根据其不同的原材料，具有不同的功能性，我们可以根据实际需要进行选择。目前市场上常见的有乳胶漆、硅藻泥以及活性炭墙材。

（1）乳胶漆。是以合成树脂乳液为基料加入颜料、填料及各种助剂配制而成的一类水性涂料，又称合成树脂乳液涂料，是有机涂料的一种。具有成膜速度快、遮蔽性强、干燥速度快、耐洗刷性、绿色环保的特点。

（2）硅藻泥。主要成分为硅藻土，是一种新型天然的环保涂料，本身无任何污染，无异味。具有调节湿度、净化空气、防火阻燃、吸音降噪、保温隔热、保护视力、墙面自洁、超长寿命等多种特性和功能。

（3）活性炭墙材。以活性炭为原材料，是唯一一款零甲醛含量、零 VOC 的内墙涂料，且活性炭墙材还具有强大的吸附功能，可以吸附空气中的有害气体，释放出负氧离子，防潮防霉，装修完后能立即入住。

随着环境保护意识的增强，人们对环保涂料的要求越来越高。加之高科技的应用，新的品种将会不断被开发出来，如于海侠等人研究的高甲醛净化性能内墙苯丙乳胶漆，不添加有机溶剂，绿色环保。

除了采用上述乳胶漆、硅藻泥、活性炭等涂料来美化墙面以外，还有相当大一部分人选择使用墙纸、墙布等来美化墙面。

墙纸，也称为壁纸，通常用漂白化学木浆生产原纸，再经不同工序的加工处理，如涂布、印刷、压纹或表面覆塑，最后经裁切、包装后出厂。壁纸分为很多种，如云母片壁纸、木纤维壁纸、纯纸壁纸、无纺布壁纸等。壁纸具有一定的强度、韧度、美观的外表和良好的抗水性能。

墙布，又称壁布，用棉布为底布，并在底布上施以印花或轧纹浮雕，也有以大提花织成。所用纹样多为几何图形和花卉图案。墙布具有无缝耐用、环保无味、吸音隔音、隔热、抗菌、防霉、防水、抗静电、防油、防火阻燃的特点和性能。

图 4-28 利用刺绣绣品装饰墙面

我国刺绣文化有着2000多年的发展历史，利用其独特的针法和丰富的表现内容与墙布进行融合形成墙面装饰，做工精巧，十分耐看，极大地提高了我们室内环境的审美和精神境界，体现出一种精致婉约的生活向往。（见图4-28）

### （三）环保地板如何选用

随着生活水平的不断提高，越来越多的家庭在家居装修时会选择木地板作为地面材料。众所周知，木地板质感自然、纹理色泽独特、材料环保，令消费者情有独钟。而人造地板是甲醛等有害物质主要释放源之一，并且室内甲醛超标对人体的危害很大。那么，如何能选购到环保健康又令自己满意的木地板呢？我们选购时又应该注意哪些问题呢？

**1. 地板环保等级标准**

目前地板一般有E级认证、F级认证、M级认证三种标准，不同的认证等级标准会有所差异。

（1）E级认证。中国E级认证标准分为三个级别，E0级甲醛释放量≤0.5 mg/L，E1级甲醛释放量≤1.5 mg/L，E2级甲醛释放量≤5 mg/L。只要达到E1级别就可以直接在室内使用。

欧洲E级认证标准分为两个级别，E1级甲醛释放量≤0.5 mg/L，E2级甲醛释放量≤1.5 mg/L。在欧洲，E1级是强制性标准。

（2）F级认证。这是日本在地板、人造地板领域推出的认证标准，主要分为四个级别，F1级甲醛释放量≤5.0 mg/L，F2级甲醛释放量≤1.5 mg/L，F3级甲醛释放量≤0.5 mg/L，F4级甲醛释放量≤0.3 mg/L。F4标准等级最高，比E0标准更进一步。

（3）M级认证。源于芬兰，分为三个等级，M1级甲醛释放量≤0.05 mg/m²，M2级甲醛释放量≤0.125 mg/m²，M3级甲醛释放量≤0.15 mg/m²。最严格的M1标准已经达到了食品、制药等级标准，是欧洲最权威的环保标志。

**2. 常见地板种类**

（1）实木地板。这是天然木材经烘干、加工后形成的地面装饰材料。又名原木地板，是用实木直接加工成的地板。实木的装饰风格返璞归真，质感自然，呈现出的天然原木纹理和色彩图案，给人以自然、柔和、富有亲和力的质感，同时由于它冬暖夏凉、使用安全、触感好的特性，成为卧室、客厅、书房等地面装修的理想材料。但是价格较高，不易保养，稳定性差，性价比较低。

（2）强化复合地板。近几年来流行的地面材料，是将原木粉碎后，添加胶、防腐剂、添加剂，经热压机高温高压压制处理而成的。复合地板的强度高，规格统一，耐磨系数高，防腐、防蛀而且装饰效果好，克服了原木表面的疤节、虫眼、色差、稳定性差的问题。复合木地板无须上漆打蜡，使用范围广，易打理，是最适合现代家庭的地面材料。

（3）实木复合地板。由不同树种的板材交错层压而成，具有较好的尺寸稳定性，并保留了实木地板的自然木纹和舒适的脚感。实木复合地板兼具强化复合地板的稳定性与实木地板的美观性，耐磨性好，易于清洁和保养，但是水泡损坏后不可修复，相对于强化复合地板性价比不高。

（4）竹地板。主要制作材料是竹子，采用粘胶剂施以高温高压而成，具有超强的防虫蛀功能。竹地板有竹子的天然纹理，兼具原木地板的自然美感和陶瓷地砖的坚固耐用的优点。是一种生态环保材料，被越来越多地应用于室内装饰、家具、包装、工艺品等场合，用来替代木材。

## 参考文献

[1] 向忠宏. 智能家居 [M]. 北京：人民邮电出版社，2002.

[2] 马途. 浅谈室内植物的绿化装饰 [J]. 建材与装饰，2016（36）：49-50.

[3] 于海侠. 高甲醛净化性能内墙苯丙乳胶漆的研制 [J]. 技术与教育，2019，33（2）：7-10.

# 第五章　女性与运动技能

> **本章要点**

女性从出生起便注定要扮演女儿、妻子、母亲的三重角色，特殊的身份使女性具有普遍担当的职能特点，可以说女性是健康生活的"发动机"，是推动健康生活方式的重要群体。掌握适当的运动技能，不仅有利于提高自身的健康水平，而且能够塑造形体，提升自身气质和自信心，在工作和生活中充满正能量。本章基于女性特点，重点介绍了三类运动技能，即发展耐力性的运动技能、发展力量性的运动技能和发展柔韧性与协调性的运动技能，以期让女性明晰常见运动中的关键要素和误区，掌握各种运动技能和技巧。

## 一、发展耐力性的运动技能

### （一）跑步

跑步是许多人在闲暇时间喜欢做的有氧运动，这是因为跑步技术要求简单，而且不受场地、器械或服装限制，无论是在运动场、马路，还是在田间小路、森林，都可以进行跑步锻炼。但是你真的会跑步吗？你的跑步姿势是否正确？跑步的时候是否会伴随膝盖疼痛？跑步时是否感觉喘不上气来？是否有过越跑越累，无法提高跑步速度的烦恼？下面我们一起来了解如何正确地跑步。

**1. 跑步的益处**

（1）改善睡眠。通过跑步，大脑的供血、供氧量可以提升20%，所以夜晚的睡眠质量也会跟着提高。

（2）"通风"作用。在跑步的过程中，肺部的容量平均从5.8 L上升到6.2 L，同时，血液中氧气的携带量也会大大增加。

（3）保护心脏。跑步时心跳、血压和血管壁的弹性也会随着升高。

（4）消除紧张感。慢跑可以抑制肾上腺素和皮质醇这两种造成紧张的激素分泌，释放让人轻松的物质。

**2. 跑步前热身**

在开始跑步前请务必进行热身，尤其是天气寒冷的时候，如果没有充分热身就开始跑步的话，身体是很容易受伤的。

（1）左右踝关节环绕。脚尖着地为中心，脚踝环绕360°，左右各20秒。

（2）臀部动态拉伸。抬腿使大腿与地平行，双手抱膝向上微微抬起，左右腿各20秒。

（3）弓步后转体。左腿向前，右腿绷直，双手合拢向后做转体动作。之后换腿。

（4）大腿内侧动态拉伸。单腿下蹲，另一条腿伸直，双手可以接触地面保持身体平衡，20秒后换腿。

（5）勾腿跳。背部挺直，目视前方，双手放在臀部位置保持身体稳定，快速交替勾腿。

（6）高抬腿。抬头挺胸，双腿快速交替抬起。

（7）开合跳。双腿外张，同时手臂伸直与地平行。双腿收拢，同时双手合拢举过头顶。两个动作连贯交替。

（8）前后肩部绕环。以肩膀为中心，手臂辅助环绕360°。

**3. 跑步中的注意事项**

（1）姿势。跑步姿势要合理。上身应挺直并略微前倾，双肩放松。双肘自然弯曲，双臂有力地在身体两侧前后摆动。跑步过程中，双足有弹性地全足着地跑动，步幅不用太大，但步频与步幅要基本保持均匀。注意身体重心稳定，不要有大幅度的起伏。锻炼之前建议找别人给自己录一个视频，看一下自己的姿势是否有误。

①上半身保持挺直或微微前倾，肩膀（斜方肌）放松，不耸肩。跑步时有意识地打开胸腔，把胸往后展开，不要含胸驼背。

②手臂以肩（三角肌）为中心轴进行规律的前后摆动，强调前后摆动，不要左右摆动。

③眼睛不要看脚下，尽量目视自己的前方，大概20米开外。

④若是慢跑，可以脚后跟或者全脚落地，尽量落在自己的重心不远处，离重心太远，不仅累，而且没有效率。

⑤前脚往前迈，用后脚蹬地的力量推动身体往前，如果重心太靠前的话，反而会有刹车的作用。想象一下我们跑下坡路的感觉，如果速度太快，我们就会本能地把前脚尽量往前伸，以降低速度。

（2）呼吸。跑步中的呼吸问题很重要。呼吸要有一定节律，用鼻、嘴同时呼吸时，嘴不必张得太大，可将舌卷起，延长空气在口腔里的时间，减少冷空气对呼吸道的刺激。每一次呼吸要注意尽可能将气体从肺中呼尽，以增大有效的换气量。

（3）力量。一般情况下，大多数跑步者是通过锻炼腿部肌肉来增强力量的。然而仅仅练习腿部力量是远远不够的，在日常训练中，合理安排一些基础的上身力量练习，提高肩臂以及腹部和背部肌肉的力量，对跑步能力的提高更加有效。通过合理地利用双臂，跑步者的成绩可以提高近12%。如果不懂得科学地利用双臂，跑步的距离越长，双臂就越疲劳。

（4）速度。对于一个跑步者来讲，有很多方法可以进行速度训练，比如到田径场上重复进行各种各样的短距离跑、做速度游戏、从上坡快速地跑下来、参加比赛等。每个人都是可以开展速度训练的，速度训练对老年人的作用更大，因为它在保持步态的同时，也保持了人体良好的生物力学结构，而这两者将随着年龄的增长逐渐消失。许多没跑过步的成年人，认为自己只需要日复一日地慢跑，而不管跑的强度和速度，这是不正确的。

（5）休息。过度的跑步最终会导致肌肉损伤，在充分休息的基础上进行的跑步可以使肌肉组织更加强壮。为了使我们保持健康，不受损伤，在跑步时需要遵循以下基本原则。①每天至少要跑一次。在一天中肌肉有足够多的时间休息，如果一周跑4天，那么不跑的几天，肌肉休息的时间过长，反而没什么效果。②每周用一些低强度的训练来代替一两天的跑步，如在功率自行车上进行有氧、出汗的训练。③把某些步行活动融入你的训练之中。④有计划地进行深层组织按摩。⑤坚持和循序渐进相结合，特别要注意控制运动量。此外，必须学会自我控制，克服惰性，坚持锻炼。当然，如果身体不适，绝对不要跑步。在锻炼初期，跑步的速度以没有不舒服的感觉为限度，跑完的距离以没有吃力的感觉为宜。跑步后可能出现下肢肌肉疼痛，这是正常反应，坚持锻炼几天后，这种现象就会消失。

**4．初学者跑步计划**

如果你是跑步的初学者，不能连续跑10分钟，那么你应该从步行开始，并制订你的步行和跑步计划。下面就是一个初学者跑步计划（一周3次）。

第一周：步行10分钟，慢跑1分钟，然后步行1分钟。重复慢跑1分钟，步行1分钟，每隔10分钟做一次或者一直坚持到你感到累为止。然后步行5分钟。

第二周：步行10分钟，慢跑2分钟，然后步行2分钟。重复慢跑2分钟，步行2分钟，每隔10分钟做一次或者一直坚持到你感到累为止。然后步行5分钟。

第三周：步行10分钟，慢跑3分钟，然后步行2分钟。重复慢跑3分钟，步行2分钟，每隔15分钟做一次或者一直坚持到你感到累为止。然后步行5分钟。

第四周：步行 10 分钟，慢跑 5 分钟，然后步行 2 分钟。重复慢跑 5 分钟，步行 2 分钟，每隔 15 分钟做一次或者一直坚持到你感到累为止。然后步行 5 分钟。

你要逐渐增加跑步时间，直到你能持续地跑 10 分钟，然后到能跑 10 到 20 分钟，以此类推。如果你已经能够连续跑 30 分钟，恭喜你，你已经是一个跑步者了。

> **小贴士**
>
> **常见的运动软件**
>
> 信息化社会，人们的生活节奏较快，在工作之余很多人都喜欢运动，在这里给大家推荐几款运动软件，让你的运动不再孤单、不再盲目，而且更加专业。
>
> Keep：一款移动健身指导应用，适用于各种场景的锻炼，每日记录你的训练进程，针对不同的人制订不同的健身减肥计划，与好友对比每天的变化。
>
> 悦动圈：支持多种运动类型，如健走、跑步、骑行、徒步、健身、球类、游泳等多种运动模式，量化管理成员运动数据。拥有勋章功能，让人很有成就感。
>
> 小米运动：为用户提供精准的运动记录并进行分析，还能对每日的睡眠质量进行监测，还有闹钟、来电提醒以及久坐提醒等诸多功能。
>
> 咕咚运动：运动社交和赛事服务平台，运动类型包括跑步、走路、骑行、登山、跑步机。通过游戏化、社交化和碎片化的方式，来鼓励人们养成良好的运动习惯和生活方式，从而达到健康标准。
>
> 此外，还有火辣健身、每日瑜伽、乐动力、即刻运动等 App，都是不错的选择。

### （二）游泳

游泳是深受人们喜爱的一项运动，可以锻炼人的四肢和腹部。游泳是克服水的阻力而不是克服重力，肌肉和关节不易受损，能有效保护膝关节。冷水环境下运动，热量消耗大，配合节食，减肥效果显著。该运动适用于膝关节受损、体重严重超标、减肥、增强体质的人群。运动周期建议每周 3～4 次，每次 30～60 分钟。

**1. 游泳的技巧**

（1）换气

在水中呼吸分为憋气与吐气，掌握如何恰当地憋气与吐气就不怕被水淹了。

①陆上换气练习。首先，抬头张开嘴巴吸气；然后，闭紧嘴，低头，眼睛看

着地上，发出"唔——"的声音，声音能发多久，你也就能把头埋在水中多久。还有一个更有趣的方法，名字叫"不怕不怕"，更适合小女孩：低头说"不——"，抬头说"怕"。"不——"是为了在水中吐泡泡，"怕"是为了抬头换气。

②水上换气练习。下水，先在浅水区走动，以适应水的感觉和浮力，最好双手扶着池边。练习内容还是陆上换气练习两个部分。刚开始下水可能会感到胸闷，吸不上来气，这是因为水对胸腔的压力，属于正常现象，多做深呼吸，习惯了就好。注意，对于初学者来说，只要下了水，就只能用嘴吸气了。

③连续换气。就是把换气连起来做，强调连贯性。注意，抬头只呼一次气和吸一次气。抬头张开嘴巴吸气；闭紧嘴，低头入水，眼睛看着地上，发出"唔——"的声音，呼气；呼气差不多了要抬头，抬头过程中一直保持呼气，从水中一直呼到水面，再维持呼气2秒；张开嘴巴吸气，如此循环。

(2) 平衡

水中平衡指的是人在水中要保持流线形，头与身体在一条直线上，即"一"字形。头的重量约5～8公斤，头的位置能够在很大程度上影响身体在水中的平衡。头顶应该与脊柱在一条线上。抬头使其偏离这条线，就会在髋部形成向下的力偶，使下肢下沉。你可以很容易地体会到这种力偶的作用：脸朝下俯卧在地面上，两手放在体侧，头向上抬离地面，你就能感觉到髋部会向下压迫地面。因此，头的位置对保持平衡的身体姿势起着非常关键的作用。当你在水中获得平衡时，无论俯卧、侧卧或仰卧，头部只有1/4到1/3会露出水面，其他部分都在水面下。当头顶与脊柱在一条直线上时，有助于保持身体的平衡；抬头使其偏离脊柱线，哪怕只有一点点，也会立即使髋部下沉，使平衡遭到破坏。具体动作示范见图5-1、图5-2。

图5-1 头顶与脊柱在一条线上

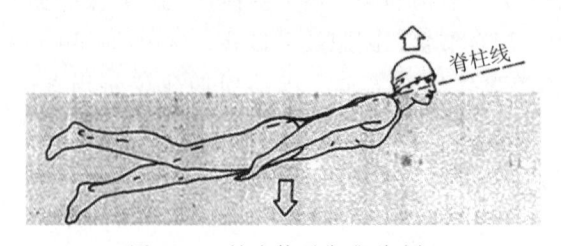

图5-2 抬头使平衡遭到破坏

除了专业运动员，大多数人在水中的平衡感并不是很好，掌握漂浮和平衡是高效、快速学会游泳和保持优美泳姿的关键和基础。那么，平衡的基础训练有哪些呢？

左侧卧位蹬边滑行，两臂放在体侧，两腿轻松地打水。如果打水效果不是很好，你可以戴上脚蹼做这个练习。先从头朝下看（鼻尖朝下）开始练习，要看池底，不要抬头看对岸池壁。左肩向下倾斜，直到有被水支撑住的感觉。右侧的臀部和手臂应露出水面。你也许会感到做这个练习不像看上去的那么容易。做这个练习要感觉到舒适，你可以站起来呼吸。其实，在浅水区练习是聪明的做法。一旦你感觉到平衡时，就转头呼吸。如果感觉侧卧或转头呼吸时不舒服，可以向后再多转动一点儿。头要隐藏在水里，下颌上仰（下颌和前额正好位于吃水线），但头和脊柱要成一直线。两侧轮流练习。

一旦你感到能完全地平衡和放松时，就前伸左臂，保持身体姿势不变。手臂应在头前伸直（手掌不要接近水面），理想的姿势是后脑勺和下面的肩部/手臂之间几乎没有空隙。下面的肩部要向下倾斜，使右侧臀部和手臂露出水面。两侧轮流练习。请人从岸上或水下观察你，给你反馈。当你需要呼吸时，就转头出水（鼻尖朝上）。头要隐藏在水里，只有脸部露出水面。其他动作同上述基础训练。

（3）放松

有些人一下水就紧张，这样不容易漂浮，我们不如先把头埋进水里，在水下四处看看，放松心情，鼻子缓缓吐气，慢慢适应水里的环境。游泳时做到放松有助于保持节奏，使得四肢不再慌乱；同时有助于使肌肉放松，使浮力发挥作用，在水中游得更轻松；放松对换气也有帮助，可以降低耗氧量。

如何更好地放松呢？首先，在漂浮时可以吐泡泡，用鼻子或嘴巴都行，心里默默唱着一首自己喜欢的歌，转移对水的过多关注；当换气熟练后，可以尝试闭上双眼游泳，这样可以获得一种十分奇妙的感觉，好似躺在船上看漫天繁星。

**2. 游泳注意事项**

（1）青少年必须在家长（监护人）的带领下去游泳。独自一人去游泳最容易出问题，如果你的同伴不是家长（成年人），在出现险情时，很难保证能够得到妥善的救助。

（2）身体患病者不要去游泳。中耳炎、心脏病、皮肤病、肝肾疾病、高血压、红眼病等慢性疾病患者，及感冒、发热、精神疲倦、身体无力的情况下都不要去游泳。否则，容易发生抽筋、意外昏迷，甚至危及生命。传染病患者易把病传染给别人。另外，女性经期不宜游泳。

（3）参加强体力劳动或剧烈运动后，不能立即跳进水中游泳。尤其是在满身大汗、浑身发热的情况下，不可以立即下水，否则易引起抽筋、感冒等。

（4）饭后、空腹、饮酒不宜游泳。

（5）被污染的（水质不好）河流、水库、有急流处、两条河流的交汇处以及有落差的河流湖泊，均不宜游泳。一般来说，凡是水况不明的江河湖泊都不宜游泳。恶劣天气，如雷雨、刮风、天气突变等情况下，更不宜游泳。

（6）在入水之前最好先体验一下水温，水温过冷或过热时尽量不要急于下水。池水的水温对血液循环、心脏、血压、呼吸、新陈代谢、人体皮肤、肌肉都有影响。

（7）下水前要先在岸上做准备活动，热身10～15分钟，活动关节以及各部位肌肉，如高抬腿、蹲下起立等四肢运动。否则，突然进行较剧烈的活动，容易使肌肉受伤或发生其他意外。

（8）不要跳水，避免腹部直接受到水面的强烈打击。

（9）游泳时需要注意保护眼睛、防止晒伤、注意退潮时间等。

（10）游泳后，要用干净的水把全身再冲洗一遍，以免传染疾病。

（11）游泳后，可以通过补充运动饮料、放松训练、调节呼吸、催眠暗示、心理调节、按摩恢复、水中慢游等手段恢复体力。

（12）游泳的潜在危险有腿抽筋、头晕、头痛、恶心、呕吐、胸闷、耳痛、耳鸣、腹痛腹胀、眼睛痒痛等。

（13）游泳的易发疾病有结膜炎、中耳炎、鼻窦炎、咽喉炎、接触性皮炎、过敏性皮炎、吸入性肺炎等。

耐力是人体长时间进行持续肌肉工作的能力，即对抗疲劳的能力，包括两个方面，即肌肉耐力和心血管耐力。耐力的提高不仅取决于人的发育成熟程度，也和负荷要求有关。符合规律的耐力性负荷训练可使肌肉、心肺、血管、器官、免疫系统及物质代谢调节出现适应现象。发展耐力素质的基本途径之一是提高心肺功能，除了安排上述的跑步、游泳等运动外，还有健走、跳绳、爬山、滑冰、各种球类运动等也是不错的选择；另一途径就是进行增强肌肉力量、提高肌肉耐力的训练。同时，所有运动都要注意量力而行，循序渐进，避免过度疲劳。

## 二、发展力量性的运动技能

提到力量训练，你最先想到什么？肌肉？健身房里的器械？其实力量训练并非肌肉训练，器械也并非必需，我们在家也可以轻松实现。力量训练可分为器械训练、自由重量训练和自身徒手重量训练，它能够刺激身体分泌激素，增加身体的基础代谢。适度的力量训练对减少骨质流失、防止肌肉萎缩、维持各器官的正常功能以及应对压力均能起到积极作用。训练时应选择轻量、安全的重量训练，如举小沙袋、握小杠铃、拉轻型弹簧带等，每次不宜时间过长，以免导致可能的伤害。

### （一）少女背训练

随着年龄的增长，最明显的变化就是我们的肩膀越来越往上耸，脖子变短，后背变厚。俗话说："背薄一寸，年轻十岁。"一个"虎背"足以让我们的年龄虚长几岁，少女背的塑造成为许多爱美女性关注的热点。那么，少女背的标准是什么呢？首先，肩膀和手臂线条平直会让整个后背看起来清爽利落，线条清晰紧致，给人比较轻盈的感觉；其次，从侧面看头部和背部应在一条直线上，给人一种挺拔的感觉，当然充满满满的少女气息。每天坚持背部锻炼，不仅可以提高身体美感和个人气质，而且对于人体健康也有十分重要的意义。背部脂肪比较厚的人容易出现驼背、圆肩、富贵包等问题，更严重的是可能导致身体排尿排毒系统故障，甚至是水肿、肥胖症。这是因为背部脊柱两侧的膀胱经是一个全身运转的大枢纽，如果脂肪太厚，会压迫膀胱经，影响身体健康。

**1. 背部训练重点**

（1）针对上背训练，即肩胛骨部位，周围的肌肉很多，包括斜方肌、菱形肌、背阔肌、肩袖肌群，这样可以提升背部力量。

（2）针对下背训练，也就是腰部，能提升腰椎的稳定性，预防腰痛，并避免在大重量的硬拉、深蹲训练中出现腰椎间盘突出等情况。

**2. 背部训练动作**

划船是背部训练的经典动作，有各种各样的划船动作，坐姿器械窄距划船更适合女性，如果没有条件，可以用弹力带代替。坐姿划船可以很好地锻炼我们肩胛区域的背部，从而减少女性背部赘肉以及改善手臂"拜拜肉"。

弹力带俯身肩内收，动作全程是肩胛骨带动手臂始终在侧面做内收及外展，仍然需要沉肩收肋骨。女性会习惯手臂发力向身体两侧拉，要是感觉做得很容易或者小臂酸、肩颈酸，就需要调整动作了，这里应该有肩胛骨区域的收缩感觉。

**3. 少女背训练打卡计划**

时间：15分钟。

说明：以下动作随机选出5个，每个重复15～20次，接着迅速接续下一个动作，完成后休息两分钟，这样算一轮，重复一到两轮。器材的选择可以是一对哑铃（从4.5公斤或以下开始）或者家中的水瓶。

（1）直立划船。双脚与臀部同宽站立，手臂垂向地面，双手握住哑铃，哑铃位于大腿前方，掌心朝向自己。手肘往两侧抬高，微微高于肩膀，手抬到胸前，再回到原位。这样算一次。

（2）反向飞鸟式。双手各拿一个哑铃，双脚与臀部同宽站立，膝盖微弯。臀部往后推，躯干前倾45°，手臂往下垂，两手掌心面对面。手臂往两侧抬高，同时肩胛骨往内缩。再回到原位。这样算一次。

（3）离心屈体划船。先呈站姿，臀部往后推，躯干前倾45°，手臂垂向地面，手握哑铃。数到一，双手抬高到肋骨两侧；数到三，手放回原位。这样算一次。

（4）猎鸟狗式。四肢着地，手腕位于肩膀下方，膝盖位于臀部下方。右手臂和左腿同时抬高，与地面平行，然后手、膝相碰。头和身体要处在一条直线，保持腹部、臀部收紧。回到原位后，再换边重复。这样算一次。

（5）单臂三角肌后平举。左手握哑铃，身体前倾，右手放在大腿上稳固身体。哑铃自然往下垂，掌心朝前。躯干不要动，左手臂往后抬高，微微高于身体。停住一下，再慢慢回到原位。这样算一次。

（6）屈体划船。先呈站姿，臀部往后推，躯干前倾 45°，手臂垂向地面，手握哑铃。双手抬高到肋骨两侧，再回到原位。这样算一次。

（7）超人式。腹部朝下趴在地面，身体成一直线，额头靠在垫上。核心绷紧，臀肌用力，同时四肢离地，眼睛看向垫子前方。维持 3～5 秒，再慢慢回到原位。这样算一次。

（8）阿诺肩推。双脚与臀部同宽站立，双手各拿一个哑铃，位于肩膀高度，手肘弯曲，掌心朝自己。手肘往两侧打开，同时转动手腕让掌心朝前，将手臂往上举高过头。停住一下，再倒带动作回到原位。这样算一次。

（9）动态平板支撑。从高棒式开始，手肘位于肩膀下方（如果需要的话，膝盖可以放地上）。这是预备位置。抬起右手，将前臂放到地上，左手跟上。动作倒带回到原位。这样算一次。

## （二）马甲线训练

如何练出漂亮的马甲线，困扰着很多爱美的女性。腹肌训练原理很简单，每天锻炼腹直肌与侧腹，控制饮食减掉多余脂肪，皮脂率控制在 10%～15% 之间，就可以看见马甲线。下面推荐两套腹部训练，帮助大家练出马甲线。

**1. 第一套燃脂循环训练**

（1）空中蹬车。躺在瑜伽垫上，手抱头，双腿抬起做蹬车状，抬起一条腿时另一只手的手臂要挨到这条腿，如此反复，这是练腹肌最有效的方法之一。

（2）V 字两头起。躺在瑜伽垫上，手向头部伸直，然后用腰部力量起身，把除臀部以外的身体部位都抬起，呈 V 字状。这能很好地锻炼小腹肌肉。

（3）扭转卷腹。躺在瑜伽垫上，腿卷曲，手抱头，像做仰卧起坐一样，但是是扭转卷腹。

（4）仰卧举腿。躺在瑜伽垫上，把双腿举起，双手打开，把腿伸直往上抬，这个方法是减腹最有效也是最好的方法。

（5）侧臂桥。用手肘和腿支撑身体，其余部分抬起，并努力把臀部抬离地面。

（6）俯卧两头起。俯卧在瑜伽垫上，双手双脚打开，用腹部的力量把四肢抬起。

**2. 第二套燃脂循环训练**

（1）原地高抬腿。注意使用大腿前侧肌肉发力，训练时间建议为 1 分钟或者 80 次，做完之后休息 30 秒，进行下一个动作。

（2）双向卷腹转体肘触膝。这个动作能够训练我们的整个腹部肌肉群，同时，小小的转体还能帮我们练到马甲线。训练建议 1 分钟或者 30 次，注意双手轻放在耳后即可，不要放在后脑勺拉我们的脖子。整个动作过程只需要关注腹部肌肉的收缩，完成后休息 20 秒，进行下一个动作。

（3）站立姿势抬腿转体。单边进行，发力感觉是抬腿的同时，下腹部肌肉主动收紧，眼睛目视前方即可。训练建议：单侧进行 40 次，完成后休息 20 秒换另一侧，全部完成后休息 30 秒，进行下一个动作。

（4）支撑转体。这是一个提升综合能力的马甲线训练动作，同时可以提升我们的平衡能力和协调能力，还能紧实手臂。训练建议：单侧进行，每侧进行 8～10 次，完成后休息 30 秒换另一侧。全部完成后休息 2 分钟，进行下一个循环。

循环训练是通过动作的关联性和强度调整，让训练者在短时间内收到更好的训练效果。一般由 4～6 个动作组成，按顺序进行，全部完成后回到第一个动作再次进行。初学者建议进行 2 个循环，可以适当增加动作之间的休息时间，增加 30 秒；入门者建议进行 3 个循环，自觉调整休息时间，完成 3 个循环能收到更好的效果。

**（三）臀腿训练**

臀腿部肌肉是相邻的，臀部属于身体的核心部位，而腿部则支撑着我们整个身体的重量，臀腿力量提升才能稳定骨盆，更好地支撑身体，在日常生活中走路、爬楼更加轻松。

**1. 弹力圈深蹲**

将弹力圈套在双腿膝盖上方，双腿分开比肩略宽，核心收紧，臀部向后向下蹲，下蹲时上半身保持腰背挺直，膝盖与脚尖朝同一个方向下蹲至大腿平行地面。一组 12～20 个，重复 4 组。

**2. 箭步蹲提膝**

双脚前后分开站立，双手交握放于胸前，吸气，身体垂直下蹲至前后膝盖约 90°，呼气，前面的腿发力使身体站直，后面的膝盖向上提膝，左右各做 15 个，重复 4 组。

**3. 弹力圈后抬腿**

将弹力圈套在双腿膝盖上方，双手双膝分开与肩同宽，支撑在垫子上，核心收紧，腰背挺直，不要低头或者抬头，呼气，臀部发力，抬起一条腿向后抬高，加强收缩一次，收紧臀部，吸气，回落到接近垫子，再呼气向后抬高，左右各做

12～20次，重复4组。

**4. 弹力圈臀桥**

仰卧在垫子上，双手放在身体两侧，弯曲双膝；双脚分开与肩宽，支撑地面，呼气，核心收紧，臀部发力向上抬高至顶点，感受臀部收缩，吸气放下至接近垫子，再一次向上抬高，一组15～20个，重复4组。

**5. 四足支撑伸髋**

双手双膝分开与肩同宽，支撑在垫子上，核心收紧，腰背挺直，不要低头或者抬头，成四足支撑，吸气，抬起一条腿向后伸直，保持髋关节处于伸展状态，然后呼气，臀部发力，使伸直的腿部向后抬高，一组15次，左右各做4组。

**6. 深蹲跳**

身体站立，双腿分开比肩略宽，双手交握放于胸前，吸气，臀部向后向下蹲，腰背挺直，呼气，核心收紧，向上跳跃，一组15～20次，重复4组。

## 三、发展柔韧性与协调性的运动技能

### （一）健美操

健美操又称现代节奏操，它是在优美的旋律伴奏下，用各种身体姿势和徒手动作表现自我。它的运动负荷适中，动作优美，富于变化，自由度大，随意性强，而且娱乐性高。既可以单独练，又适合集体练；既适合体能强的人练，又适合体能弱的人练。长期参加健美操练习，可使女性在柔韧、协调、灵敏、耐力等方面得到良好的发展，对塑造女性健美的姿态，培养节奏感，提高身体的表现力和音乐素养，都有较大的促进作用。健美操融体操、舞蹈、音乐为一体，以有氧练习为基础，为广大青少年所青睐。但是跳健美操要想取得良好的效果，一些细节不能忽视。

**1. 着装选择**

从着装上讲，最好选择有弹性、纯棉、柔软、舒适的服装。每次练习后，要及时清洗服装，保持服装干爽。鞋子不仅要大小合适，而且要有衬垫，并具备一定的弹性和弯曲性。因为健美操对下肢关节及足弓有一定冲击力，穿舒适的鞋袜可以起到保护作用，避免受伤。切忌穿高跟鞋和厚底鞋。

**2. 热身和放松运动**

热身和放松运动是跳健美操的一个不可或缺的环节。充分的热身活动能使关节、韧带、肌肉温度升高，增加身体灵活性，提高神经系统兴奋程度和心血管活动水平，从而防止运动伤害的发生。天气较暖时，身体容易活动开，热身运动的时间可短一些；天凉时，热身活动时间要稍长些。通常情况下，热身运动的时间应控制在总时长的20%左右，做到身体感觉发热为宜。而放松运动是在运动结束后所进行的舒缓活动，放松运动可使心脏较快地恢复到正常工作状态，可促进整个机体较快地得到恢复，还能加速乳酸的消除，可避免肌肉充血、僵硬、酸痛。

**3. 合理安排锻炼计划**

在进行健美操锻炼时，要根据自身的体质和运动负荷的承受能力，适当安排运动时间、强度。健美操并不是跳得越久效果越好，勉强锻炼，不仅不利于健身，反而会给身体带来不良影响。运动时避免快速旋转头部和突发性动作，患重感冒时最好停止健美操运动。尤其是刚刚开始跳健美操的朋友们，应该根据自己的实际身体情况来选择合适的时间。一般跳健美操的最佳时间是下午。一般不可空腹进行，进食后需间隔 1.5 至 2.5 小时才可进行健美操锻炼，因为进食后胃中食物充盈，立即运动会影响消化，容易出现腹痛、恶心等症状。原则上运动前的一餐食量不宜过多，并且应吃一些易于消化，且含有较多糖、维生素和磷的食物，同时应尽量少吃含脂肪、纤维素及刺激性、易过敏的食物。运动后，则应休息 30 分钟以后再进食，运动后应多进食些高能量、高蛋白质、低脂肪的食物，运动时出汗较多，还应及时补充水分。

**（二）踢毽子**

踢毽子是我国传统体育活动。以鸡毛毽为多，亦有以绒线、皮毛等插于圆形底座上制成者。据史料记载和出土文物证明，毽子起源于中国汉代，盛行于隋唐时期，清代踢毽子的活动更加广泛，特别是深受青少年和女性的喜爱，踢毽的技艺已相当高。当时就有这样的童谣："一个毽儿，踢两半儿，打花鼓，绕花线儿，里踢外拐，八仙过海，九十九，一百。"清初著名词人陈维崧曾赞美女子踢毽，说女子踢毽比踢足球还巧妙，比下棋还有趣味。可见，踢毽子这项运动比较适合女性。

**1. 场地要求**

传统踢毽子对场地要求不高，只需比较平坦的空地，五六平方米、三四平方米均可，越是技艺高的对场地要求越宽。在室内、室外均可进行。主要根据参加人数和水平而定。

**2. 技能要求**

踢毽子时，一只脚站立支撑着身体，实际上是对人的平衡能力的锻炼。另一只脚用脚内侧、脚外侧、脚背踢毽子，则可以锻炼踝、膝、髋、腰和颈等处的柔韧性和灵活性。两手随动作不停地动，一方面起着平衡器的作用，另一方面可对肩、肘进行协调性的练习，促进全身协调发展。踢毽时，需要眼睛和腿的高度配合，这是对神经系统指挥能力的一种极好的锻炼，同时有利于提高人们的反应、灵敏、判断能力。踢毽时，人的呼吸加深加快，血液循环加强，促进了心肺功能和新陈代谢。假如在踢毽时再加上各种盘拐、对踢、平稳、跳跃以及抛接等花样配合，则更具有趣味。

**3. 巧练踢毽子的技巧**

（1）盘踢（足内侧踢）

盘踢前双脚自然分开站立，近似肩宽，然后双膝微屈稳站。同时一手将毽子在胸前抛起，离手高度为 30 厘米左右。在毽子下降时，一脚站立，用另一脚内侧二分之一将毽子踢起，高度以齐腰为准，一般不过胸。盘踢时要求膝向外侧将小腿向内侧自然抬起，距地面 40~50 厘米时接触毽子。毽子踢起时与身体的距离不要太近或太远，一般离身体 40~50 厘米的位置较为适宜。

（2）磕踢（膝盖踢）

用一手将毽子在胸前抛起，离手高度为 30 厘米左右，双脚自然站立，一腿为支撑腿，另一腿提膝将落下的毽子用距膝盖尽头 8~10 厘米处将毽子踢起，然后两腿互相交踢。大腿与身体之间大约形成 90°，小腿与大腿之间形成略小于 90°。与毽子接触点是大腿正前面肌肉的端部，将大腿伸直后可用手摸到。在做磕踢时还要微收腹，稍挺胸，做到脚形不勾也不绷，要求自然放松。

（3）拐踢（足外侧踢）

右脚拐踢时，左腿为支撑腿，左脚脚尖向左方向站立，与身体形成 45°。左膝微屈，身体成半下蹲姿势，然后右大腿用力向左摆动，右小腿同时抬起，右脚腕呈钩形，用右脚外侧后 1/2 处将下降的毽子踢起，拐踢起的毽子要求正对身前、直上直下而不是左右摆动。踢起的毽子距胸前 50 厘米左右较为适宜。

（4）儿歌伴唱踢法

儿歌一：里和，外拐，漂洋，过海。

吟唱八个字，依次踢八下。其中唱"里、外、漂、洋、过"五个音节时用正脚各踢一下，唱"和"时用反脚向内踢一下，唱"拐"时用反脚向外踢一下，唱"海"时打一个跳。循环反复，看谁踢得多。

儿歌二：一锅底，二锅盖，三酒盅，四牙筷，五钉锤，六烧卖，七兰花，八把抓，九上脸，十打花。

唱一句，踢一下，做一个动作。让踢起的毽子依次落在：一、伸直的手心里；二、伸直的手背上；三、五指窝成的"酒盅"里；四、伸直的两指（中、食）上；五、握紧的拳头上；六、撮起的手掌中；七、手指有曲有伸的"兰花瓣"上；八、抓取的手心中；九、仰着的脸颊上；十、跳起的一脚上。也是踢得多者为胜利者。

**4. 踢毽子注意事项**

（1）选择平坦的地面，避免在坑洼不平的地方踢毽子，以免扭伤。

(2) 不要在马路上踢毽子，以免发生危险。

(3) 踢毽子前应做一些准备活动，特别是要活动一下运动时活动较多的下肢各关节，以免扭伤或拉伤。

## （三）瑜伽

瑜伽起源于印度，距今有五千多年的历史，被人们称为"世界的瑰宝"。瑜伽发源于印度北部的喜马拉雅山麓地带，古印度瑜伽修行者在大自然中修炼身心时无意中发现各种动物与植物天生具有治疗、放松、睡眠或保持清醒的方法，患病时能不经任何治疗而自然痊愈。于是古印度瑜伽修行者根据动物的姿势观察、模仿并亲身体验，创立出一系列有益身心的锻炼系统，也就是体位法。

### 1. 长期练习瑜伽的益处

(1) 美容养颜。瑜伽能够加速新陈代谢，去除体内废物，修复形体，由内而外地调理养颜。在练习瑜伽的过程中经常会出汗，在这个时候汗液会把人体内的毒素一起排出体外。还可以通过身体的扭转拉伸、按摩等方法刺激体内具有排毒作用的器官，所以定期练习瑜伽，有助于排出体内毒素，塑造形体。练习瑜伽可以减少面部皱纹，产生天然的"拉皮"效果。瑜伽倒立体位能使灰发恢复其原来色泽，这是因为倒立使得流向头皮内发囊的血液数量增加。这个体位令颈部弹性增加，减轻了颈部血管与神经的压力，使得更多血液流向头皮，发囊得到更多营养，产生更丰富的健康头发。

(2) 释放压力，愉悦身心。瑜伽可以增强身体力量和肌体弹性，促使身体四肢均衡发展，使人变得越来越开朗自信、充满活力。定期练习瑜伽能够让身、心、灵更平静，促进免疫系统的功能，更能排出体内因压力所产生的毒素。有很多的学习者都认为瑜伽是一天辛勤工作后的完美治愈。瑜伽能消除疲劳，平静心境，愉悦身心。

(3) 预防身心疾病。呼吸质量往往直接影响着我们的心灵及身体，瑜伽通过呼吸调息、动静平衡、身心统一等要诀来刺激身体自愈，改变人的亚健康状态。瑜伽能帮助我们学会掌控心灵的状态，排除日常生活中所面临的压力，调节身心系统，改善血液环境，促进内分泌平衡，使人内在充满能量，所以瑜伽对背痛、肩痛、颈痛、头痛、关节痛、失眠、消化系统紊乱、脱发、痛经等都有显著作用。瑜伽通过各种呼吸及各种不同的独特姿势给予头脑、肌肉、内脏、神经等适度的刺激，通过强化腹腔内脏器官，除去身体的不安定因素，保存并增加体内生命能量，使之不浪费、不虚耗，从而令身心健康、自然、统一、安定。

### 2. 瑜伽锻炼的注意事项

除了要在专业导师指导下进行瑜伽训练外，还要注意一些瑜伽锻炼的事项。

(1) 时间。一般情况下，人们大多是在早晨、中午、黄昏或睡前来练习瑜伽。其实，只要保证空腹的状态，一天中的任何时间都可以练习。也就是说，饭后（3小时之内）是不宜练习瑜伽的。清晨4～6点是练习瑜伽的最佳时刻，因为此时周围万籁俱寂，大气最为纯净，肠胃活动基本停止，大脑尚未活跃起来，容易进入瑜伽的深层练习状态。沐浴前20分钟内不要练习瑜伽，因为瑜伽练习会使身体感觉变得非常敏锐，此时若是机体受到忽热忽冷的刺激，反而会消耗身体内储存的能量，伤害身体；沐浴后20分钟内也不宜练习瑜伽，因为沐浴后血液循环加快，肌肉变软，如果马上练习瑜伽，容易导致血压升高，加重心脏负担。尤其是心脏病、高血压、甲亢等疾病患者更要注意这一点。另外，在长时间的日光浴后不要练习瑜伽。在练习瑜伽之前1小时左右洗个冷水澡，能让你的练习发挥出更佳的效果。

（2）地点。练习瑜伽最好能在干净、舒适的房间里，有足够的伸展身体的空间，避免靠近任何家具。房间内通风流畅、空气清新，并且能自由地吸入氧气，最好摆上绿色植物或鲜花，也可播放轻柔的音乐来帮助松弛神经。当然，你也可以选择在露天的自然场地练习，比如花园、草坪等环境较好的地方，千万不要在大风、寒冷或有污染的空气中练习，也不要在太阳直射下练习（黎明除外，因为那时光线柔和，有益于健康）。

（3）衣着。练习瑜伽时应身着宽松柔软的瑜伽服，以棉麻质地者为佳，必须保证透气和练习时肌体不受拘束。鞋子必须脱掉，袜子最好也脱掉（天冷时脚部需注意保暖），手表、眼镜、腰带以及其他饰物都应除下。

（4）道具。练瑜伽当然以使用专业的瑜伽垫为好。当地面太硬或不平坦的时候，瑜伽垫能发挥缓冲作用，帮助你保持平衡。如果你没有专业的瑜伽垫，铺上地毯或对折的毛毯也可。不要在过硬的地板或太软的床上进行练习，同时注意不能让脚下打滑。初学者也可使用一些道具来辅助练习某些姿势，比如瑜伽球、瑜伽砖、瑜伽绳，甚至墙壁、桌椅等。很多姿势都可使用相应的道具，帮助您循序渐进地练习，同时更准确掌握每一个姿势传达给身体的感觉。

（5）练习频率。每周应保证练习3～4次，至少也应为2次。按照瑜伽严格的练习要求应该每天坚持练习。如果没有大段时间练习，可以分成几个时间段练习，重要的是要养成练习的习惯。要收到效果则应该保证每周至少两次。实际上，不一定非得在瑜伽馆或健身中心上课才能练习瑜伽，我们每天在家、在办公室用15分钟以上的时间进行瑜伽体位或调息的训练，同样能获得令人满意的效果。

（6）呼吸。体位练习时动作要缓慢，配合正确的呼吸，可以收到更好的效果。呼吸时通常都用鼻孔进行，除非有特别说明的姿势。呼吸方式一般采用自然呼吸，部分动作会采用腹式呼吸缓解胸腔的压力。初级体位练习多数是伸展运动，不需屏气，深长、缓慢地呼吸，气息要和运动配合进行，特别是保持动作时更要这样。

（7）饮食。如前所述，饭后3小时之内不宜练习瑜伽。但是你可以在练习之前1小时左右进食少量流质食物或饮料，如牛奶、酸奶、果汁、蜂蜜等。练习时，可以喝一点清水以便排出体内毒素。瑜伽练习一小时后进餐最佳，最好吃一些天然食品，避免油腻、辛辣或导致胃酸过多的食品。进食时要适可而止，不宜吃得太饱，否则易使人感到烦闷和懒惰。特别要提醒大家的是，练习瑜伽后饭量减少，排气、排便增加属于正常现象。

**3．瑜伽练习的相关禁忌**

（1）情绪波动不宜练习瑜伽。瑜伽属于身、心、灵都要配合的运动，在生气、焦虑、紧张的情况下，肌肉群紧绷，最好不要练习瑜伽，以免受伤。只有在肌肉较为柔软的状态下练习瑜伽，才会更加健康安全。

（2）练过几次瑜伽后，如果感觉关节及肌腱酸痛，这种情况说明你可能不适合练瑜伽。有些人天生身体的柔韧度就不好，而瑜伽则是训练身体的柔韧度与肌力的延展。如果每次练完瑜伽之后，就会出现关节疼痛或是肌腱发炎的情况，可能本身身体柔软度不够，不适合练习瑜伽动作。

（3）骨质疏松症者练习时要格外小心。有些瑜伽动作必须用手或脚等肢体支撑身体的重量，如果有骨质疏松症，很可能因为核心肌群的力量没有训练好，以致手肘支撑的时候容易造成骨折。

（4）眼压过高者、高度近视眼者，不建议练习头下脚上的倒立动作。前弯或倒立时会增加眼压，因此原本就有眼压过高、高度近视的人，不建议练习瑜伽。

（5）身体状况不佳、大病初愈、骨折初期不宜练习瑜伽。只有在身体状况良好的情况下，才能通过瑜伽练习达到锻炼身体机能及肌群的功效。如果身体状况不好，肌肉、关节、韧带无法发挥力量，练习瑜伽的时候就很容易受伤。

（6）有血液凝固疾病者，避免练习瑜伽。瑜伽动作需要摆位，肢体在拉伸和扭转过程中可能导致末梢血流减少，更容易造成血液凝固严重，引发心脏和血管疾病。

（7）癫痫、大脑皮质受损者不宜练习瑜伽。瑜伽的许多动作会牵扯或拉伸到颈部，如果有以上疾病者，前弯后仰颈部时就可能会诱发癫痫。

**4．瑜伽拉筋注意事项**

（1）拉筋时间和强度没有绝对标准，因为人的体质、年龄、病况不同。时间和强度是相对而言的。病人、年长者不可能一次拉到标准姿势，即上举腿直立而下放腿脚跟触地。重要的是拉筋一定要拉到有痛、麻、胀感，拉筋时间超过20分钟，疗效更好，一次拉20分钟比分两次各拉10分钟好。

（2）在拉筋之前必须先热身。比如说，利用小跑步使体温增加，使肌肉与肌腱处在备战的状态，如此拉筋的成效会提高，也可以减少不当拉筋反而受伤的可能。

（3）对于经常练瑜伽和舞蹈的人，拉筋10分钟很容易，但如果将每条腿的拉筋时间延长到30～40分钟，同样会出现麻、酸、痛、打嗝、放屁、通便、流汗等各种现象，这都是"气冲病灶"的好现象，说明治疗有效，应继续拉筋并配合拍打。需要强调的是，拉筋时间并非轻松的拉筋时间，而是拉筋强度足以令人感觉痛、麻、酸、胀之后计算的时间。

（4）拉筋之时不要暂停呼吸，应该很缓慢及深深地呼吸。暂停呼吸，屏气凝神，会使负氧债增加，动作不协调，拉筋受伤的可能性增加。

（5）红斑、红疹、水泡、头晕、头痛、嗳气（打嗝）、恶心、吐浓痰、流鼻涕、放臭屁、拉很臭的屎或撒很臊的尿等，都是更剧烈的气冲病灶反应，也是排毒反应，出现这些症状，应乘胜追击，继续拉筋和拍打。

（6）在运动前后都要拉筋，一般人只记得运动之前要拉筋，而运动后一身疲倦，一动也不想动。其实运动之后，虽然肌肉酸痛，但仍需再缓和地做一次拉筋，这样可使肌肉纤维重新调理，消除疲劳的速度加快，下一次运动时肌肉的条件也会更好。

（7）拉筋时应避免室外风寒，在室内要避免直接面对着电扇或空调。拉筋时人体放松，毛孔洞开，所以切忌露膝、露腰。尤其在开着空调的地方，最好穿长袖衣裤保暖，否则关节受寒，反而添病。拉筋时出汗是好事，不必刻意降温排汗。

（8）拉筋的动作要缓慢而温和，千万不可猛压或急压。拉筋的目的是利用肌肉肌腱的弹性及延伸，刺激肌梭神经及肌腱感受小体的神经讯息，而逐渐地增加伸展的潜力及忍受力。无论是律动式或固定式（连续30秒以上）拉筋，只要是缓和的，都有成效。最忌讳平常拉压不到的筋，为求速成而猛烈地急压，或别人施加外力帮忙。若用力不当，反而会造成伤害。

（9）卧位拉筋脚着地困难的人，膝腿可稍向外撇，以减轻痛苦，但着地后应尽力向上举至腿内并，直到两腿完全并拢，不能向外形成外八字。高血压、心脏病、体弱重病患者和老人，拉筋时一定会痛，忍受疼痛时心跳会加快、血压升高，这都是气冲病灶的正常现象，说明治疗有效，但不宜操之过急，要循序渐进，拉筋时间可从短到长，强度可从小到大，因人而异，没有绝对标准。可放一小枕头将头稍稍抬高，以避免血冲脑部。

**5. 每天必练的瑜伽八个动作**

（1）虎式。①双膝跪地与肩同宽，小腿和脚背尽量贴在地面上，大腿与小腿成直角；俯身向前，双手手掌着地，指尖向前，手臂垂直于地面，同时使脊椎与地面平行，调整呼吸。②吸气，脊椎下沉，形成一条向下的弧线；抬腿，并让它在身体后侧笔直伸展，不可摆向侧面；同时抬头，视线向斜上方，抬高下巴，伸展颈部。③呼气，把腿收回，膝盖向头部靠近，抬起脊椎，使之成拱形；同时低头，收回下颌，膝盖尽量靠近下颌。配合呼吸，完成动作5～10次，初学者应根据自己的身体状况调整次数。完成后，以婴儿式休息。此体式可使脊柱更灵活，强壮脊柱神经和坐骨神经，缓解腰背部的酸痛感；不仅有利于子宫回位，强壮生殖器官，还能够帮助减少髋部和大腿的脂肪，塑造臀部和背部线条。（见图5-3）

图5-3 虎式

（2）蝴蝶式。通过双腿的运动，促进骨盆部位的血液循环，打通腿上的经络，使气血像扫帚一样把子宫内的卫生死角给清除干净。此体式不但能消灭炎症，还能增加骨盆和腹腔的供血量，使内脏得到血的供养，滋养膀胱、肾脏等器官，提高人体活力。该体式对男性生殖器官也有保健理疗的作用。（见图5-4）

图5-4 蝴蝶式 　　　　　　图5-5 牛面式

（3）牛面式。①坐姿，弯曲右腿，抬离地面，让右大腿缠绕在左大腿前侧，双小腿开阔地向后分开。②脚背平贴地面，重心缓慢地向后移动，使臀部坐于双脚之间。双臂侧平举，弯曲双手，十指于背后相扣，右大臂尽可能贴住耳朵，停留5个呼吸后换另一侧。（见图5-5）

女性与生活实用技能

（4）鸽子式。身体朝下，双手撑地进入眼镜蛇式，弯曲你的左膝并放于身前，左脚跟贴于会阴处，右腿伸直，双脚脚背贴地，深吸一口气，让上半身前倾贴地，保持几次呼吸后换另一条腿。（见图5-6）

图5-6 鸽子式

（5）开髋深蹲式。双脚外八字站立，略比臀部宽，向外张开，弯曲你的双膝并蹲低，双手五指并拢合十，胳膊肘抵在双膝内侧，并用力向两侧张开，打开髋部和臀部。（见图5-7）

图5-7 开髋深蹲式

（6）脊柱扭转式。强健胸部、肩膀的肌肉，保健乳房，排除肺部毒素。同时轻柔按摩腹部器官，纠正因平时姿态不正而引起的腹部胀痛，也能促使卵巢中偶尔出现的滤泡囊肿组织消失。（见图5-8）

图5-8 脊柱扭转式

（7）倒立姿势。倒立，让每天经受重力的内脏有了重新调整、梳理的机会，能调节女性月经不调，还建议那些内分泌紊乱、子宫异位、更年期焦虑症、大肠炎、小便失调的人群练习倒立体式。

（8）双角式伸展。双腿分开大约两个肩宽，脚尖指向正前方，脚趾微内扣，上身前屈，双手放于双脚内平行线的延长线上。吸气，延展整个脊柱向上，呼气，髋关节折叠。动作过程中，双腿始终保持笔直，不要弯曲膝盖。身体前屈时，尽量伸展背部，头部尽量贴近两腿之间；重心放在两腿上，而不是头上。在双角式中，腿部肌腱和外展肌得到完全的伸展，与此同时血液也流到了躯干和头部。那些无法完成头倒立式的人可以从这个体式中受益，这个体式还能增强消化功能。所有这些站立体式都有助于减轻体重。（见图5-9）

图5-9 双角式伸展

**6. 新人瑜伽基本动作十二式**

（1）祈祷式。挺身直立，双脚并拢。双手于胸前合掌。放松全身。调匀呼吸。

（2）展臂式。上臂向上举过头，双臂分开与肩同宽。稍朝后仰头和上身。呼吸：双臂上举时吸气。

（3）前屈式。身体向前屈，直到双手或手指触到脚的任何一侧或脚前的地上。使用前额触到双腿，但不要拉伤。双膝保持伸直。呼吸：身体前屈时呼气。在最后位置时试收缩腹部，最大量地呼气。

（4）卧蝴蝶式。坐在地上，脚底并拢，脚跟靠近大腿根部，两手抓住双脚脚趾。下压左右膝盖，让它们分别接触地面，像蝴蝶拍打翅膀一样。然后静坐，将身体重量放在臀部和大腿，感受坐骨神经疼痛感慢慢消失。

（5）眼镜蛇式。趴在地上，双手稍微往前放，用手肘的力量撑起上半身。通过颈部和下巴的动作将头部稍微向背部仰一点。把小腹向后挪，感觉就像有人往后拉你的手臂一样。慢慢地将身体的重量从腹部转移到后背部。头向上仰，面部放松。

（6）鸽子式。盘腿而坐，右膝盖往前，左腿往后拉伸，试着90°弯曲前腿，昂首挺胸坐着。呼气时上半身往前倾，胸部枕在大腿上，双手前伸。

（7）婴儿式。跪坐，臀坐脚跟上，脚尖碰触，膝盖稍稍分开。将胸部往大腿上带，直到前额碰触地板。双手可以往前延伸，也可以往两侧伸展。深呼吸，想保持这个姿势多久都行。

（8）骑马式。尽量向后伸出右腿。同时屈左腿，但右脚要保持原位。两臂保持伸直，在原位上。动作末尾时，身体重量应当由两手、左脚、右膝和右脚趾来支撑。在最后姿势时，头应向后仰起，背成弓形，向上凝视。

（9）山岳式（顶峰式）。伸直双腿，双脚并拢，身体向前俯卧，臀部翘在半空，头低下，使它位于两臂之间。身体应成为三角形的两条边。在最后位置时双腿和双臂应伸直，在此姿势时试将两脚跟着地。

（10）下犬式。身体呈倒"V"形。两手往前延伸放在地板上，臀部高高撅起，两腿距离与臀部同宽。两手擦着地面往前移动，同时控制自己的呼吸。延伸姿势保持30到60秒钟。

（11）鱼式。仰卧在地上，脚尖下勾，两腿绷紧往前伸。两手收拢放在臀部下，用手肘支起身体，拱起背部。把头放在地面上，让手肘承受着身体的重量。深呼吸，保持15到30秒钟。

（12）猫式。跪在地上，双手着地，手脚与肩同宽，眼睛看地。吸气时腹部收紧，像打哈欠一样，肋骨保持紧张，像猫一样。呼气时，拱起背部，抬起胸部，好像牛一样。重复三到五次，注意呼吸。

柔韧性是指用力做动作时扩大动作幅度的能力。柔韧性越好，做动作就越舒展、协调，并能减少运动损伤。发展柔韧性与协调性的运动除了以上常见形式，还有各种拉伸关节的练习、舒展躯干的运动、广播体操、器械体操、武术、舞蹈及各种健身操、太极拳、八段锦等。

## 参考文献

[1] 马玉海. 运动与健康 [M]. 北京：清华大学出版社，2015.

[2] 维莱，蔡斯. 青少年体育运动指导与实践 [M]. 徐建方，王雄，译. 北京：人民邮电出版社，2017.

[3] 尹军，叶超，张莹. 健康运动与保健 [M]. 北京：北京体育大学出版社，2009.

[4] 李红娟. 体力活动与健康促进 [M]. 北京：北京体育大学出版社，2012.

[5] 张美珍，黄涛，李方晖，等. 运动是良医还是什么？："生命过程中的体力活动与健康"国际研讨会综述 [J]. 体育学刊，2017（2）：140-144.

# 第六章 女性与沟通技能

> **本章要点**

人是社会性的动物，沟通能力是一个人生存与发展的必备能力，也是决定一个人成功的必要条件。沟通是人与人之间、人与群体之间思想与感情的传递和反馈的过程，这种过程不仅包含口头语言和书面语言，而且包含形体语言、个人的习气、物质环境等。沟通过程包含编码、传递、解码、反馈四个环节。沟通时，任何一个环节出现问题，都无法使信息准确传递。因此，可以从眼神、短句、语调、内容、语气等方面来提高女性有效沟通的技能水平。

## 一、沟通概述

### （一）沟通的内涵

沟通（communication）是人与人之间、人与群体之间思想与感情的传递和反馈的过程。简单说，沟通就是人与人之间的信息交流。

沟通是个人身心健康的保证。与家人沟通，能使人享受天伦之乐；与恋人沟通，能品尝到爱情的甘甜；在孤独时，沟通会使人得到安慰；在忧愁时，沟通会使人得到快乐。

沟通本身不是非常容易的事，有的人与家庭成员的沟通就存在一些问题和苦恼。有人要向他人表达一个意思，始终说不清楚；要为他人办一件好事，但有可能弄巧成拙；本来想与他人消除原有的隔阂，但可能弄得更僵。所以说，现实的实践活动需要有一定的沟通能力。沟通能力包含表达能力、倾听能力和设计能力（形象设计、动作设计、环境设计）。沟通能力看起来是外在的东西，而实际上是个人素质的重要体现，它关系着一个人的知识、能力和品德。

### （二）沟通无时不在

人生的路要经历多个阶段，从出生到上学，再从上学到工作；从孩子到青年，再从青年到为人父母，在人生的每一个阶段里，沟通都如影随形地跟着我们，对我们的人生发展起到了不可或缺的作用。当然，在我们人生发展的不同时期，沟通的对象和方法也会随之改变，沟通在每个人的成长过程中起着重要的作用。

在孩子幼年阶段，妈妈把孩子哄睡后，到厨房做饭，这时孩子醒了。婴幼儿想告诉妈妈自己饿了、不舒服了……怎么办？于是，孩子开始用哭声和妈妈沟通。孩子在幼年时期，沟通的对象主要是父母。通过和父母的沟通，孩子学到了最基本的语言、知识以及最基本的做事情的方法，这对以后漫长的人生来说都有着极大的裨益。

到了青少年阶段，儿童要学会与伙伴们沟通，这样才会有很好的人缘儿，身边有很多的小伙伴，儿童才会健康快乐地成长。到了青年时步入了恋爱期，还要学会与自己心仪的男孩/女孩沟通，找到自己的"白马王子"或"白雪公主"，成就完美的爱情。如果不善于沟通，就很有可能导致甜美的爱情结下苦涩的果实。

人到中年更需要用沟通来取得事业和家庭的双丰收。人到老年，内心空寂，沟通就显得格外重要。

无论在人生的哪个阶段，与家人沟通、与朋友和社会上的各种人沟通，都是十分重要的。

■ **小故事** ■------------------------------

有一对年过八旬的老夫妻，相敬如宾近六十载。

吃鸡蛋的时候，丈夫就把自己最爱吃的蛋黄给妻子吃，自己只吃蛋白；妻子也把自己的蛋白给丈夫，自己只吃蛋黄。

后来，当丈夫弥留之际，他对妻子说，其实他最喜欢吃的是蛋黄，他把自己最爱吃的部分都给了妻子。

这时候妻子也泪流满面，抽泣着说，其实我喜欢吃的是蛋白，我以为你不喜欢吃蛋黄，留下蛋白自己吃，所以我也会把蛋白留给你吃。

这对老夫妻用自己的方式爱了对方一生，但双方从来没有真正懂得过彼此。

------------------------------

朋友之间缺少沟通，就会把友情冷落；爱人之间缺少沟通，就会让爱情淡化；孩子之间缺少沟通，就会让关系陌生。所以，关系再好，也别忘了及时沟通。

人是社会性的动物，社会是人与人相互作用的产物。马克思指出："人是一切社会关系的总和。""一个人的发展取决于和他直接或间接进行交往的其他一切人的发展。"因此，沟通能力是一个人生存与发展的必备能力，也是决定一个人成功的必要条件。

## （三）沟通的环节

沟通中包含信息发出者、信息接收者两方面。

沟通过程包含以下四个环节。

1. 编码：发出者对想传递的信息进行编码。
2. 传递：发出者选择合适的通道向接收者传递信息。
3. 解码：接收者对接收到的信息进行解码。
4. 反馈：接收者将理解到的信息反馈给发出者。

沟通时，任何一个环节出现问题，都无法使信息准确传递。

## （四）沟通的类型

沟通的方式多种多样，但是按照不同的标准分类，有不同的结果。常见的有以下分类标准。

### 1. 语言沟通和非语言沟通

语言沟通就是通过语言、文字、图形、表格、数字等形式进行的信息沟通。语言交流是生活中的主要沟通方式，在家庭中通过语言进行沟通是最主要的方式。非语言沟通是通过动作、表情、语调、手势等语音以外的形式进行信息沟通，最常见的非语言沟通，通过姿势、动作、目光、表情、空间距离、衣着打扮等来实现，包括声音语气（比如音乐）、肢体动作（比如手势、舞蹈、武术、体育运动等）。事实上，非语言沟通越来越受重视，因为在语言沟通的同时伴随一些非语言沟通，效果会更佳。除特殊环境、特殊原因，一般语言沟通都伴随非语言沟通，而非语言沟通很少伴随语言沟通，非语言沟通能收到语言沟通无法达到的效果。比如家庭成员间，有时用一个手势来沟通，远比语音的效果好。

### 2. 书面沟通和口头沟通

书面沟通就是用书面形式进行的信息沟通，比如信件、授权书、通知、实施方案等。口头沟通就是运用口头表达所进行的信息沟通，比如谈话、聊天等。书面沟通的优点是有凭据，可以长期保存，描述周密，逻辑性和条理比较清晰；缺点是耗费的时间比口头沟通要多很多，而且需要保管。口头沟通的优点是信息传递快，沟通灵活，约束少，反馈及时；缺点是容易忘记沟通内容，沟通过程和结果没有凭据，易于成为空话等。

### 3. 单向沟通和双向沟通

单向沟通是在沟通过程中，只有发送者发送信息，接收者接收信息，是单一方向的交流，缺乏信息的反馈。单向沟通如报告会、演讲等。双向沟通是在沟通过程中，发送者和接收者经常要互换角色，发送者把信息发送给接收者，接收者接收到信息后，要以发送者的身份反馈信息，直到沟通完成。单向沟通的优点是传递速度快，意见统一，时间进度易于控制；缺点是信息没有反馈，观点可能会片面，士气不高。双向沟通优点是士气和参与度高，反馈信息能及时完善沟通结果；缺点是观点难于统一，七嘴八舌，沟通变成拉家常，浪费时间和精力等。

此外，沟通还可以分为正式沟通和非正式沟通、垂直沟通和水平沟通、对内沟通和对外沟通、单独沟通和集体沟通等。

## 二、优化沟通过程的基本策略

生活当中，有的人跟家人的沟通存在一定的问题，有的时候会让我们感到很困惑。而要实现良好沟通，需要充分地表达，真诚地倾听。具体说，优化沟通的方式包括以下五个方面。

### （一）及时沟通

在家庭中，有效沟通的重要性表现为可以及时获取信息和传递信息，增强相互之间的了解，奠定互相帮助的基础，及时发现问题和化解家庭矛盾，有助于提升家庭成员之间的协调性。

要做到及时沟通，主要应做到以下几点：

1. 只要双方有时间，就应立刻处理沟通问题。
2. 沟通出现问题，冷静后，越早沟通越好。
3. 能够当面谈就不要打电话，能打电话就不要发文字信息。

### （二）慷慨倾听

沟通不是单向的过程。倾听与说话一样重要。事实上，大多数交际专家都认为，理想的沟通者听的要比说的多。倾诉能减轻人际关系的烦恼，这听起来令人振奋，但有时候仅仅倾听就能获得成功。它不仅能丰富你的交际经验，而且能让你从其他人身上获得更多的共鸣。

倾听，要做到慷慨倾听。表达自己前，要听清楚对方说了什么。"慷慨"的含义是什么？第一水平是貌似在听，即只是在用耳朵听，有的还是左耳朵听、右耳朵出；第二水平是能倾听字面含义和信息，是用耳朵听，也用眼睛看；第三水平是带着尊重、理解和感情听，设身处地地听，这是高水平倾听，既用耳朵听，又用眼睛看，更用心感受。

慷慨倾听启示我们，对对方说的感兴趣，尊重，接纳，不做价值判断，用点头、"嗯"等鼓励对方说下去，听到对方表达的情感，适当地反馈。在听的过程中，不要表现出漠不关心，不要感觉当事人的想法奇怪、不可接受，不要打断对方，不要只用耳朵不用心，不要不做反应。

### （三）有效提问

倾听不仅需要听，关键时候也需要提出问题，因此必须掌握正确的发问方式，以此获取更多信息。

**1. 开放式发问**

能够给予对方发挥的余地，讨论范围较大的问题以便获取信息。即使你不想要答案也要提问，这样可以使你借此观察对方的反应和态度的变化。常用词语有：谁、什么时候、什么、哪里、为什么、怎么样、请告诉我。比如："从哪里开始的？""你想这为什么会发生呢？""你认为有什么其他的原因吗？"

**2. 清单式发问**

提出可能性和多种选择的问题，目的在于获取信息，鼓励对方按优先顺序进行选择。比如："目前，你情绪低落，你认为是什么原因造成的？学习环境不好？学习压力太大？"

**3. 假设式提问**

让别人想象，探求别人的态度和观点，目的在于鼓励对方从不同角度思考问题。比如："假设你们事先考虑了这个问题，结果会怎样？"

**4. 重复式发问**

重复信息以检验对方的真实意图，目的在于让对方知道你听到了这样的信息，并检查所得到的信息是否正确。比如："你刚才说的是什么？""让我们总结一下好吗？"

**5. 激励式发问**

目的在于表达对对方表达的信息的兴趣和理解，鼓励对方继续同自己交流。比如："你说的是……这太有意思了，当时你是……""刚才提到……真是太有挑战性了，那后来……""这太令人激动了……你可不可以就……"

**6. 封闭式发问**

目的在于只需要得到肯定和否定的答复。常用词语有：是不是、哪一个、或是、有没有、是否。比如："过去是否发生过类似的情况？""对于这两种方案，你更倾向于哪一个？"

所谓有效提问，是根据目标，多种提问方式相结合。

**（四）清楚表达**

一些人的发音总是使倾听者很费解。在沟通中，表达清楚是非常重要的，我们应加以重视。清晰的发音会使信息的传达更加有效。这不仅需要深入了解口语发音，而且需要努力改善语音缺陷。沟通者必须发音标准才能收到预期的效果。很多时候，因为糟糕的发音，即使演讲家也会遭遇听众的笑场。错误的发音往往会造成所要传达的信息被曲解。如果你的发音需要改进，不要羞于寻求帮助。我们需要纠正我们的发音以保证沟通的有效性。

为了让表达清晰，生活中主要应做到以下几点。

**1. 尽量具体、清晰地表达自己的需要、想法和感受是什么**

"我希望……""我希望你不要……"（附理由）

"我很高兴你做了……"

"我有不同的看法，我认为……"

"我对……方面是同意的，因为……对……方面，我不同意，因为……"

**2. 以"我"为重点，而不是"你"（容易转移焦点，造成敌意与误解）**

"我感到很难过。"VS"你凭什么这么说！"

"我不同意你的看法。"VS"你说得不对！"

"我希望我能把我的话说完。"VS"你总是打断我！"

**3. 避免夸大，不要使用"从来""永远"等绝对性词汇**

"这是你这星期第三次迟到了。"VS"你从来不准时！"

"你只给我买过一次礼物。"VS"你永远都不给我买礼物！"

**4. 表达完后，向对方询问，确认信息已经准确传达**

"我讲清楚了吗？"

"你理解了吗？"

"你能不能把明白的地方再给我讲一次？"

### （五）给予认可

认可是人必要的心理需求，人对认可的需要是贯穿一生的，我们需要别人对自己存在的不断肯定。互相认可，是沟通的前提。

在沟通过程中，常常出现以下问题。

**1. 不反馈**

不进行反馈是沟通中常见的问题。许多人误认为沟通就是"我说他听"或者"他说我听"，常常忽视沟通中的反馈环节。不反馈往往直接导致两种不好的结果。（1）信息发生一方（表达者）不了解接收信息一方（倾听者）是否收到了信息。在沟通时，常常遇到一言不发的"闷葫芦"，你表达的信息往往"泥牛入海"，毫无消息。与这类不反馈的人进行沟通时，经常会产生种种障碍。你不知道对方是否准确地理解了你的意思，根本没有机会通过重复，换一种表达方式、用词等，使对方准确地接收信息。（2）信息接收方无法澄清和确认是否准确地接收了信息。

**2. 将发表意见当成反馈**

经常可能听到这样的议论："我们已经将我们的意见反馈给他们了。""谁说我们不反馈？我们经常向各个部门反馈情况。"这些都仅仅将发表意见当成反馈。

**3. 消极反馈**

一些消极的反馈，不仅没有促进沟通，通过反馈澄清事实，反而加剧了沟通中的误解和失真。消极的反馈之所以是消极的，关键在于这种所谓的反馈没有起到确认和澄清对方信息的作用，相反还给了对方"我已经明白了""你说得对"等错误的、失真的信息。

优化沟通过程，需要在各个环节进行优化。上述五个方面是一个有机整体，不是割裂的，需要有机结合起来。

### 三、提高有效沟通的技巧

沟通早已不再局限于口头的交流，而变成人与人之间联系的有效方式。沟通过程中存在着许多干扰和扭曲信息传递的因素，在传达的过程中信息的内容和含义经常会被误解。因此，人们要在了解沟通的过程、类型等知识的基础上，不断提高沟通的技巧。

一般来说，提高沟通能力应从两个方面努力：一是提高理解别人的能力；二是提高表达能力。具体来说，提高沟通能力有很多技巧，主要有以下几点。

#### （一）关心的眼神

在和孩子说话时，父母一定要用关心的眼神注视着孩子，随时注意孩子的表情、行为，这能让孩子有更多被重视的感觉。每一个谈话者都认为，吸引听众的完美方式就是与其保持眼神的交流。谈话时看着对方的眼睛，往往会将其摇摆不定的注意力吸引到交谈中。如果你想提高你的沟通技巧，想吸引住你的听众的注意力，记得说话时直视他的眼睛。眼神的交流能使谈话者的注意力无形之中集中起来。如果没有眼神的交流，言语交际甚至是完全无用的。

#### （二）多使用短句

和孩子说话时，要想充分吸引孩子的注意力，就一定要让孩子能听明白。因此，使用的句子最好短一些，并且要重复自己所说的话，直到孩子了解为止。

#### （三）语调有变化

在不影响别人的情况下，说话的语调可以高一些，或者有一些高低起伏、抑扬顿挫的变化，这样更能吸引孩子注意倾听。

#### （四）内容要具体

说话的内容要具体，而且是说现在的事，否则孩子提不起足够的兴趣来交流。

#### （五）语气要温柔

不要老是用责备的语气，多使用温柔、建议的语气，例如："不然，你说说看……""妈妈很想听听你的想法"，这样一来沟通的气氛才会好，孩子也更愿意说出自己的心事。

### （六）要面带微笑

当孩子愿意说出自己的心事时，请你面带微笑，注意倾听，这样孩子才会感觉父母对自己很关心、很重视。千万不要边做其他事边听孩子说话，那样孩子今后可能就不愿意和父母进行交流了。很多人都知道身体语言在沟通中的作用，但是，要恰如其分地运用身体语言还是有一定的困难的。要明确的是，同样的身体语言，如果是不同性格的人做出的，它的意义很有可能是不一样的。另外，同样的身体语言在不同语境中的意义也是不一样的。因此，不但要了解身体语言的意义，而且要培养自己的观察能力，要站在对方的角度来思考，善于从对方不自觉的姿势、表情或神态中发现对方的真实想法，千万不要武断地下结论。在使用身体语言的时候，要注意身体语言使用的情境是否合适，是否与自己的角色相一致。少做无意义的动作，以免分散对方的注意力，影响沟通效果。

### （七）能发现优点

父母应该主动发现孩子的优点，及时给予鼓励。要知道，奖励往往比惩罚更有效，而且亲子关系也不至于太紧张。

### （八）会换位思考

要将心比心。父母应该多站在孩子的立场去考虑事情，这有助于进入孩子的内心世界，让彼此更贴近。

提高交际技巧，最好的途径是向别人学习。只有通过观察他人，才有机会学到一些有用的东西。观察其他的谈话者会使人学到别人的优点。寻找具有良好沟通能力的同伴并密切观察他们，模仿他们的说话方式和习惯。随着时间的推移，自己不但能像他们一样擅长交际，而且能形成自己的独特风格。

此外，自学书籍也是提高特定技能的完美指南。交际专家把他们的经验转化为文字，帮助人们学习沟通的技巧。在大量可供选择的书籍中，我们可以运用书中提到的这些方法来提高自己的交际技巧。这些循序渐进的指示能在很短的时间内帮助我们深刻理解沟通的理念并提升我们的沟通能力。

## 四、与不同性格类型的人沟通的技巧

专家把性格分为四种：完美型、力量型、活泼型、和平型。这是性格分析学上的一个里程碑。《西游记》中将人的四种性格刻画得出神入化：唐僧是完美型，孙悟空是力量型，猪八戒是活泼型，沙僧是和平型。

要学会根据性格采用不同的沟通方式。"认识特点，模仿优点，化解缺点。"只要学会这一点，任何沟通都不难。

### （一）与完美型的人沟通的技巧

完美型的人的特点是内向、悲观。完美型的人笑声很少，平时很严肃，走路一般看着地面，不喜欢抬头。他们穿着特别讲究，每次出门前为穿衣花大量时间，换来换去，终于决定穿上一套，一出门就后悔，还是认为穿得不够好。完美型的人不轻易结交朋友，他们是生活在自己内心感受中的高标准的一群人，所以大龄"剩男剩女"几乎都是完美型的人。完美型的人情绪特别容易低落，一件小事情、一句无意的话就会让完美型的人很难受，他们受昨天的失望折磨、明天的困惑困扰，总感觉很失落。

那么，应该怎样与完美型的人进行沟通呢？

**1. 模仿优点**

（1）充分准备。由于完美型的人擅长统筹，沟通时应充分准备。多列举一些数据，多做方案和计划，多使用图表会更有说服力。你必须以理性、合乎逻辑并且正经的态度和他们沟通，才能获得他们的认同。

（2）注重细节。因为完美型的人生性追求完美，因此和他们沟通时要特别注重细节。比如遵守时间，否则他们会认为你不真诚；穿着要整洁，不能太随意，必要时要着正装，否则他们会认为你不尊重他们；最好沟通时能边说边记，他们会认为你很认真；多使用准确的专业术语，这样他们会认为你很专业。

**2. 改正缺点**

（1）适度幽默。由于完美型的人的缺点是不快乐，因此沟通时要适度幽默。过度幽默，他们会认为你不够严肃；如果一点儿幽默感都没有，沟通会变得很枯燥。因此你可以适时适度地表现一些幽默感，缓和严肃紧张的气氛，引导他们放松心情，以营造良好的沟通氛围。

（2）包容"无名火"。由于完美型的人生性脆弱，经常发些"无名火"，当他们不知为何生气时，我们不必太在意，不必追究他们发火的原因，因为他们的怒气大多不是冲着你来的，可能他们只是心情不好，也可能是针对其他与你完全不相关的事。

（3）真诚直接。由于完美型的人生性敏感，加上判断力很好，和完美型的人沟通切记要真诚、直截了当，如果你拐弯抹角，只会令他们不屑和厌恶，甚至会猜测你别有用心，而做不必要的联想。切记不要讥笑或批评他们的多疑，这会使他们更缺乏自信。

**（二）与力量型的人沟通的技巧**

力量型的人的特点是外向、行动、乐观。力量型的人天生就是领导者，最喜欢挑战的就是这群人。力量型的人眼睛炯炯有神，走路大跨步，脸上的表情总是聚精会神。他们的手势不是非常多，但是只要一出手就是很坚定的动作。说话直来直去，好像没有同情心一样。参加宴会时，他们不会轻易参与谈话，拿着一杯水在那里喝着，看着，在旁边听着。如果发现有人说错了，他们会说"对不起，你的看法不对，我要发表一下我的看法"。他们最喜欢争执，非要争个"你死我活"，这也是与人沟通时最大的忌讳。他们的生命力很强，能够很快地从不可避免的伤害或挫折中恢复，用一句比较现代的话说就是"逆商很高"。

那么，应该如何与力量型的人沟通呢？

**1. 模仿优点**

简明扼要，结果导向。由于力量型的人行动力超强，做事以结果为导向，十分讲究效率，因此不要太多寒暄，沟通时语速应偏快，声音洪亮，充满信心，有强烈的目光接触，表现出有才干的形象。回答问题力求准确、直截了当，以结果为导向阐述你的计划，可以不用流露太多的感情，直奔结果。

**2. 改正缺点**

尊重权威。由于力量型的人紧张、缺少人情味、自负，所以与力量型的人沟通时一定要尊重其权威，避免直接的对抗，因为对抗会产生强烈的反弹，事实上，只要发生争执就已经注定了沟通失败的结局。

### （三）与活泼型的人沟通的技巧

活泼型的人的特点是外向、多言、乐观。女孩子喜欢大红大紫的颜色，大耳环晃来晃去，男孩子喜欢打颜色鲜艳的领带，领带歪歪斜斜的。他们走路时蹦蹦跳跳，在楼梯口就能听见一个人在笑，未见其人先闻其声。大商场减价促销，很多人拼命去挤，活泼型的人最积极，问他挤什么，前面卖什么，他回答不知道，就是喜欢热闹。

活泼型的人很容易对别人产生好感，因为他们天生就想赢得别人的认可，这是活泼型人的最大特点。他们是一群享乐型的人，做事不考虑结果，注重好玩，昨天发生的事情不会困扰他们，明天发生什么他们根本不考虑，他们感觉开心就可以了，他们以极度的喜悦拥抱每一件事情。

那么，应该如何与活泼型的人沟通呢？

**1. 模仿优点**

声音洪亮，多用肢体语言。因为活泼型的人快乐、率真，因此和其沟通时要声音洪亮，可以多些肢体语言。说话要直截了当，不要拐弯抹角，并且要适当地幽默，营造欢乐的气氛。尽量多谈论理想、目标等宏观的事物，少谈论技术、细节等微观的事物。多带对方参加社交活动，这是他们最喜欢的。

**2. 改正缺点**

书面确认。由于活泼型的人以自我为中心，因此与活泼型的人沟通时要有耐心，做个好听众。由于活泼型的人比较健忘，因此和其沟通完达成协议后最好进行书面确认。

## （四）与和平型的人沟通的技巧

和平型的人的特点是内向、旁观。和平型的人对别人不要求，对自己不苛求，一般不喜欢去做一些改变自己现有生活的事情，这种性格的人往往在一家单位一工作就是 20 年，住进一个地方就很难搬家。他们总是很善良，不愿意给对方带来任何麻烦。比如在飞机上，假设遇到免费供应餐饮，服务员问"你要什么饮料"，和平型的人会说"随便"。如果服务员是力量型的人，若态度不好的话会说"没有随便"。正好旁边有一个人说"我要可乐"，和平型的人马上就会说"我也要可乐"。

和平型的人非常随和，生活在平静当中，坦然自若，非常有耐心，很少发怒，所以他们是一群相对比较健康的人。

那么，应该如何与和平型的人沟通呢？

### 1. 模仿优点

要有耐心。由于和平型的人随和、冷静、不着急的特点，你说话时语速要比较慢，不应过于急切、压迫，否则他们会给你一个你想听的答案，但这个答案可能并非他们的真实想法。

### 2. 改正缺点

融洽关系，鼓励赞美。由于和平型的人不振奋、固执，因此沟通时首先要与其建立友好关系，时刻保持微笑，打开其不愿意与人沟通、自我保护的心结。沟通时要有目光接触，但时间不要太长，频率要高。要多用赞美鼓励他们，因为他们常常不知道自己的优点和重要性，比如你发现他的办公桌上放了家人的照片，一定要对其加以赞美。

## 【附 1】个人性格测试

在每行中挑选一个与你最相近的形容词（每题必须选一个并且只能选一个）。若你在某一题上实在无法判断，请考虑 3 年前的自己的特征作答。

1. A. 活泼生动　　B. 富于冒险　　C. 善于分析　　D. 适应性强
2. A. 喜好娱乐　　B. 善于说服　　C. 坚持不懈　　D. 平和
3. A. 善于社交　　B. 意志坚定　　C. 自我牺牲　　D. 较少争辩
4. A. 使人认同　　B. 喜竞争胜　　C. 体贴　　　　D. 自控性好
5. A. 使人振作　　B. 善于应变　　C. 令人尊敬　　D. 含蓄
6. A. 生机勃勃　　B. 自立　　　　C. 敏感　　　　D. 满足
7. A. 推动者　　　B. 积极　　　　C. 计划者　　　D. 耐性
8. A. 无拘无束　　B. 肯定　　　　C. 时间性　　　D. 羞涩
9. A. 乐观　　　　B. 坦率　　　　C. 井井有条　　D. 迁就

| | | | |
|---|---|---|---|
| 10. A. 有趣 | B. 强迫性 | C. 忠诚 | D. 友善 |
| 11. A. 可爱 | B. 勇敢 | C. 注意细节 | D. 外交手腕 |
| 12. A. 让人高兴 | B. 自信 | C. 文化修养 | D. 贯彻始终 |
| 13. A. 富激励性 | B. 独立 | C. 理想主义 | D. 无攻击性 |
| 14. A. 情感外露 | B. 果断 | C. 深沉 | D. 淡然幽默 |
| 15. A. 喜交朋友 | B. 发起者 | C. 音乐性 | D. 调解者 |
| 16. A. 多言 | B. 执着 | C. 考虑周到 | D. 容忍 |
| 17. A. 精力充沛 | B. 领导者 | C. 忠心 | D. 聆听者 |
| 18. A. 让人喜爱 | B. 首领 | C. 制图者 | D. 知足 |
| 19. A. 受欢迎 | B. 勤劳 | C. 完美主义者 | D. 和气 |
| 20. A. 跳跃型 | B. 无畏 | C. 规范型 | D. 平衡 |
| 21. A. 露骨 | B. 专横 | C. 乏味 | D. 扭捏 |
| 22. A. 散漫 | B. 缺乏同情心 | C. 不宽恕 | D. 缺乏热情 |
| 23. A. 唠叨 | B. 逆反 | C. 怨恨 | D. 保留 |
| 24. A. 健忘 | B. 率直 | C. 挑剔 | D. 胆小 |
| 25. A. 耐性好 | B. 没耐性 | C. 优柔寡断 | D. 无安全感 |
| 26. A. 难预测 | B. 直截了当 | C. 过于严肃 | D. 不参与 |
| 27. A. 即兴 | B. 固执 | C. 难以取悦 | D. 犹豫不决 |
| 28. A. 放任 | B. 自负 | C. 悲观 | D. 平淡 |
| 29. A. 易怒 | B. 好争吵 | C. 孤芳自赏 | D. 无目标 |
| 30. A. 天真 | B. 鲁莽 | C. 消极 | D. 冷漠 |
| 31. A. 喜获认同 | B. 工作狂 | C. 不善交际 | D. 担忧 |
| 32. A. 喋喋不休 | B. 不圆滑老练 | C. 过分敏感 | D. 胆怯 |
| 33. A. 杂乱无章 | B. 跋扈 | C. 抑郁 | D. 腼腆 |
| 34. A. 缺乏毅力 | B. 不容忍 | C. 内向 | D. 无异议 |
| 35. A. 零乱 | B. 喜操纵 | C. 情绪化 | D. 喃喃自语 |
| 36. A. 好表现 | B. 顽固 | C. 有戒心 | D. 缓慢 |
| 37. A. 大嗓门 | B. 统治欲 | C. 孤僻 | D. 懒惰 |
| 38. A. 不专注 | B. 易怒 | C. 多疑 | D. 拖延 |
| 39. A. 烦躁 | B. 轻率 | C. 报复型 | D. 勉强 |
| 40. A. 善变 | B. 狡猾 | C. 好批评 | D. 妥协 |

**测试结果：** 每道题1分，然后计算出A、B、C、D各自的得分。A得分最多的是活泼型，B得分最多的是力量型，C得分最多的是完美型，D得分最多的是和平型。

**测试说明：** 如果得分有几个相似的话，说明你是多重性格的组合。如果你每一个选项的得分都是相同的,说明你适合在各种环境中生存。

**【附2】测试:你是一个善于沟通的人吗?**

1. 你刚刚跳槽到一个新的单位,面对陌生的环境,你会怎样做?

A. 主动向新同事了解单位的情况,并很快与新同事熟悉起来

B. 先观察一段时间,逐渐接近与自己性格合得来的同事

C. 不在意自己是否被新同事接受,只在业务上下功夫

2. 你一个人随着旅游团去旅游,一路上你的表现是怎样的?

A. 既不请人帮忙,又不和人搭讪,自己照顾自己

B. 游到兴致处才和别人交谈几句,但是也只限于同性

C. 和所有人说笑、谈论,也参与他们的游戏

3. 因为你在工作中的突出表现,领导想把你调到你从未接触过的岗位,而这个岗位你并不喜欢,你会怎样做?

A. 表明自己的态度,然后听从领导的安排

B. 认为自己做不好,拒绝

C. 欣然接受,有挑战才更有意义

4. 你与爱人的性格、爱好颇为不同,当产生矛盾时,你怎么做?

A. 把问题暂且放在一边,寻找你们的共同点

B. 妥协,很愿意服从爱人

C. 非弄明白谁是谁非不可

5. 假设你是一个部门的主管,你的下属中有两人因为不合,常常到你面前互说坏话,你怎样处理?

A. 当着一个下属的面批评另一个下属

B. 列举他们各自的长处,称赞他们,并说明这正是对方说的

C. 表示你不想听他们说这些,让他们回去做事

6. 你认为对于青春期的子女的教育方式,应该是怎样的?

A. 经常发出警告,请老师威胁

B. 严加看管,限制交友,监听电话

C. 朋友式对待,把自己的过去讲给孩子听,让他自己判断,并找些书来给他看

7. 你有一个依赖性很强的朋友,经常打电话与你聊天,当你没有时间陪他的时候,你会怎样做?

A. 问他是否有重要的事,如没有,告诉他你现在正忙,回头再打给他

B. 马上告诉他你很忙,不能与他聊天

C. 干脆不接电话

8. 因为一次小小的失误,你和同事产生了矛盾,你怎么办?

A. 走人,不再看他的脸色

B. 保持良好的心态,寻找机会挽回关系

C. 自怨自艾,与同事疏远

9. 有人告诉你某某说过你的坏话,你会怎样做?

A. 从此处处提防他,不与他来往

B. 找他理论,同时揭他的短

C. 有则改之,无则加勉,如果感觉他的能力比你强,则会主动与他交往

10. 看到与你同龄的人都已经小有成就,而你尚未有骄人业绩,你的心态如何?

A. 人的能力有限,我已做了最大的努力,可以说问心无愧了

B. 我没有那样的机遇,否则……

C. 他们也没有什么真本事,不过是会溜须拍马

11. 虽然你只是公司的一名普通员工,但你的责任心很强,你如何把自己的意见传达给最高领导?

A. 写一封匿名信给他

B. 借送公文的机会,把你的建议写成报告一块送过去

C. 在全体员工大会上提出

12. 在同学会上,你发现只有你还是个"白丁"(平民百姓),你的情绪会是怎样的?

A. 表面若无其事,实际心情不佳,兴趣全无

B. 并无改变,像来时一样兴致勃勃,甚至和同学谈起自己的宏伟计划

C. 一落千丈,只顾着自己喝闷酒

13. 在朋友的生日宴会上,你结识了朋友的同学,当你再次看见他时,你会怎样做?

A. 匆匆打个招呼就过去了

B. 一张口就叫出他的名字,并热情地与之交谈

C. 聊了几句,并留下新的联系方式

14. 你刚被聘为某部门的主管,你知道还有几个人关注着这个职位,上班第一天,你会怎样做?

A. 把问题记在心上,但立即投入工作,并开始认识每一个人

B. 忽略这个问题,让它消失在时间中

C. 找个别人谈话,确认关注这个职位的人

15. 你和小王一同被领导请去吃饭,回来后你会怎样做?

A. 比较隐晦地和小王交谈几句

B. 同小王热烈谈论吃饭时的情景

C. 绝口不谈，埋头工作

评分表：

| 选项 | 题目 |
| --- | --- | --- | --- | --- | --- | --- | --- | --- | --- | --- | --- | --- | --- | --- | --- |
|  | 1 | 2 | 3 | 4 | 5 | 6 | 7 | 8 | 9 | 10 | 11 | 12 | 13 | 14 | 15 |
| A | 2 | 0 | 1 | 2 | 0 | 1 | 2 | 0 | 1 | 2 | 0 | 1 | 0 | 2 | 1 |
| B | 1 | 1 | 0 | 1 | 2 | 0 | 1 | 2 | 0 | 1 | 2 | 2 | 2 | 1 | 2 |
| C | 0 | 2 | 2 | 0 | 1 | 2 | 0 | 1 | 2 | 0 | 1 | 0 | 1 | 0 | 0 |

结果分析：

0～10分：在与人沟通方面你还很欠缺，你基本上是个我行我素之人，即使在强调个性的今天，这也是不可取的。你性格太内向，这使你不能很好地与人沟通。在与人沟通的过程中，内向的性格是你的一大障碍，你应该在认识到自己的不足的同时尽量改变这种性格，跳出自己的小圈子，多与人接触，凡事看看别人的做法，这样，你就有希望成为一个受欢迎的人。

11～25分：沟通能力比上不足比下有余，再加把劲儿，你就可以游刃有余地与人交流了。你做事求完美，总希望问题能解决两全其美，而实际上这是不可能的。你做事不管别人，你怎样想就怎样做。提高你的沟通能力的法宝是主动出击，这会使你在人际交往中赢得主动权，这样，你的沟通能力自然会迈上一个新的台阶。

26～30分：善于沟通。你知道如何表达自己的情感和思想，能够理解和支持别人，所以，无论是同事还是朋友，上级还是下级，你都能和他们保持良好的关系。但值得注意的是，你不可炫耀自己的这种沟通能力，否则会被人认为你是故意讨好别人，是虚伪的。尤其在不善于与人沟通的人面前，要隐而不要显，以真诚去打动别人，你的好人缘儿才会维持长久。

## 参考文献

[1] 刘春海. 沟通力：正向有效沟通，从心开始 [M]. 北京：化学工业出版社，2018.

[2] 华海晏. 和孩子沟通，有爱还不够 [M]. 南宁：广西科学技术出版社，2017.

# 第七章　女性与财务管理技能

**本章要点**

　　随着经济的不断发展，人们的收入水平不断提高，消费模式与财富观念逐渐发生变化，家庭的财富结构开始由储蓄向多元化转变，许多家庭对投资理财与财富增长的需求也越加迫切与重视。而我们女性天生就具有谨慎、图稳的优势，很适合现在的经济投资形势，也更加适合当今社会的家庭理财。为了更好地帮助家庭优化财富结构，发挥女性的优势，控制好理财的风险，本章从家庭财务管理、家庭财务规划、家庭理财投资工具等方面入手，为女性进行家庭财务管理提出一些可参考的建议。

## 一、女性与家庭财务管理

　　家庭是最小的综合经济行为主体，家庭成员可以根据时间的波动，对家庭生产、家庭消费、家庭决策做出理性的安排，以实现家庭幸福最大化。

　　家庭经济学就是研究家庭的消费、生产、理财等经济活动，能为家庭带来最大效益的一门学问。比如张芳家有十只公鸡、十只母鸡，是目前家里仅有的资源，作为主管家事的女主人，张芳既要让家人今天吃饱，又不能以后没得吃，那么为长远考虑，需要计划留多少只母鸡下蛋，鸡蛋多长时间能孵出小鸡，需要饲养多长时间、消耗多少饲料，怎样才能增加鸡的数量，能否卖些鸡蛋换钱，这需要张芳认真地规划，以维持家庭的正常生活。由此可见，家庭处处存在经济学。

　　虽然现在提倡男女平等，宣扬经济独立，但婚姻生活最好的状态还是"男主外，女主内"，而且事实上大部分家庭还是女性主管，女性掌握着经济大权，在家庭财务管理中发挥着主导作用。因为对于生活，女人往往比男人活得精致，女性在花钱上更加精打细算，在理财上更为谨慎。男性把经济大权交给女性后，生活的琐碎、各种开销都可以不用去操心，可以全权交给女人去打理，也就可以更安心地在外赚钱。

调查发现，有76%的家庭由女性负责管理财务，积极进行财务规划和投资决策。总体来说，女性掌管家庭的经济大权，生活的幸福指数更高，家庭经济更加稳固。

## 二、如何做好家庭财务管理

现代社会，超前消费、过度消费已经成为一种普遍现象，房贷、车贷、信用卡等都存在于大部分家庭。每个人都在努力地工作，渴望尽快过上幸福美满的生活。但每个月底等待大家的经常是消费账单而非储蓄存款。俗话说，"吃不穷，穿不穷，算计不到就受穷"，指的就是家庭财务管理的重要性。

所谓家庭财务管理就是以家庭为单位，学会有效、合理地处理和运用资金，运用诸如储蓄、债券、基金、股票、期货、外汇、房地产、保险、黄金、文化及艺术品等投资理财工具对家庭资产进行管理和分配，从而增强家庭经济实力，提高抗风险能力。

通俗来讲，家庭财务管理就是利用正确的金融工具和合适的理财方法对家庭经济进行计划和管理，以开源节流为原则，掌握赚钱、省钱、花钱之道，增加收入，节省支出，达到提高生活质量的目标。普通家庭如何做好家庭财务管理呢？

### （一）做好家庭财务规划

家庭财务规划又称为家庭理财规划，是家庭财务管理的基础，是以家庭需要为出发点，使财务从健康到安全、从安全到自主、从自主到自由的过程，并在此过程中实现现金流的顺畅，创造财富能力的提升。家庭财务规划包括现金预算规划、消费支出规划、子女教育规划、保险规划、储蓄投资规划、退休养老规划等内容。

家庭财务收支是了解家庭财务状况最好的工具，能让我们正确地处理储蓄与消费的关系。只有对家庭财务进行了合理的规划，才能让家庭财务状况更健康、更稳固、更安心，更加明确家庭理财的目标。

### （二）做好家庭财务规划的三个法宝

**1. 掌握资产配置的"4321法则"**

对家庭财务进行规划时，需要对家庭资产做合理配置。那么，什么样的资产配置比较合理呢？在家庭资产配置上有一个"4321法则"，指的是家庭收入的40%用于供房及股票、债券等方面的投资，30%用于家庭日常生活开支，20%用于银行存款以备不时之需，10%用于防范风险的家庭保险支出。

例如，你的家庭月收入为1万元，那么每月用于供房或投资的总和不要超过4000元，家庭的日常生活开支需控制在3000元左右，要保证有2000元作为紧急备用金，1000元可用于家庭保险投入。

资产配置的"4321法则"只是一般规律，可为个人在制定家庭理财规划时提供参考，同时需考虑家庭具体情况。在进行资产配置时，主要凸显的是投资问题，而投资的前提是要考量家庭的风险属性。你需要根据个人及家庭的具体情况以及风险承受能力来选择资产种类，尤其需要考虑家庭资产积累状况、未来收入预期、家庭负担等，因为这些因素与个人及家庭的风险承受能力息息相关，在此基础上才能更好地选择适合自己的投资种类和相应的投资比例。

**2. 掌握"80法则"**

"80法则"是投资理财时需要参考的一个法则，意思就是买高风险投资产品，例如股票等占总资产的比例为用80减去投资人的年龄再乘以100%。具体计算公式如下：

高风险投资产品资金占总资产的合理比重＝（80－投资人的年龄）×100%。

假如，投资人今年30岁，家庭资产有20万元，按照"80法则"，用于高风险投资产品的资金不可以超过50%，也就是10万元。而投资人到了60岁，家庭资产达到200万元，则只能放20%，即最多放40万元在高风险投资上。"80法则"强调了年龄和风险投资之间的关系——随着年龄的增长，人们抗风险的能力普遍降低，年龄越大，就越要降低高风险项目的投资比例，从对收益的追求转向对本金的保障。

**3. 掌握"双十定律"**

"双十规律"是对保险进行规划时的参照标准。一是指保险额度应该为家庭年收入的10倍，二是指保费的支出应该为家庭年收入的10%。具体计算公式如下：

家庭保险额度＝家庭收入×10。

保费支出＝家庭收入×10%。

假如，投资人目前的家庭年收入是10万元，那么购买的意外、医疗、财产等保险的总保额应该在100万元左右，需要支出的保费应该在1万元左右。这样做的好处在于可以用最少的钱去获得足够多的保障。这条规律对于投保人来说具有双重意义，一是保费支出不要超限，二是能够衡量我们购买的保险产品是否合理，简单的标准就是判断所保的数额是否达到保费支出的100倍以上。

合理的配置对家庭财富的积累和资源保障具有重要的作用。具体配置比例要根据家庭或个人风险偏好和收益来定，切记不要指望那种回报超高还不用承担风险的事情。

**（三）做好家庭财务规划的具体步骤**

**1. 梳理自己的资产状况**

为了规划未来的生活，就必须先了解现在的生活。要想做好家庭财务管理，首先需要梳理家庭的现金收支和资产负债情况。查看下家庭的资产状况，有没有负债的情况，确认现在持有的资金以及存款。再核算下每个月的收支状况，除去各项花销、信用卡还款等,每个月能真正剩下多少,这些剩下的钱将会是我们长期理财的本金来源之一。企业的财务包括三个报表——资产负债表、利润表和现金流量表,沿用到家庭中,制作家庭财务报表时,只需要做资产负债表和收支储蓄表就可以。

(1)资产负债表。主要是看家庭有多少资产可用,有多少负债没还。资产可以分为流动资产、固定资产和金融资产。流动资产(现金及活期存款)包括现金、活期存款、定期存款等;固定资产(实物资产)包括车子、房子等;金融资产(投资资产)包括银行理财、基金、股票等。负债分为短期负债和长期负债。短期负债(流动性负债)包括信用卡欠款、花呗欠款等;长期负债包括消费贷、车贷、房贷等。最后,资产合计与负债合计的差值,就是家庭净资产。可以参考表7-1制作自己家庭的资产负债表。

表7-1 家庭资产负债表(单位:元)

填报人: 　　　　　　　　　　　　　　　　日期:　年　月　日

| 分类 | 项目 | 现值 | 收益 | 项目 | 余下债务 | 年期 |
|---|---|---|---|---|---|---|
| 现金及现金等价物 | 活期及现金 | | | 信用卡欠款 | | |
| | 定期存款 | | | 房屋贷款 | | |
| | 货币基金 | | | 车贷款 | | |
| 金融资产 | 债券 | | | | | |
| | 国内基金 | | | | | |
| | 海外基金 | | | | | |
| | 股票 | | | | | |
| | 保险现金价值 | | | | | |
| | 期货 | | | | | |
| | …… | | | | | |
| 实物资产 | 房产(自用) | | | | | |
| | 房产(投资) | | | | | |
| | 汽车 | | | | | |
| | 黄金及收藏品 | | | | | |
| | …… | | | | | |
| 资产合计 | | | | 负债合计 | | |
| 家庭资产净值 | | | | | | |

(2)收支储蓄表。包含月度收支表和年度收支表，用于记录家庭月度和年度的收入、支出及盈余情况。家庭收入部分，建议夫妻两人分开记录，而支出项因为是共同支出，建议合并记录，可以按照日常开支、旅行开支、医疗支出、人情支出、投资支出等大类来整理，具体类目可以根据自家消费情况自行设置。最后，收入合计与支出合计的差值，就是盈余。可以参考表7-2、表7-3制作自己家庭的收支储蓄表。

表7-2 家庭每月收支状况表（单位：元）

| 收入 | | 支出 | |
|---|---|---|---|
| 本人月收入 | | 房屋月供 | |
| 基本工资 | | 日常生活开支（餐饮、水电、天然气、交通、通信、日用品等） | |
| 奖金 | | 子女教育 | |
| 提成 | | 赡养老人 | |
| 配偶月收入 | | 衣物 | |
| 基本工资 | | 医疗 | |
| 奖金 | | 养车 | |
| 投资月收入 | | 休闲娱乐 | |
| 利息与分红 | | 奖金定投 | |
| 租金 | | 其他杂费 | |
| 其他收入 | | …… | |
| …… | | | |
| 收入合计 | | 支出合计 | |
| 每月结余 | | | |
| 备注：具体项目可按自己实际情况增减 ||||

表7-3 家庭年度收支状况表（单位：元）

| 收入 | | 支出 | |
|---|---|---|---|
| 工资收入 | | 房屋月供 | |
| 年终分红 | | 日常生活开支（餐饮、水电、天然气、交通、通信、日用品等） | |
| 投资收入 | | 子女教育 | |
| 其他收入 | | 赡养老人 | |
| …… | | 衣物 | |
| | | 医疗 | |
| | | 养车 | |
| | | 休闲娱乐 | |
| | | 奖金定投 | |
| | | 其他杂费 | |
| | | …… | |
| 收入合计 | | 支出合计 | |
| 年度结余 | | | |
| 备注：具体项目可按自己实际情况增减 ||||

**2. 家庭财务状况分析**

梳理好家庭资产负债表和收支储蓄表后，可以直观地看到家庭的财务状况，接下来可以根据以下指标进行简单分析，从而更好地规划和管理家庭财务。

（1）储蓄比例（结余/税后收入）。用于衡量家庭控制开支和增加收入的能力，是检测家庭财务健康状况的关键指标。该比例的参考值为0.3，即家庭结余达到或超过收入的30%时，家庭财务处于健康状态；比值达到40%时，就具备了资产积累的能力，可以适当进行一些理财、投资；比值达到50%时，家庭财富就有了保值增值的能力。

（2）投资比率（投资资产/净资产）。用于衡量家庭资产投资情况。这个比率的参考值为0.5，年轻家庭只要不低于0.2均属正常。投资与净资产比例越高，财富增值的能力就越强。注：投资资产是指银行存款、股票、基金等能够产生投资收益的资产。

(3) 清偿比率（净资产/总资产）和负债比率（负债总额/总资产）。两个比率之和为1，二者为互补关系，用于衡量家庭资产负债是否安全，以及债务偿还能力。这两个比率的参考值均为0.5。如果清偿比率偏低，负债比率偏高，说明债务本金利息等费用支出增多，会降低家庭现金的净流入，侵蚀家庭的资产，在突发情况下可能会引发家庭经济危机，造成家庭资不抵债；反之，如果清偿比率偏高，而负债比率偏低，则家庭综合偿债能力较强。

(4) 债务偿还率（月偿债本息/月收入）。这个比率参考值为不高于0.4，当超过这个数值时，用于偿还债务的费用增多，会影响家庭的生活质量，降低抵御风险的能力。所以，无论是信用卡、房贷或车贷等，每月偿还的各种贷款本息之和不要超过家庭每月收入的40%。

(5) 流动性比率（流动资产/每月支出）。流动资产指现金、活期存款和货币基金等资产，这个比率应在3～6之间，即预留的流动性资产能维持3到6个月的家庭生活。

(6) 财务自由度（被动收入/支出）。当一个家庭的财务自由度＞1时，表示这个家庭的被动收入可以完全应付所有支出。即使家庭成员不再外出工作以获得主动收入，也不必担心会出现家庭经济危机。就实现了家庭财务自由。

### (四) 树立正确的消费观

开源节流是家庭财务管理的原则。所谓节流，就是以节俭为前提，在不影响生活质量的前提下合理消费。控制不必要的消费，拒绝能力范围之外的过度消费。下面是适度消费的建议。

**1. 建立账本**

针对各项支出做记录，根据每月的消费情况进行分析，做到心中有数，同时根据消费信息对下月的消费做出规划，有效避免不必要的开销。

**2. 节省生活开支**

生活日用品以"非必要不购买"为原则，购买必需品以"经济实惠"为原则。此外，时间充裕的情况下，自己在家烹饪一日三餐，在保障营养卫生的同时也能节约开支。

**3. 合理透支**

超前消费已经成为年青一代的消费理念，但一定要合理透支信用卡，谨防过度消费。

**4. 抵制诱惑**

商家推出的各种促销活动、各种直播带货，容易使消费者头脑冲动，认为不消费就会错过最佳时机。时刻提醒自己保持冷静，抵制各种诱惑，坚持不十分需要的不购买。

**5. 选择购物时间**

日常必需品可以选择在有促销活动的时候购买，要做到提前购物，因为在急需的时候再购买的话，购买到价格较高且不中意的物品的概率很大。

**6. 列购物清单**

出去购物前，需要列购买物品的清单，并设置购物金额和种类限制，以避免冲动消费而购买闲置物品。在购物时可参考消费的"5W1H"，即：

What（买什么）：在消费前，首先确定自己需要购买的东西是什么，有哪些具体的品种可以选择。

Why（为什么）：需要确定为什么要购买该物品，是否必须购买，不必须买就不购买。

When（什么时候买）：确定购买时间，需要及时买还是看准时机有活动时再买。

Who（谁去买）：对于需要购置的物品，家里谁最了解且时间方便谁去购买。

Where（去哪买）：同一种商品，不同的售货地点有不同的价格和不同质量，大件物品一定要做到货比三家。

How（怎样买）：购买物品时，需要确定合理的付款方式，包括现金、信用卡、分期等付款方式。

### （五）确定合理的理财目标

每个人理财都需要设定一个合理的目标，只有这样才能够更好地衡量自己的理财是不是有成效。根据自己的财务状况确定一个大的理财目标，然后把这个大的理财目标分解成一个个可执行的、具体的目标。那么什么样的理财目标是合理的呢？一个合理的目标必须现实、具体、可操作。

**1. 目标现实**

确定的目标不是遥不可及、不切实际的，而是我们只要使使劲、努努力、蹦一蹦就能够实现的。

**2. 目标具体**

目标要量化，就是定一个可以量化、可以达到的现实的状态，可以用实际的数字来表示。

**3. 目标可操作，即目标具有可行性**

可行性就意味着目标可以达到但不能太容易，而且目标应该是分阶段的，是可以一步一步地去实现的。

### （六）了解自己的风险承受能力

每个人的性格不同，处事风格也不同，风险承受能力也不同。要综合考量自己的性格特点、家庭状况、年龄以及当前的财务状况来选择一个适合的理财方式。因为不同的理财方式会带来不一样的理财风险,所以一定要慎重考虑。

### (七)制订实施理财计划

不同的阶段,理财的目标和规划都会有所不同。制订理财计划,是所有的理财活动的先导,所以必须精心制订理财计划,还要严格执行制订好的理财计划。对于普通家庭来说,常用的理财计划是"4321法则"。

### (八)完善并修改理财计划

制订好的理财计划并不是一成不变的,每个人生阶段的生活状况、理财重心都不一样,因此理财计划也要随着我们的理财需求的变化不断进行调整和修改。所以,我们最好每年检查、修改一次理财计划。也可以邀请朋友一起来讨论,他们可能会给我们提供更好的修改建议。

## 三、家庭理财投资工具

随着我国金融市场的繁荣与发展,理财投资工具越来越丰富,各种形式的投资渠道进入居民的生活当中。然而每一种投资工具都既有它的长处,又有它的不足。

### (一)储蓄与外汇

**1. 储蓄**

银行储蓄至今仍是不可或缺的传统理财选择之一,被认为是最保险、最稳健的投资工具。这是深受普通居民家庭欢迎的投资行为,也是人们最常使用的一种投资方式。储蓄与其他投资方式相比较,具有风险低、安全可靠、手续方便、形式灵活的优点,还具有继承性的特点,本金收益有保障。常见的银行存款类型有活期存款、定期存款、定活两便存款、教育储蓄、通知存款以及大额存单等。具体特点如表7-4所示。

表7-4 常见的银行存款类型

| 类型 | 存额 | 特点 |
| --- | --- | --- |
| 活期存款 | 1元起 | 随时存取,利率非常低 |
| 定期存款 | 50元起 | 期限越长利息越高,提前支取只按活期存款计算 |
| 定活两便 | 50元起 | 灵活性较大,收益比活期略高,不约定期,支取时按一年内定期整存整取同档次利率6折计算 |
| 教育储蓄 | 50元起 | 一种特殊的零存整取定期存款,对象为在校小学四年级(含四年级)以上学生 |

续　表

| 类型 | 存额 | 特点 |
|---|---|---|
| 通知存款 | 5万元起 | 不约定存期，取款时提前一天或七天通知银行，年利率远高于活期存款，但是比定期存款要低。适用于手头有大笔资金准备近期使用但不确定具体日期的情况 |
| 大额存单 | 20万元起 | 起存的金额越高，利率越高，存期多样，可以靠档计息和直接更名转让。取款时需提前一天通知银行 |

储蓄的不足之处则是收益太低，尤其在今天通胀加剧的形势之下，储蓄收益甚至赶不上货币贬值的速度。因而更多人选择其他形式的理财工具。

**2. 外汇**

近年来，随着经济的进一步发展，投资外汇成了我们投资理财的一种新的渠道，分为现汇账户和现钞账户两类，有活期、定期和个人通知存款三种存款形式。存款的货币有：美元、英镑、德国马克、日元、法国法郎、港币等。在外汇交易中，一般有即期外汇交易、远期外汇交易、外汇期货交易、外汇期权交易等几种交易方式。

目前，我国使用最多的还是个人外汇买卖业务，就是委托有外汇经营权的银行，参照国际金融市场现时汇率，把一种外币买卖成另种外币的业务，利用汇率的波动，低买高卖，从中获利。凡持有本人身份证，并在有外汇经营权的银行开立个人外币存款账户或持有外钞的个人，都可以在有外汇经营权的银行委托其办理买卖业务。

对个人投资来说，外汇理财存在一定的汇率风险，需要有专业的知识，同时，外汇理财带来假币风险。目前仅有少数人选择外汇理财。

**（二）债券**

债券是国家政府、金融机构、企业等机构直接向社会借债筹措资金时，向投资人发行，并且承诺按规定利率支付利息，按约定条件偿还本金的债权债务凭证。在众多投资工具中，债券之所以具有极大的吸引力，除了其风险比股票小、信誉高、利息较高、收益稳定外，还具有操作弹性大、扩张信用的能力强、变现性高、可充作资金调度的工具以及可用于商务保证金或押标金等优势。

债券投资，尤其是国债，是国家为经济建设筹集资金而发行的，有国家信用做担保，债券利率波动的幅度、速度比较和缓，市场风险较小，安全可靠，但数量少，且投资债券需要的资金较多，由于投资期限较长，因而抗通货膨胀的能力差，因此，国债对于那些收入不是太高，随时有可能动用存款以应付不时之需的谨慎工薪家庭来说，算是理想的投资渠道。如果家里有一笔长期不需动用的闲钱，希望能获得更多的利润，但又不敢冒太大风险，可以大胆买进一些企业债券。企业债券风险比国债高，百姓投资时应对发债企业有充分了解。通常债券投资有以下三种模式：

1. 完全消极投资模式，即投资者购买债券的目的是储蓄，获取较稳定的投资利息。适合这类投资者投资的债券有凭证式国债、记账式国债和资信较好的企业债。

2. 完全主动投资模式，即投资者投资债券的目的是获取市场波动所引起价格波动带来的收益。这类投资者多采取"低买高卖"的手法进行债券买卖。

3. 部分主动投资模式，即投资者购买债券的目的主要是获取利息，但同时把握价格波动的机会获取收益。这类投资者的投资方法就是买入债券，并在债券价格上涨时将债券卖出，获取差价收入。

### （三）投资基金

基金是指为了某种目的而设立的具有一定数量的资金。例如信托投资基金、公积金、保险基金、退休基金以及各种基金会的基金等。通俗地说，基金就是将投资大众的闲散资金交由专家管理，实行组合投资、专业管理、利益共享、风险共担的集合投资方式，由他们凭专业知识进行专业理财。如果赚钱则扣除相关的费用后，按份额将赢利以不低于90%的比例对投资人进行分配，而且依目前的法律必须用现金分配；如果亏损，投资人按份额承担损失。

基金投资主要由基金投资人、基金管理公司、基金托管人三类人组合而成。挑选好的基金管理公司是我们获利的关键，因此，我们在购买基金时，要挑选信誉好、以往业绩高而且规模较大的基金公司，可以查看每年的基金公司排行榜，以了解各基金公司的实力。

### （四）股票

随着我国经济的稳步发展，投资股票的人越来越多。它是一种高风险、高收益的投资项目，但是如果遵循正确的原则和买卖纪律，就可以实现高收益和低风险并存。

**1. 大盘原则**

大盘下跌时尽量空仓或轻仓，大盘盘整时不贪，有10%或以下的利润就考虑平仓，大盘上攻时选择最强势的个股持有。

**2. 板块原则**

大盘上攻时，个股呈现板块轮涨的特征，判断某一时期的主流板块，选择板块中的龙头追入。

**3. 价值原则**

选择未来两年价值增长的股票，至少未来一年价值增长。记住价格围绕价值波动的价值规律。

**4. 分散原则**

投资的资金不要过于集中，不能将资金集中投某只股票或者某类股票，要建立合理的股票组合，也不要集中在一个时间点上投入资金，应分批建仓、买入以摊薄成本。

**5. 资金管理**

现金永远是最安全的，定期清仓，保障资金的主动性，等待机会，选择合适的时机重新建仓。

**6. 自主原则**

股市上的股票有很多种，每个行业、每个公司的股票都有自己的特点。同时，每个投资者也有自己的投资风格。要结合自己的实际情况制定适合自己的投资策略。

**7. 共振原理**

价值趋势向上，价格趋势向上，股票价格短线、中线、长线趋势向上，基本面和技术面都无可挑剔的股票是最好的股票。

**8. 努力避免浮亏**

正确地选择买点和卖点是避免被套的良方。当股市具有投资价值以后进行投资性买入，而已经处于高位、升值空间小的就需要卖出。严格遵守买卖纪律，就能保障资金的主动性。

"股市有风险，入市须谨慎。"股市变幻莫测，但股市也真的存在很多机会。高收益对应着高风险，想要从股票投资中获利，最关键的是要具备一定的财经和股票知识，还要有好的心理素质和逻辑思维判断能力，以避免急躁、情绪波动太大而导致的操作失误，工薪家庭要谨慎。

**（五）保险**

生活中难免会遇到各种意外和风险，而保险无疑就是转移风险带来的经济损失及连带问题的最佳手段。但是，面对各种各样的保险产品，很多人都不知道该如何下手，一旦不小心买错了保险，不仅没什么保障，而且退保还会有很大的经济损失。那究竟什么样的保险算是好保险？怎么挑选适合自己的产品呢？

保险产品按照保险标的来分类，可以分为财产保险和人身保险两大类。对于家庭来说，与我们的生活息息相关的更多是人身保险。人身保险分为意外伤害保险、健康保险、人寿保险。

**1. 意外伤害保险**

针对意外伤害导致的死亡或残疾提供的保险。常见的有普通意外伤害保险和特定意外伤害保险。特定意外伤害保险是指以特定时间、特定地点或特定原因发生的意外伤害为保险标的的意外伤害保险。比如旅行意外伤害保险、交通事故意外伤害保险、电梯意外伤害保险等。除不可保意外伤害、特定保意外伤害以外，其他均属普通可保意外伤害。

**2. 健康保险**

针对个人健康状况，在出现疾病的时候，给付一定的保险金。现在大部分公司都会为职员缴纳"五险一金"，其中就有基本医疗保险和养老保险，不过缴存的数额很低。当重大疾病发生时，高额的医疗费用往往会对普通家庭造成致命的打击，这时只靠基本医疗保险是远远不够的，所以保障型医疗保险是每个家庭、每个人都应该尽早购买的保险产品。

**3. 人寿保险**

人寿保险种类很多，定期寿险和终身寿险以死亡为给付条件，年金保险以生存为给付条件（养老保险是年金保险的一种），两全保险则无论投保人在保险期内死亡还是保险期满仍然生存，均给付保险金。投资连结险、分红寿险、万能寿险则将保险与投资理财结合在一起，定期支付一定的投资收益。由于此类寿险兼具保障和理财功能，因此深受大众喜爱。

保险公司的发展良莠不齐，致使保险问题层出不穷，比如保险合同是否合法，保险责任是否清楚，保险金给付是否及时，等等。因此，保险作为一种投资也有风险。购买保险要充分弄清保险合同条款，不能完全让人代理，更要认真搞清楚自己和保险公司的权利和义务关系等。

### （六）信托

**1. 什么是信托与信托行为？**

信托理财是一种理财方式，也是一种财产管理制度，它的核心内容是"受人之托，代人理财"。根据《中华人民共和国信托法》第二条的规定，信托具体是指委托人基于对受托人的信任，将其财产权委托给受托人，由受托人按委托人的意愿以自己的名义，为受益人的利益或者特定目的，进行管理或者处分的行为。

信托业务会涉及三方面当事人，即委托人、受托人以及受益人。

委托人一般是指信托消费者，信托法规定委托人是具有完全民事行为能力的自然人、法人或者依法成立的其他组织。

受托人是指接受委托，帮助信托消费者运营管理财产且具有完全民事行为能力的自然人或法人，通常由信托公司担任。

受益人是在信托中享有信托受益权的人，一般是指根据信托合同约定有权获得信托收益的人，可以是自然人、法人或者依法成立的其他组织。

## 第七章　女性与财务管理技能

**2. 购买信托产品需要具备什么条件？**

在我国，对购买信托产品的消费者要求较高。根据 2018 年 4 月 27 日发布的《关于规范金融机构资产管理业务的指导意见》中的要求，信托作为一种私募的资管产品，只能接受合格投资者的投资。合格投资者可以是自然人和法人或者机构组织。那么合格投资者需要具备什么条件呢？购买信托产品需要注意什么事项呢？

（1）个人投资者具有 2 年以上投资经历，投资资产包括银行存款、股票、债券、基金份额、资产管理计划、银行理财产品、信托计划、保险产品、期货权益等。

（2）个人投资者家庭金融净资产不能低于 300 万元，或者家庭金融资产不低于 500 万元，或者近 3 年本人年均收入不低于 40 万元。

（3）如果是机构投资者，最近 1 年末净资产不低于 1000 万，并提供最近 1 年末的财务报告。

（4）投资者不得使用贷款、发行债券、多人合资、向他人筹借资金等筹集的非自有资金投资信托产品。

**3. 信托消费者可以从哪些渠道购买信托产品？**

（1）直销。多数信托公司会建立财富中心或者销售中心等营业网点，来销售信托产品，信托消费者可以前往距离自己较近的信托公司网点购买信托产品。但是一般营业网点都较少，此方式具有一定的局限性。可以通过信托公司官网联系理财经理来购买。

（2）代销。委托其他信托公司、商业银行、保险公司、保险资产管理公司、证券公司、基金管理公司以及监管机构认可的其他金融机构来代理销售信托产品。

**4. 生活中常见的信托产品有哪些种类？**

（1）遗嘱信托。是指委托人将他所拥有的财产设立信托，并将信托财产的管理、分配、运用和给付等详细规划列明于遗嘱中，来实现财富的传承。与其他信托产品不同的是遗产管理信托在委托人死亡后才生效。很多中外名人、富豪都喜欢采用遗产管理信托这种方案来传承自己的财产，比如洛克菲勒家族、戴安娜王妃等。主要目的就是帮助没有能力管理遗产的遗孀遗孤，避免遗产纷争。

（2）养老信托。是信托公司开展的养老金融业务。具体包括养老融资信托、养老投资信托、养老金信托、养老消费信托、养老公益信托、养老财产信托等多种形式。从当前市场情况来看，养老金信托较为常见，就是指养老保险经办机构将单位和个人按照有关法律法规规定缴纳的养老保险费作为信托资产，交给信托公司管理和经营，职工退休后获益的一种信托形式。

信托产品的投资金额较大，需要从多维度考察信托产品。筛选产品时，要有风险意识，每种信托产品的结构设计不同，风险等级也不同。投资人在选择投资产品时应当在专业的理财师帮助下，充分识别项目的风险，选择与自身风险承受能力相匹配的产品，不能盲目追求高收益。同时在投资过程中，银行会不断监控、跟踪贷款的动向，从而可以最大限度规避信托项目的投资风险。

### （七）家庭理财的实物投资工具

**1. 黄金**

黄金藏品虽然样式众多，但是归根结底只有五大类，即金块、金条、金币、金饰品和纸黄金。其中，纸黄金实际上是由银行办理的一种账面上的虚拟黄金。

（1）实物黄金

实物黄金买卖包括金条、金币和金饰品等交易，以持有黄金作为投资。一般的金饰品买入及卖出价的差额较大，并不适宜进行投资。由于金条、金币等不涉及其他成本，因此是实金投资的最佳选择。

实物黄金投资额较高，且投入的资金不会发挥杠杆效应，因此，只有在金价上升之时才可以获利。同时，持有黄金也不会产生利息收益。如不提取实金，银行可代为托管。需要注意的是有一些银行是不能回购的，专业的黄金投资公司回购比较方便，但一般只受理该公司出售的黄金回购业务。因此投资实物黄金还有一个缺点就是需要支付储藏和回购费用。

（2）纸黄金

纸黄金交易没有实金介入，是一种由银行提供的以贵金属为单位的户口服务。

投资人无须透过实物的买卖及交收而采用记账方式来投资黄金，由于不涉及实金的交收，交易成本比较低。但是户口内的"黄金"一般不可以换回实物，如想提取实物，只有补足足额资金后，才能换取。

**2. 房地产**

房地产投资是以房地产为对象，为获得预期效益而对土地和房地产开发、房地产经营以及购置房地产等进行的投资。随着我国目前人口的日益增多和人均土地占有的日渐稀少，手头较为宽松的人群往往都选择投资房地产。那么房地产投资都有哪些利弊呢？

（1）房地产投资的优点

①相对较高的收益水平。相对于其他理财产品来说，房地产投资更能获得较高的收益，特别是 2018 年房产改革，使很大一部分人赚得盆满钵满。

②容易获得金融机构的支持。由于房地产可以作为抵押物，我们在置业过程中可以得到商业银行、保险公司和抵押贷款公司等在内的许多金融机构的支持，它们提供抵押贷款服务，给置业投资者提供了其投资所需要的大部分资金。

③能抵消通货膨胀的影响。纵观我国房地产市场价格的历史变化，房地产价格的年平均增长幅度通常会超过同期通货膨胀率水平，因此，房地产投资不仅具有增值性，还是有效的保值手段。

④提高投资者的资信等级。对于普通家庭来说，拥有一套甚至多套房产成为占有资产、具有资金实力的最好证明，这对于提高我们投资的资信等级、获得更多更好的投资交易机会具有很重要意义。

（2）房地产投资的缺点

①投资数额较大。鉴于目前的房地产市场的行情，置业投资往往所需几百万元甚至上千万元的资金，即使前期投资或首期付款只需支付30%的资本，也常常超出了许多投资者的能力。

②投资回收期较长，变现性差。投资房地产的回收期通常少则十年八年，长则二三十年甚至更长。长时间的资金压力和市场风险，往往要求投资者需要具有很强的资金实力。

③需要专门的知识和经验。由于投资房地产需要较大的金额，要想达到预期的投资目标，投资者最好能够具备专门的知识和经验，以免投资失败产生巨大的损失。

### 3. 收藏

俗话说："盛世做收藏，乱世收黄金。"从理财的角度来说，收藏是一种投资行为，是指把具有保留价值的物品收集起来加以保存。收藏品必须具有升值价值，否则便失去了投资意义。

较常见的收藏项目有瓷器、字画、古书、珠宝、陶器、漆器、玉器等，现在还有些人热衷于邮票、钱币、电话卡、国库券、火柴盒等物品的收藏。总之，凡是过去有而以后不会再有的物品都可以被列入收藏范围。收藏品不仅具有工艺美，更重要的是具有文化价值。收藏不仅可以增长见识、陶冶情操，而且可以带来经济效益，可谓一举多得。

外行看热闹，内行看门道。面对眼花缭乱的物品时，首先要保证其是真正的古董。然后就是精，收藏品精美与否也是衡量其价值的主要标准之一。再次就是完整性，任何一件藏品的完整性都不容忽视，随着年代的推移，藏品多少都会受到损伤，因此藏品的完整性就尤为珍贵。

在收藏投资中，投资者必须具有相关知识、评估知识和鉴别水平，了解相关的诀窍，否则很容易花冤枉钱。目前，收藏品市场鱼龙混杂，假货泛滥成灾，不可轻易涉足。

### （八）期货

随着人们投资理念的成熟，期货投资也受到了大众的青睐。期货其实就是期货合约的简称,是由期货交易所统一制定的一种供投资者买卖的投资工具。这个合约规定了在未来的一个特定时间和地点,参与该合约的交易人要交割一定数量的标的物。

期货合约可以是某种商品,也可以是某种金融工具。因而分为商品期货和金融期货两个类别,其中商品期货是标的物为实物商品的期货合约,如农产品期货、金属期货、能源期货等;金融期货是指交易双方在金融市场上,以约定时间和价格,买卖某种金融工具的期货合约,如外汇期货、利率期货、股指期货等。

期货交易是一种特殊的交易方式,它与其他交易的区别有以下几个方面。(1) 期货交易买卖的是期货合约,并不是像大豆、铜那样的实物,而是和这些东西有关的合约。(2) 同一家期货交易所对标的物相同的合约做出的规定均是相同的,例如在上海交易所上市交易的大豆期货合约,每张合约的内容都是相同的,合约完全标准化。(3) 我国国内的期货产品都在期货交易所上市交易。(4) 期货交易是双向交易,即我们可以先买一张期货合约,在合约到期前卖出平仓,也可以先卖一张合约,在合约到期前再买进平仓。(5) 进行期货交易的时候,不需要支付全部金额,只需要支付一部分保证金就可以了,保证金的比例通常为金额的5%～10%。(6) 期货合约是有到期日的,合约到期依照合约规定的交割结算价进行交割,交易者通过交易账户的划转完成交割,最终完成合约。

### 四、工薪家庭如何理财

**1. 开源节流,积极攒钱**

要想获得家庭投资的"第一桶金",就要减少家庭的固定开支,在不影响正常生活的前提下学会开源节流,减少浪费,合理安排家里的开支,保证每月能节余一部分钱。

**2. 合理安排,优化资金配置**

养成合理安排家庭流动资金的习惯,哪些可以用来投资,哪些应该留着作为备用金,哪些可以用于开支,哪些可以存定期,规划好每一笔资金的流向,才会让家里的钱生钱,并让家里的日子过得更好。

**3. 善买保险,提高保障**

家庭收入不高,积蓄有限,若遇些许不幸,经济可能就会面临重大考验。因此,普通的工薪家庭更需要考虑是否以购买保险来提高家庭风险的防范能力,特别是意外险和重疾险。其实买保险也是一种投资理财,在买保险时更是买了健康和保障。

**4. 稳妥投资,保本为主**

普通工薪家庭一般都有稳定的收入来源,但是总量不高。因此,安全性高、风险低的理财产品才是最理想的选择，千万不要轻易选择那些风险高的投资，以免让财产受到损失。

**5. 定期储蓄，以备不时之需**

每个月领到工资后可以将去除开支后剩余的部分存入银行，虽然利息不高，但是最稳妥的保障。一旦有意外情况发生，可以随时取出来应急，闲时还可以赚取一点利息。

### 五、家庭理财如何规避风险

随着社会发展和科技进步，现实生活中的风险因素越来越多。如何管理好家庭经济，规避理财风险，对于一个新手来说至关重要。

#### （一）家庭理财的风险

**1. 政策风险**

指因国家金融政策的出台实施或调整变化而给投资者带来的风险。比如税收制度的调整、行业标准的变化，对于理财都有一定的影响。

**2. 法律风险**

是指违反国家法律法规进行金融投资而形成的风险。

**3. 资产配置不平衡风险**

家庭理财需要均衡配置资金的投向和比例。投资者受趋利心理的影响，往往会将所有资金投向一个收益较高的理财产品中，一损俱损、一荣俱荣，一旦该产品出现风险，极易造成严重的损失。

**4. 公司经营风险**

因金融机构管理不善而给投资者带来的风险。

**5. 诈骗风险**

家庭在投资过程中被人诈骗而形成的风险。目前，金融产品种类繁多，如果不通过正规渠道购买，冲动消费或投资，很可能就踩了大坑。

**6. 盲目跟风风险**

没有一种投资方法适合所有人，每一个家庭都有自己独特的家庭财富结构和收入水平，如果生搬硬套别人的理财方法，那么在投资过程中就会因操作不当产生风险。

#### （二）家庭理财风险的规避

**1. 对风险进行预测**

投资前要仔细盘算一下家庭的收入、现金、实物资产以及金融资产，分析各自的投资风险，只有认清各项理财的风险，才能减少风险。

**2. 通过转移降低风险**

可以通过合法的交易和手段，将投资风险尽可能地转移出去。如果家庭不直接参与投资项目，而向承担项目的个人或单位投资，让部分利益给承担者，这样，家庭便可以不承担风险。

**3. 把风险分散**

我们通常说"不要把鸡蛋放在同一个篮子里"，也就是我们要尽可能采用分散投资资金的方法，将资产结构优化组合，从而将投资风险分散在不同的投资项目上，以便互补。

**4. 做好风险补偿**

对于家庭投资来说，应从投资收益中定期按比例提取一定的资金建立风险损失补偿，使家庭生活稳定。在工薪家庭中，可以将收入的 1/3 用于消费，1/3 用于储蓄，还有 1/3 用于其他投资，这样可以逐步改善家庭生活，规避、化解风险。

## 参考文献

［1］杨婧. 从零开始学理财［M］. 长春：吉林文史出版社，2019.

［2］罗春秋. 从零开始学理财：实操案例版［M］. 北京：中国铁道出版社，2014.

# 第八章 女性与科学育儿技能

> **本章要点**

科学育儿的任务并不是女性单方面的事情，但女性作为生命的孕育者，跟幼儿有一种天然的纽带，在孕期就对胎儿不断产生影响，出生后的照料和教育更是对孩子一生的发展产生影响。因此，女性作为母亲、作为教养者，掌握必要的科学育儿技能就显得尤为重要。本章主要从婴幼儿日常护理、辅食选择与制作方法、玩具选择与使用方法以及育儿游戏与指导技能四个方面来介绍一些方便女性学习的科学育儿技能。

## 一、婴幼儿日常护理技能

### （一）湿疹护理

苦丁茶 5 根，菊花 10 朵，金银花一小把。把上面这些材料用热水泡一段时间，等凉了就可以用纱布蘸着搽在湿疹的地方（没有破的地方），一天搽 3～4 回，第 2 天再重新泡，5 天左右就能痊愈。

### （二）日常防晒

尽量不要在紫外线强度达到峰值时外出（避开上午 10 点～下午 4 点）。只要出门，宝宝（6 个月以上）就要擦防晒霜。选择防晒保护因子（SPF）30，并覆盖 UVA 和 UVB 光谱的儿童配方防晒霜，出门前半小时涂抹。每 1.5～2 个小时补擦一次。穿防晒衣，我国标准为：紫外线防护系数 UPF＞30。尽量支一把遮阳伞或类似设备，戴顶宽檐帽子和戴太阳镜。6 个月以下的宝宝避免被阳光直射，要一直待在阴凉处。

### （三）痱子护理

痱子不太严重时，可不用药。只需少穿盖，保持凉爽、空气流通，经常洗澡，勤换衣服，保证不会太热出汗即可。如宝宝痒，皮肤无破损，可涂炉甘石洗剂止痒。避免抓痒，以免感染，如果有脓痱感染，应在医生指导下合理用药。

## （四）鼻塞护理

把生姜剁碎，烧热锅，随后把姜末倒进去炒，炒热之后，拿两条柔软的布把姜末包在宝宝的脚底，如果宝宝不配合的话，可以在宝宝睡着的时候包上去，再拿个袜子穿上就更稳妥了，不用担心包得不够紧或者姜末跑出来，很实用又没副作用。

## （五）"红屁股"护理

茶油是天然的高级木本植物油，涂在宝宝的屁股上有吸收快、不油腻、无异味等特点，对宝宝的"红屁股"有明显疗效。

## （六）红脸蛋护理

鸡蛋油做法：先准备些鸡蛋，放到锅里面带皮煮熟。然后把蛋壳和蛋白去掉，留下中间的蛋黄，放在铁锅中，用小火加热，在加热的过程中用铲子把蛋黄搅碎，它就会慢慢出油。

将炒出来的鸡蛋油涂在宝宝的脸蛋上，一天1~2次，直到红脸蛋症状消失。

## （七）上火护理

### 1. 眼角

如果眼角有眼屎出现，说明孩子有肝火了，这时的孩子往往容易发脾气，不听话。可以给孩子用生的嫩芹菜抹上花生酱和白糖吃，也可以榨些芹菜汁，煮粥喝。

### 2. 舌头

小孩子的舌头、舌边若是发红，说明有心火了。这时的孩子通常白天爱口渴，晚上爱折腾，睡不好觉。去心火的食物有很多，比如：赶上夏天，可以买鲜莲子，剥了直接给孩子吃。还有茭白和茄子，最好素炒、蒸，不要多用油。

### 3. 嘴角

仔细观察，有些孩子经常口角有"白茬儿"，是口干引起的，说明有了脾火。可以寻来柿饼上的柿霜给孩子冲水，或是买来杨桃给孩子吃。

### 4. 肛门

小孩子的肛门正常时是粉红色的，肠内有热时，就会呈现红色，颜色越深，说明体内火越大。一旦发现肛门是红色的，就要给孩子吃些去火的蔬菜或水果，比如西红柿、白菜心、甘蔗汁等。一般用梨丝、白萝卜丝、藕丝滴上蜂蜜，沁出汁来给孩子吃了、喝了就很管用了。总之，一定是孩子喜欢的、能接受的，但不要太寒性的食物。

### 5. 大便

每次孩子大便时，家长都应观察孩子，是否便得轻松、顺利，孩子表情如何。如果孩子很痛苦，很费力才便出来，大便又不是软黄便，同时有口臭，那就是有胃火了。尽量给孩子空空胃，少吃点，喝点小米粥、百合粥，荸荠煮水或榨汁，都可以除胃火。

## 二、辅食选择与制作方法

随着宝宝长大，母乳或配方奶粉中的营养逐渐不能满足宝宝的需求，因此妈妈要及时为宝宝添加辅食。添加辅食需要考虑宝宝的发育特点，让宝宝每周都能吃到不同口味的营养辅食。那么不同阶段的宝宝适宜吃哪些辅食呢？这些辅食应如何制作才能既美味又营养？让我们来一起学习0～3岁婴幼儿辅食营养搭配和制作方法。

### （一）婴幼儿辅食选择

宝宝辅食的添加阶段一般是在4个月以后，因为在4个月前，母乳或者配方奶粉完全能满足宝宝的日常需求，这时候添加辅食，可能会导致某些营养物质摄入过多，破坏营养平衡，对宝宝的健康有害无益；而且4个月内的宝宝免疫系统十分脆弱，过早添加辅食更容易引起宝宝过敏。同时宝宝辅食添加也不能太晚，过晚添加辅食会导致宝宝缺乏某种营养的摄入，不利于宝宝的发育。此外4～6个月的宝宝是发展咀嚼能力的重要时期，如果过了这个时期还没有添加辅食，宝宝在日后可能会养成不经咀嚼就吞咽食物的习惯，这对宝宝的消化系统是非常不利的。因此，在4个月之后就可以有意识地根据宝宝的具体情况为其准备多样化的辅食，以保证宝宝的营养均衡，健康成长。可供0～3岁宝宝选择的辅食见表8-1。

表8-1　0～3岁宝宝辅食参考一览

| 月/年龄段 | 辅食名称 |
| --- | --- |
| 4～6个月 | 加铁米粉、挂面汤、苹果汁、雪梨汁、猕猴桃草莓汁、草莓番茄泥、牛奶香蕉糊、小（大）米糊、鳕鱼香菇粥、甜瓜汁、红枣泥、香蕉泥、鸡肝泥、地瓜蛋黄粥、地瓜大米粥、核桃小米粥、南瓜土豆糊、鱼肉松粥、翡翠羹、菠菜大米粥、蔬菜清汤（蔬菜水、汁）、黑芝麻糙米粥、南瓜碎末、胡萝卜番茄汤、芝麻粥、胡萝卜奶汤 |
| 7～9个月 | 苹果燕麦泥、肝泥蛋羹、火龙果泥、豌豆糊、栗子菜粥、香蕉杂果汁、草莓葡萄汁、牛奶南瓜汁、菠萝汁、胡萝卜甜粥、鸡肝鸡架汤、苹果麦片粥、猪肝绿豆粥、卷心菜南瓜汤、牛奶菜花泥、肉蛋豆腐粥、海带蛋黄糊、玉米片牛奶粥、南瓜浓汤、花生粥、黄豆蓉粥、南瓜土豆粥、苹果团薯、鸡脯菜花粥、番茄鱼粥、菠菜蛋黄粥、蛋花鱼、鲈鱼粥、香芹燕麦粥、豆腐菠菜汤、油菜粥、鸡蛋豆腐糊、苹果梨粥、番茄碎面条、鱼泥豆腐苋菜粥、豆腐蛋黄羹、鱼泥胡萝卜、鸡汁粥、紫菜汤、油菜粟米粥、椰汁奶糊 |

续 表

| 月/年龄段 | 辅食名称 |
| --- | --- |
| 10~12个月 | 蛋饺、肉末番茄汤、双米花生粥、小馄饨、鸡肉卷、番茄蛋卷、百合煮香芋、山药红米粥、紫菜粥、土豆饼、鲜虾肉泥、乌龙面、蝴蝶卷、三丝银耳、菠菜面、莲藕粥、蒸南瓜粥、香菇肉粥、南瓜面线、番茄鸡蛋、杏仁苹果豆腐羹、什锦鸡粥、鲜奶鱼丁、地瓜橙杂煮、鹌鹑粥、冬瓜粥、营养蛋饼、黄瓜鸡肉粥、鸡肉软饭、三鲜冬瓜、鸡丝凉拌面、牛肉蔬菜粥、地瓜苹果杂煮、沙丁鱼粥、豌豆汤、红枣小米粥、榛子枸杞子、菠菜土豆粥、菠菜洋葱牛奶羹 |
| 1~1.5岁 | 牛奶西米露、荷包蛋、西蓝花鸡蛋汤、小白菜鱼丸汤、红枣莲子百合粥、肉松粥、蔬菜鸡蛋饼、绿豆薏仁粥、鸡肉土豆丸、菠菜银鱼面、肉末软饭、虾酱炒豆腐、虾片粥、糯米丸子、琵琶豆腐、水晶南瓜包、栗子粥、玉米牛肉羹、番茄土豆鸡肉末、豆沙鲜桃、草莓薏仁奶、柠檬汁拌水果、香蕉酸奶、烤红薯饼、奶油水果球、蔬菜肉末面、金针菇汤、牛肉碎菜 |
| 1.5~2岁 | 番茄豆腐、鳕鱼蔬菜丸、软煎鸡肝、虾仁豆腐豌豆粥、麻酱素包、翠瓜小菜、砂锅豆腐、海参冬菇汤、芝麻猪肝、三色鸡丝、豆皮蛋汤、什锦蒸蛋、嫩肉丸子、虾肉水饺、香油鸡蛋面 |
| 2~3岁 | 松子香干毛豆丁、炸核桃仁、栗子鸡块、什锦鳕鱼丁、花生核桃粥、核桃仁鸡丁、枣核肉、虾皮清炖豆腐、清拌苦瓜丝、蒜蓉莜麦菜、山药芝麻粥、海米油菜、冬菇白菜、黄鱼小馅饼、萝卜牛肉粥、蔬菜豆皮卷、姜汁炒章鱼、三鲜面、番茄鸡肉、水果粥、番茄菠菜面、小米粥、地瓜豆腐、蔬菜肉卷、凉拌海蜇丝、菜花炒虾末、雪菜豆腐汤、冬瓜丸子汤 |

### (二) 不同阶段婴幼儿营养餐制作方法

**1. 4~6个月婴儿营养餐制作方法**

(1) 地瓜蛋黄粥

材料：地瓜适量，鸡蛋1个，牛奶2大匙。

做法：①将地瓜去皮、炖烂并捣成泥状。②将鸡蛋煮熟之后，去除鸡蛋白，把蛋黄捣碎。③将地瓜泥加牛奶用小火煮，并不时地搅动。④待粥黏稠时放入蛋黄泥，再用小火煮一会儿，边搅边煮。

(2) 南瓜土豆糊

材料：土豆20克，南瓜20克，黄油适量，水2/3杯。

做法：①土豆洗净后削皮，切成小块煮熟，趁热再捣成泥状。②把南瓜去皮洗净，放入蒸锅中蒸熟，再放入研磨器中研成泥状。③然后放入盛有土豆泥的锅内，再加入水均匀混合后用火煮，煮片刻后加入黄油调匀即可喂食。

**2. 7～9个月婴儿营养餐制作方法**

(1) 栗子菜粥

材料：栗子 3 个，已泡好的大米 20 克，卷心菜 10 克。

做法：①将栗子剥去外皮、内皮，煮熟后捣碎。②将已泡好的大米研磨成末状，取卷心菜的叶子洗干净以后用水煮一会儿，再磨成菜泥。③将大米末放入平底锅中，加水用大火煮。④当水沸腾时把火调小，再把栗子泥和卷心菜泥一同放入锅里，再用小火煮一会儿，边搅边煮。

(2) 鸡肝鸡架汤

材料：鸡肝 30 克，菠菜 5 克，鸡骨架汤 15 克。

做法：①除去鸡肝上的脂肪，用水煮后捣碎，取 1 小匙。②将鸡肝和鸡骨架汤混合，用微波炉加热 20 秒。③菠菜氽烫后切碎，撒在汤上，待凉即可喂食。

(3) 猪肝绿豆粥

材料：猪肝 20 克，绿豆 20 克，已泡过的大米 30 克。

做法：①将绿豆淘洗干净，浸泡 30 分钟，然后煮熟。②将已经泡好的大米用粉末机打成粉末状。③猪肝洗净，切细丁。锅置火上，加水适量，加入绿豆和大米煮粥，快煮烂时加入猪肝丁。④猪肝熟透后盛出，待凉即可喂食。

(4) 牛奶菜花泥

材料：菜花 20 克，牛奶 20 克，软米饭 1/2 碗。

做法：①菜花清洗干净，取有花朵的部分放入开水中氽烫至软。②将沥干水分的菜花剁成碎末。③将软米饭倒入锅中，添水用大火煮，当水沸腾时把火调小，加入菜花末和牛奶再煮一会儿即可。

(5) 肉蛋豆腐粥

材料：已泡好的大米 30 克，瘦猪肉 10 克，豆腐 1/2 块，鸡蛋 1/2 个，盐少许。

做法：①将已泡好的大米研磨成末状，备用。②将瘦猪肉用冷水洗净后，再用干布擦干，切成小粒。③豆腐用凉水泡 20 分钟，切成块，用水焯一下再研磨成泥。④取熟蛋黄 1/2 个，研磨成泥。⑤把大米末和瘦猪肉粒入锅用大火煮，当水沸腾时把火调小，将豆腐泥、蛋黄泥放入锅里边搅边煮，直至大米熟烂为止。

(6) 蛋花鱼

材料：鱼泥 25 克，鸡蛋 1 个，白糖少许，酱油适量。

做法：①将鱼蒸熟刮取半两鱼泥（注意剔除小刺），用白糖和少许酱油拌匀。②鸡蛋去壳，搅匀。③坐锅点火，锅内加入清水，水开后加入煨好的鱼泥，再淋入蛋液，小火煮开即可喂食。

(7) 鱼泥豆腐苋菜粥

材料：熟鱼肉 30 克，豆腐 1/2 块，苋菜嫩叶 3 片，5 倍水的粥 3 大匙，高汤、熟植物油、盐适量。

做法：①豆腐切细丁，苋菜取嫩芽用开水烫后切细碎，熟鱼肉放入研磨器中压碎成泥，不能有鱼刺。②在5倍水的粥中加入鱼肉泥、高汤煮至熟烂。③加入豆腐丁、苋菜泥及熬熟的植物油，煮烂后加少量盐搅匀，待凉即可喂食。

**3. 10～12个月婴儿营养餐制作方法**

(1) 鸡肉卷

材料：鸡肉100克，鸡蛋1/2个，胡萝卜10克，玉米粒、豌豆、淀粉各1小匙。

做法：①将胡萝卜洗净，去皮后切小丁；豌豆与玉米粒洗净。②鸡肉洗净压干水分，剁成泥，放入大碗中，加入所有材料拌匀。③用铝箔纸包卷成圆圈状，放入锅中，锅里加入1杯水煮至开关跳起，取出切片。

(2) 番茄蛋卷

材料：菠菜叶10克，番茄适量，鸡蛋25克，口蘑5克，调好的配方奶2小匙。

做法：①菠菜叶煮熟后切成5毫米宽长条。将口蘑去轴洗净、切碎。②在捣碎的鸡蛋和1小匙调好的配方奶中加入菠菜叶和口蘑，混匀。倒入平底锅中，加热成鸡蛋卷。③往去皮去籽的番茄中加入调好的配方奶1小匙，在微波炉中加热约20秒，放在煎鸡蛋卷上。

(3) 三丝银耳

材料：银耳20克，猪瘦肉丝、火腿丝、鸡肉丝各50克，姜丝、鸡蛋白、盐、黄酒、淀粉、香油各适量。

做法：①将银耳放入温水中泡开，加水蒸1小时。②猪肉丝、鸡肉丝分别加盐、黄酒、淀粉和鸡蛋白拌匀，油烧至五成热时爆香姜丝。③加入猪肉丝和鸡肉丝翻炒，炒至肉丝变色时倒入银耳、火腿丝及少量水，加盐调味后煮沸，用淀粉勾芡并淋上香油即可。

(4) 香菇肉粥

材料：猪肉馅20克，香菇2朵，芹菜、虾干、红葱头各20克，大米30克，酱油1小匙。

做法：①把虾干、红葱头、芹菜分别择洗干净，切成末。②把香菇泡软，去蒂，切丝，将猪肉馅放入碗中加酱油拌匀备用。③把大米淘洗干净，煮成粥。④最后把猪肉馅、香菇丝、虾末、红葱末、芹菜末放入粥里，煮透即可喂食。

(5) 鲜奶鱼丁

材料：净鱼肉50克，熟植物油、盐、白糖各少许，牛奶及水淀粉各适量。

做法：①将净鱼肉洗净制成鱼茸后，放入适量的盐及水淀粉，然后搅拌均匀。上劲后，放入盆中上笼蒸熟，使之成鱼糕，取出后切成丁状待用。②往锅内加少许清水及牛奶，烧开后加少许盐、白糖，然后放入鱼丁，继续煮一会儿，用水淀粉勾芡，淋少许熟植物油即可喂食。

（6）三鲜冬瓜

材料：冬瓜100克，冬笋丝、蘑菇丝各25克，火腿30克，鸡肝、盐、胡椒面、香油、植物油、葱、淀粉各适量。

做法：①冬瓜洗净切成片；将火腿切片备用；将冬瓜片在水中焯熟。②将砂锅置中火上，下植物油烧至三成熟，放入冬瓜片、火腿片、冬笋丝、蘑菇丝炒一下。③加上鸡汁、盐、胡椒面煮至入味。④用淀粉勾芡，再加葱花、香油，推匙起锅即可。

**4. 1～1.5岁幼儿营养餐制作方法**

（1）肉末软饭

材料：已泡好的大米50克，茄子20克，芹菜50克，瘦猪肉末20克，植物油5克，酱油、盐、葱末、姜末各少量。

做法：①将大米淘洗干净，放入小盆内，加入清水上笼蒸成软饭待用。②将茄子、芹菜择洗干净，切成末。③将油倒入锅内，下入瘦猪肉末炒散，加入葱末、姜末、酱油搅炒均匀，加入茄子末、芹菜末煸炒断生，加少许水、盐，放入软米饭，混合后，尝好味，稍焖一会儿出锅即可喂食。

（2）糯米丸子

材料：鸡肉35克，糯米25克，酱油1/2小匙，白糖5克。

做法：①将鸡肉洗净，切碎成泥，用手（或包纱布）把水分挤掉，再加入酱油、白糖。②把糯米洗净，浸泡30分钟左右，再沥干水分，研磨成末。③在糯米内塞入鸡肉泥，捏成丸状，放入蒸笼蒸5分钟即可喂食。

（3）琵琶豆腐

材料：豆腐1/2块，虾50克，香菜2棵，姜1片，盐、蒜汁各3/4匙，香油少许，鸡蛋1个，植物油、淀粉、香菜各适量。

做法：①豆腐冲净沥干，鸡蛋打散成蛋液。②虾去壳去肠，用盐擦洗干净，沥干水分，拍烂，顺一方向搅匀，加入豆腐及调味料再拌匀。隔水蒸5分钟，凝固后取出。③在豆腐上撒少许淀粉，蘸上蛋液，放入滚油中炸至微黄色盛起，沥油，烧热锅，下油爆香，加入芡汁料煮滚，淋在豆腐上，再伴以香菜即可喂食。

（4）水晶南瓜包

材料：澄面150克，糯米粉10克，胡萝卜泥100克，豆沙馅少许，白糖10克，开水150克，叶绿素适量。

做法：①将澄面加入糯米粉，将胡萝卜泥、白糖和匀放入盘中，上笼屉蒸50分钟，冷却待用。②再将澄面用开水和匀。③将澄面揪成剂（每个15～20克），包入豆沙馅，包成圆形，中间按扁，在边上刻出印。④将制好的半成品上屉蒸 5 分钟左右，出锅即可喂食。

(5) 玉米牛肉羹

材料：牛肉 100 克，鲜玉米棒 2 个，鸡蛋 2 个，香菜 1 棵，姜 1 片，植物油、上汤适量，酱油、盐、味精各适量。

做法：①将鸡蛋打匀，把香菜洗净切碎。②牛肉洗净，抹干水剁细，加调味料腌制 10 分钟，用少许油炒至将熟时，沥去油及血水。③玉米洗净，剔下玉米肉，捣碎。④把适量水及姜煮滚，放入玉米煮熟，约 20 分钟，下酱油、盐、味精，用玉米粉水勾芡成稀糊状，放入牛肉搅匀煮开，下鸡蛋拌匀，盛入汤碗内，撒上香菜即可喂食。

(6) 豆沙鲜桃

材料：豆沙馅 120 克，面肥 10 克，面粉 50 克，白糖 3 克，碱面适量，红曲米水少许。

做法：①将面肥放入盆内，加温水适量抓匀，倒入面粉和成发酵面团，盖上湿布，待其发酵。②把碱面用少许温水泡开，和白糖一起加入面团中，揉匀，搓成条，揪成 10 个面剂，包成桃形，用竹板在桃子中间轻压出一小沟。③逐个做好后，上笼用旺火蒸约 10 分钟，取出用小刷子和竹板刷上红曲米水，码盘即成。

**5. 1.5～2 岁幼儿营养餐制作方法**

(1) 鳕鱼蔬菜丸

材料：鳕鱼肉末 4 大匙，藕末 1 大匙，肉汤 1/2 小碗，酱油、植物油、淀粉各少许。

做法：①把鳕鱼肉末和藕末混合，并放入少许酱油、植物油、淀粉，调和均匀，做成小丸子。②锅内放油，待油热后将丸子依次放入，用小火炸至焦黄色捞出备用。③锅内放肉汤，并加入少许酱油，待汤开后，用淀粉勾芡，然后浇在炸好的丸子上即可。

(2) 软煎鸡肝

材料：鸡肝 100 克，面粉少许，鸡蛋白、盐、植物油各适量。

做法：①将鸡肝洗净，摘去胆囊，切成圆片，撒上盐、面粉，蘸满鸡蛋白备用。②锅置火上，放油烧热，下入鸡肝，煎至两面呈金黄色即可喂食。

(3) 芝麻猪肝

材料：猪肝 50 克，猪肉末 30 克，葱 5 克，姜少许，酱油 1/2 小匙，白糖、牛奶各少许，淀粉 3 克。

做法：①将猪肝浸泡在牛奶中约 10 分钟以除去血汁，然后煮熟、捣碎，

②将猪肉末、猪肝和葱末、姜末、酱油、白糖、淀粉充分混合，再做成椭圆形，撒上白芝麻，在加入少许植物油的锅中烧熟即可。

(4) 三色鸡丝

材料：鸡胸脯肉500克，香肠100克，黄瓜100克，水发海带100克，芝麻酱1大匙，香油1小匙，酱油、白糖、盐各1/2小匙。

做法：①水发海带洗净，入锅蒸20分钟后切丝。②黄瓜洗净，切丝放入碗内，加少量盐略腌后沥干水分，放在海带上面。③将鸡胸脯肉煮熟切丝，覆盖在黄瓜丝上；把香肠切成同样粗细的丝。④把芝麻酱放入碗内，加入少量凉开水，放入盐、酱油、白糖、香油并且调匀，浇在盘中的三丝上，最后把香肠丝撒在上面即可喂食。

(5) 什锦蒸蛋

材料：虾仁60克，鲜香菇1朵，豆腐40克，豌豆1大匙，鸡蛋1个，鱼高汤2大匙，盐少许。

做法：①将虾仁去除肠泥，洗净后切成小丁；香菇去蒂，与豆腐均洗净切小丁；豌豆洗净。②鸡蛋放入小碗中搅散，加入柴鱼高汤拌匀，再放入虾仁、香菇、豆腐、豌豆，加少量盐。③再放入电饭锅中，电饭锅里放1/2杯水蒸至开关跳起即可喂食。

**6．2～3岁幼儿营养餐制作方法**

(1) 栗子鸡块

材料：鸡肉100克，栗子50克，植物油100克，酱油10克，盐3克，白糖、葱、姜各5克，淀粉适量，水2/3杯。

做法：①将鸡肉洗干净，然后切成小块。②将带皮生栗子剪成十字花刀口，用水洗净放入锅内煮透，捞出剥皮待用。③将油放入锅内，烧至五六成热，将葱、姜、鸡块放入锅内煸透，加入酱油、水（浸过鸡块的量）、白糖、盐，开锅后，将栗子放入盖上锅盖，转微火烧至八成烂时，将汁燴去一部分，移到大火上，用淀粉勾薄芡，淋少许油即可出锅。

(2) 什锦鳕鱼丁

材料：鳕鱼肉100克，腰果50克，1个鸡蛋的蛋白液，青椒块、红椒块各25克，鸡汤50克，植物油适量，葱、姜、蒜各5克，盐1/2小匙，淀粉1大匙，香油1/2大匙。

做法：①将鱼肉洗净、切丁，加适量盐、淀粉调匀，用鸡蛋白液上浆备用。②锅点火，油烧至四成热，放鱼丁滑散、滑透，捞出沥干；油烧至五成热时，放腰果炸至熟透，捞出沥油待用。③锅中留适量底油，先放入葱末、姜末、蒜末、青椒、红椒炒香，再添入鸡汤，加入盐调匀，然后放入腰果、鱼丁翻炒至入味，再用淀粉勾芡，淋入香油。

(3) 枣核肉

材料：净猪肉150克，红枣30克，1个鸡蛋的蛋白液，酱油15克，白糖20克，醋10克，淀粉10克，盐1克，植物油50克。

做法：①猪肉切成丁，再剁成肉泥，放碗内，加盐、鸡蛋白拌匀成馅。②红枣放碗内浸泡，待涨开后洗净去核，在内部撒上淀粉，把肉馅分别装入枣内，合拢口，口朝下分别放盘中，如法逐一做完，并在枣上撒匀淀粉，待用。③锅放炉火上，放入植物油烧至六分热时，将枣肉散放油锅中，约炸3分钟，见枣皮收缩肉透时捞起，放在盘内。④倒去锅中炸油，放入开水、酱油、白糖、醋，待烧开即用淀粉勾芡，淋上熟油，再浇在枣肉上即可食用。

(4) 黄鱼小馅饼

材料：黄鱼1条，牛奶25克，葱适量，植物油10克，盐、淀粉各适量。

做法：①将黄鱼肉洗净，剁成泥；葱去皮，洗净切末。②将鱼泥放入碗内，加入葱末、牛奶、盐、淀粉，搅成稠糊状有黏性的鱼肉馅。③将平锅置火上，放入油，把鱼肉馅制成8个小圆饼入锅内，煎至两面呈金黄色即可喂食。

(5) 地瓜豆腐

材料：地瓜30克，豆腐10克，白糖2克，白芝麻3克，酱油2克。

做法：①将地瓜去皮，煮熟变软后趁热捣碎。②将豆腐在微波炉中加热30秒后捣碎，加入白芝麻糊、白糖、酱油调味，将地瓜泥加入拌匀即可。

### (三) 婴幼儿喂养常识

**1. 十种婴幼儿禁食食物**

3个月内不要盐；1岁以内不要蜜；3岁以内不要茶；5岁以内不要补；10岁以内不要腌；婴儿不要吃大豆食品；3岁以内不宜吃巧克力；2岁以内不宜喂鲜牛奶；幼儿不宜多吃笋；功能饮料不宜喝。

**2. 发烧宝宝食谱**

米汤：将大米煮烂去渣，加入少许白糖。

绿豆汤：将绿豆煮烂，取其绿豆汤，加入适量冰糖。

鸡蛋羹：取1~2个鸡蛋打匀，加适量温水蒸熟。

西瓜汁：可促进毒素的排泄。

鲜梨汁：适于发热伴有咳嗽。

**3. 九个止咳小妙招**

伤风咳嗽：红糖姜枣汤。

风寒咳嗽：萝卜葱白、白萝卜蜂蜜。

咳嗽肺痈：鲜梨贝母。

肺虚久咳：冰糖燕窝粥。

久咳咽干：蒸白梨蜂蜜。

止咳祛痰涎：萝卜胡椒。

止咳化痰平喘：豆腐糖。

补虚止咳：糖水冲鸡蛋。

夜咳：芝麻冰糖水。

### 4. 宝宝爱上火吃什么蔬菜好

白菜：有清热除烦、利二便的作用。

芹菜：去肝火，解肺胃郁热。

莴笋：清热，顺气，化痰。

茭白：清热解毒。

莲藕：清热生津，润肺止咳。

茄子：清热解毒。

百合：清热润肺，止咳。

苦瓜：性大凉，味苦，泻六经实火，是一味苦寒清热食品。

### 5. 宝宝轻微缺铁性贫血怎么办

可以给宝宝吃些含铁的蔬菜水果：莲子、黑木耳、海藻、黄花菜、香蕉、橄榄、蘑菇、油菜、动物肝、血豆腐、芝麻、芹菜、香椿、蛋黄、动物肾、香瓜、新小豆、海带、海蜇、虾皮、谷类、胡萝卜、枣、西红柿、大豆制品、鱼、绿色蔬菜。

### 6. 宝宝久咳不愈推荐对症食疗

痰黄咳嗽：吃白萝卜。舌苔黄属痰热，可用白萝卜做汤或炒白萝卜丝。

久咳少痰：食些蒸梨。属阴虚加点热症，用川贝母研成粉，与梨同蒸，再加冰糖，止咳好。也可吃银耳汤、百合粥。

夜间咳嗽：饮白果汤。用白果熬粥或做成白果排骨汤，因白果有微毒，一定要炖得很烂。

### 7. 宝宝巧喝水，远离小毛病

腹泻、呕吐：喝白开水、小米汤、苹果水、胡萝卜水。

解暑：白开水、西瓜水、酸梅汤。

感冒、发烧：白开水、鲜果汁。

咳嗽痰多：白开水、梨水、荸荠水。

便秘：白开水、白萝卜水、青菜水。

### 8. 宝宝辅食中的调味品如何掌握

半岁前后是孩子味觉发育的敏感时期，要让孩子去品尝食物本来的味道。一岁以后可以适当加作料。

在给宝宝添加各种调味品时，最好先从少量开始，通常的原则是：

4~6个月时，辅食最好保持食物的原本味道，即什么都不加。

6~8个月时，就可以适当加入一些淡淡的调味品，味精、鸡精等不要放。

1岁以后，可以吃的食物和调味品就越来越多了，但是不管是什么调味品，都要尽量少使用一些。

## 三、玩具选择与使用方法

喜欢新奇事物是宝宝的天性，对玩具的探索是充分保护孩子天性、开发宝宝智力、挖掘宝宝潜能的一种有效方法，所以许多家长会在宝宝出生后给孩子买各类的玩具。但是由于年龄较小，宝宝注意力集中时间短，许多新玩具宝宝玩一段时间就不想玩了，而且玩具种类那么多，总有一些是不适合宝宝玩的，所以在为孩子挑选玩具的时候可以结合孩子年龄特点和发展需要，选择较为合适的玩具。以下是按照宝宝的年龄来选择玩具的参考。

### （一）0~2个月婴儿玩具选择

有人说新生儿每天的"工作"就是吃喝拉撒睡，其实并非如此。他们从出生就开始用自己的方式感知周围的世界，因此他们在吃饱喝足后也能积极地吸收周围环境中的信息，所以新生儿的玩具主要是从他们的听觉、视觉、触觉等方面入手，使其获得对周围事物的认识。（见表8-2）

表8-2 适合0~2个月婴儿的玩具及玩法

| 名 称 | 建议活动 | 所培养的技能 |
| --- | --- | --- |
| 摇响玩具（拨浪鼓、花铃棒等） | 摇动拨浪鼓，让宝宝寻找声源 | 听觉能力 |
| | 让宝宝抓握拨浪鼓，摇动 | 精细动作、因果关系 |
| 音乐玩具 | 让宝宝倾听声音 | 听觉能力、愉悦情绪 |
| 活动玩具 | 吸引宝宝的视线，追随玩具的活动 | 视觉能力 |
| 镜子 | 让宝宝照镜子，观察自己 | 自我意识 |
| 悬挂玩具 | 悬挂在床头，能吸引宝宝的视线，发出声音 | 视觉、听觉能力 |
| 图片（人像、有一定模式的黑白图片） | 悬挂在床头或贴在墙上让宝宝观看 | 视觉能力 |

## (二) 3~4个月婴儿玩具选择

3~4个月的孩子开始对周围世界特别感兴趣，并且看到感兴趣的事物会全身舞动，所以可以为这个阶段的宝宝选择一些他们可以抓握、观看、亲身感受的玩具。另外，从3个月开始，宝宝可以辨别颜色，特别是靓丽的颜色会引起他们的格外关注，所以在选择玩具时也要注意考虑颜色的选择。最后，这个年龄段的宝宝喜欢用嘴巴去探索世界，所以为他们提供玩具时要特别注意安全，确保材质无毒无害。（见表8-3）

表8-3 适合3~4个月婴儿的玩具及玩法

| 名　称 | 建议活动 | 所培养的技能 |
| --- | --- | --- |
| 家庭相册 | 让宝宝认识自己、父母 | 视觉能力、社会情绪 |
| 婴儿床拱架 | 悬挂各种玩具，便于宝宝抓握、踢打 | 全身的动作、手眼协调能力 |
| 抓握类玩具 | 抓握、摇响 | 手眼协调能力、因果关系 |
| 能发出声音的手镯、脚环 | 戴在宝宝的手腕、脚腕上，增加宝宝活动的兴趣 | 全身的动作、因果关系 |
| 适合宝宝特点的图书 | 读书 | 对书的认识、阅读的兴趣 |

## (三) 5~6个月婴儿玩具选择

这一阶段的宝宝手眼协调能力有了一定的发展，他们可以按照自己的意愿准确地将手伸向玩具，所以这个阶段可以多跟孩子玩游戏，并适当增加玩具的种类，让他们可以看、听、玩。另外，这个阶段的宝宝开始能看着成人进行一些肢体动作并模仿，所以还可以有意识地引导宝宝进行模仿游戏。（见表8-4）

表8-4 适合5~6个月婴儿的玩具及玩法

| 名　称 | 建议活动 | 所培养的技能 |
| --- | --- | --- |
| 浴室玩具（包括沉浮玩具） | 洗澡时放在澡盆或浴缸里，便于宝宝抓握，增加洗澡的乐趣 | 手眼协调能力、认知能力 |
| 软性积木 | 家长给宝宝搭积木，做出新的造型 | 手眼协调能力、认知能力 |
| 软性球类 | 抓握 | 手眼协调能力 |

续 表

| 名 称 | 建议活动 | 所培养的技能 |
|---|---|---|
| 能够发出声音的填充玩具 | 认识填充玩具的名称，如娃娃、小猫等；抱着填充玩具；让玩具发出声音 | 社会行为、认知能力、因果关系 |
| 不倒翁 | 摇晃、试图推倒 | 精细动作、因果关系 |
| 适合宝宝特点的图书 | 读书 | 阅读的兴趣 |

### （四）7~9个月婴儿玩具选择

这个阶段的宝宝开始有了自己的想法，并会简单发音，喜欢到处看、触摸各种东西，会用一只手去拿东西，会把玩具拿起来在手里转来转去，这个时候可以给宝宝提供可供拍打、摆弄的玩具。另外，这个阶段宝宝注意力难以维持，所以在玩具的数量上不宜太多，否则不利于后期对宝宝专注力和探究力的培养。应给宝宝提供几种无毒无害的玩具，并有意识地培养宝宝多玩，为他们养成动手动脑的习惯奠定基础。（见表8-5）

表8-5 适合7~9个月婴儿的玩具及玩法

| 名 称 | 建议活动 | 所培养的技能 |
|---|---|---|
| 拉绳音乐盒 | 捆在婴儿车上，让宝宝学会如何通过拉绳使音乐盒发出声音 | 手眼协调能力、因果关系、音乐能力 |
| 玩具鼓 | 随意敲打，满足宝宝手的动作的需要 | 听觉刺激、手眼协调能力、因果关系 |
| 积木 | 练习抓握；成人用积木搭出造型 | 手眼协调能力 |
| 拖拉玩具 | 推拉，利用玩具上拴的绳把它拉过来 | 解决问题的能力 |
| 带盖的盒子或瓶子 | 盖盖子 | 手眼协调能力、因果关系 |
| 装玩具的小盒子 | 把玩具拿进拿出；藏找玩具 | 手眼协调能力、认知能力 |
| 卡片 | 认识事物的名称 | 认知能力、语言能力 |

### （五）10~12个月婴儿玩具选择

10个月后的宝宝活动能力逐渐增强，活动范围也逐渐扩大，室内活动越来越不能满足他们的大动作发展的需要,他们更愿意到户外去,在自然环境中,发展各项大动作。所以在选择玩具时应更关注宝宝行为动作的练习与发展。(见表8-6)

这个阶段宝宝的手眼协调能力得到进一步发展,他们喜欢一些投放活动,例如把物品放到筐里;经过餐桌,宝宝会伸手去够面巾纸盒,感受把面巾纸一张一张抽出来的快乐。另外,这个时候宝宝对空间开始有了一定的了解,建立起"客体永久性"的概念,会玩"玩具躲猫猫"的游戏了。

表8-6 适合10~12个月婴儿的玩具及玩法

| 名 称 | 建议活动 | 所培养的技能 |
| --- | --- | --- |
| 球 | 滚球、踢球 | 大肌肉运动、因果关系 |
| 爬行隧道 | 练习爬行、攀登,锻炼身体各项技能的协调能力 | 大肌肉运动、探索能力 |
| 套塔/套杯 | 把套塔/套杯按照大小套上去;旋转套塔/套杯,体会力量与速度的关系 | 手眼协调能力、大小概念、因果关系 |
| 玩具琴 | 随意按键,满足宝宝手的动作的需要;根据音乐做动作;给宝宝弹一首曲子 | 听觉刺激、手眼协调能力、因果关系 |
| 形状分类玩具 | 认识形状 | 形状概念 |
| 金属丝串珠玩具 | 上下移动珠子 | 手眼协调能力、因果关系 |
| 婴儿餐椅 | 吃饭、游戏 | 生活自理能力 |

## (六) 13~15个月幼儿的玩具选择

这个阶段的孩子身体和认知开始有了快速的发展,这时宝宝的运动和感觉能力提高,会模仿做操,能合着节拍活动手脚和身体。多数宝宝已经学会了走路,活动能力大大加强。也能说一些简单的词语来表达自己的需要,理解力和语言能力有了很大进步。手眼配合能力提高,喜欢用笔在纸上涂画。(见表8-7)

表8-7 适合13~15个月幼儿的玩具及玩法

| 名 称 | 建议活动 | 所培养的技能 |
| --- | --- | --- |
| 球 | 滚球、扔球、抛球、踢球等 | 大肌肉发展、手眼协调能力、身体协调能力 |
| 积木 | 垒高、推倒、延长、敲打等;认识积木颜色;感知积木形状 | 空间、颜色、形状概念 |

续 表

| 名　称 | 建议活动 | 所培养的技能 |
|---|---|---|
| 各种形状的立体插孔玩具 | 把不同形状的玩具插到不同的形状中去 | 精细动作、形状感知 |
| 儿童图画书或色彩卡片 | 认识颜色、听故事、翻书等 | 精细动作发展、认知能力、语言表达能力 |
| 玩具电话 | 模仿打电话 | 想象力、语言能力 |
| 电子玩具 | 根据玩具功能自由探索 | 手眼协调能力 |
| 能发出声音的拖拉玩具 | 随意推拉 | 身体协调性、行走能力 |
| 毛绒玩具 | 认识四肢和五官 | 语言表达能力、认知能力、想象力 |

**（七）16～18个月幼儿的玩具选择**

这时孩子开始尝试活动自己的身体，喜欢到处探险。这时他们无论是简单的大动作还是精细的小动作，两方面的水平发展得都较快，手眼配合水平、手的操作水平明显提升。（见表8-8）

表8-8　适合16～18个月幼儿的玩具及玩法

| 名　称 | 建议活动 | 所培养的技能 |
|---|---|---|
| 大型推动玩具 | 随意推动；在车里放不同种类的物品，送到指定的地方 | 行走能力 |
| 沙包 | 抓握活动；投掷游戏；认识沙包形状、颜色和数量 | 空间、颜色、形状概念 |
| 钥匙（消毒、易拿） | 模仿开门、开盒子、开箱子 | 想象力、观察力 |
| 油画棒（消毒、易拿） | 在涂鸦区域随意涂涂画画 | 精细动作发展，颜色、形状概念 |
| 形状盒 | 先认识圆形、方形、三角形，把不同的形状放到相应洞穴里，并说出形状名称；说出形状的颜色，数出数量 | 形状、颜色概念 |
| 洒水玩具 | 浇花或把水洒在适宜的地方；把水倒入其他容器，先倒入一个大容器，再倒入一个小容器 | 手眼协调能力、容积概念 |

续　表

| 名　称 | 建议活动 | 所培养的技能 |
|---|---|---|
| 烹饪玩具 | 假装做饭；帮助宝宝把不同的食物分类（如水果、蔬菜等） | 精细动作、想象力、分类能力 |
| 玩具车 | 让宝宝往卡车上装货物，推着卡车前进；编故事，给宝宝描述卡车经过的地方，遇到的人和事情 | 大运动、精细动作、语言能力、想象力 |

### （八）19～21个月幼儿的玩具选择

这个阶段是孩子吸收性思维和各种感知觉发展的敏感期，是器官协调、肌肉发展和对物品发生兴趣的敏感期。这个时期的孩子喜欢到处探险，用手探索各种东西，家中的任何物品对他们来说都是玩具，也都是教材。他们精力无穷，合适的玩具就显得更加重要。（见表8-9）

表8-9　适合19～21个月幼儿的玩具及玩法

| 名　称 | 建议活动 | 所培养的技能 |
|---|---|---|
| 凹凸的塑料积木及操作板 | 拼搭成各种物品；在操作板上玩积木配对的游戏 | 精细动作、想象力、观察力 |
| 简单拼图（不超过5个部件） | 演示后让宝宝拼起来；根据拼图编故事，讲给宝宝；在组合好完整的拼图后，拿走其中的一个部件，问宝宝哪个不见了 | 观察力、精细动作、语言能力、记忆力 |
| 玩具录音机（耐用，经得起摔，最好有录音功能） | 逐步让宝宝自己操作录音机播放喜欢的音乐；帮助宝宝录下自己的声音，回放给宝宝听，让他认识自己的声音；录下一些熟悉的声音（如风声、雨声、熟悉的家庭成员的声音等），让宝宝辨认 | 精细动作、因果关系、音乐能力、自我概念、记忆力、辨别力 |
| 玩具手电筒 | 开、关手电筒，寻找光源；对黑暗的地方用手电筒的亮光做探索；在手电筒的镜片前贴上不同颜色的玻璃纸，观察灯光颜色的变化，并说出每一种颜色 | 精细动作、因果关系、颜色概念 |
| 打击乐器（鼓、响铃、沙锤等） | 先做示范，让宝宝即兴演奏；准备一段节奏鲜明、欢快的音乐，让宝宝跟着音乐打节奏；每个人拿一个乐器，组成一个打击乐队，一起为一首乐曲打节奏 | 因果关系、音乐能力 |

续 表

| 名　称 | 建议活动 | 所培养的技能 |
| --- | --- | --- |
| 万花筒 | 拧动万花筒，体验视觉的变化；让宝宝说出看到的是什么；给宝宝解释万花筒的原理 | 精细动作、因果关系、语言能力、观察力、科学概念 |
| 玩具排序 | 根据颜色把玩具分类；根据大小给玩具排序 | 分类能力、颜色概念、大小概念、排序能力 |
| 四轮自行车 | 学习骑车，学习前进、后退、转弯等技巧；过家家，扮演邮递员送信 | 对身体的控制能力、身体协调能力、腿部力量、认识方向、想象力、语言能力 |
| 滑梯 | 爬上去，滑下来 | 大肌肉动作，理解上、下、高、矮的概念，空间关系，语言能力 |
| 秋千 | 荡秋千 | 大肌肉动作，愉悦情绪，理解空间概念、高低关系 |
| 串珠 | 串成项链 | 双手协调能力、想象力、认识颜色、形状概念 |
| 橡皮泥 | 随意捏出各种形状和物品；利用捏出的各种物品过家家 | 精细动作、认识颜色概念、想象力、社会行为 |
| 手偶 | 学习用手控制手偶；利用手偶编故事 | 精细动作、因果关系、想象力、语言能力 |
| 配对卡片（采用宝宝熟悉、感兴趣的图案） | 观察卡片的相同与不同之处，练习配对；用卡片编排一个简单的图形，如一张红色的、一张绿色的、一张黄色的等 | 观察力、分类、排序 |
| 清洁玩具（大小适合宝宝使用的簸箕、刷子、笤帚、海绵等） | 鼓励宝宝自己扫地、擦桌子 | 自理能力、精细动作 |
| 适合搂抱的玩具动物或玩具娃娃 | 过家家；编故事：小动物有点感冒，需要照顾 | 社会行为、想象力、语言能力 |

## （九）22～24个月幼儿的玩具选择

这个阶段孩子的活动能力和活动范围有了较大的提高，他们喜欢爬上爬下，喜欢模仿父母做事，如擦桌子、扫地、做饭等，也喜欢模仿小哥哥、小姐姐做游戏等。另外，这个时期的孩子还喜欢看电视，特别是电视广告、动画片；喜欢听父母讲故事；喜欢大动作游戏；会学着把玩具整理好，并且对自己能够独立完成一些事情感到骄傲。（见表 8-10）

表 8-10　适合 22～24 个月幼儿的玩具及玩法

| 名　称 | 建议活动 | 所培养的技能 |
| --- | --- | --- |
| 四轮自行车 | 学习骑车，学习前进、后退、转弯等技巧；过家家，扮演邮递员送信 | 对身体的控制能力、身体协调能力、腿部力量、认识方向、想象力、语言能力 |
| 滑梯 | 爬上去，滑下来 | 大肌肉动作，理解上、下、高、矮的概念，空间关系，语言能力 |
| 秋千 | 荡秋千 | 大肌肉动作，愉悦情绪，理解空间概念、高低关系 |
| 串珠 | 串成项链 | 双手协调能力、想象力、认识颜色、形状概念 |
| 橡皮泥 | 随意捏出各种形状和物品；利用捏出的各种物品过家家 | 精细动作、想象力、认识颜色概念、社会行为 |
| 手偶 | 学习用手控制手偶；利用手偶编故事 | 精细动作、因果关系、想象力、语言能力 |
| 配对卡片（采用宝宝熟悉、感兴趣的图案） | 观察卡片的相同与不同之处，练习配对；用卡片编排一个简单的图形，如一张红色的、一张绿色的、一张黄色的等 | 观察力、分类、排序 |
| 清洁玩具（大小适合宝宝使用的簸箕、刷子、笤帚、海绵等） | 鼓励宝宝自己扫地、擦桌子 | 自理能力、精细动作 |
| 适合搂抱的玩具动物或玩具娃娃 | 过家家；编故事；小动物有点感冒，需要照顾 | 社会行为、想象力、语言能力 |

### （十）2～6 岁幼儿的玩具选择

幼儿期孩子的玩具种类多样，除了常规的幼儿玩具之外，生活用品，如锅碗瓢盆、座椅板凳、杯子、瓶子、废旧纸张等都可以是他们的玩具。而在这个阶段的幼儿，只要给他们安全的环境，他们自己就会玩。

**1. 适合 2～3 岁幼儿的玩具**

（1）发展想象力的玩具：注射器、听诊器、化妆品、梳子、镜子、厨房炊具、玩具娃娃等。

（2）发展语言和认知能力的玩具：小动物、汽车等交通工具、娃娃、图书等。

（3）发展思维和动手能力的玩具：积木、橡皮泥、磁力球、画板等。

（4）发展腿部肌肉和身体协调性的玩具：摇摆车、平衡车、球类等。

**2. 适合 3～6 岁幼儿的玩具**

这一阶段可以为孩子提供的玩具可以有颜料和刷子、彩笔、彩色书、涂鸦和书写的本子、编织物、做卡片用的工具、串珠等，具体可参考以下几个方面。

（1）运动型玩具：有利于宝宝锻炼体能，如球类、跳绳、小自行车、沙包等。

（2）技巧型玩具：有利于锻炼小肌肉群及机体协调能力，如钓鱼玩具、画板和画笔、投球、套圈等。

（3）智力型玩具：有利于锻炼思维和动手能力，如拼图板、插塑积木、积木、橡皮泥。

（4）训练匹配和记忆的用具：书、钟、表，装有合适软件的计算机。

（5）需要利用小肌肉运动来制造的玩具：需要装在一起的小物体，如洋娃娃、小家具、小汽车、小农具。

（6）教穿衣技能的玩具：如扣子、鞋带、拉链、按扣、娃娃及其附属物。

（7）教生活技能的玩具：儿童用拖把、扫帚、簸箕、熨斗及熨板；儿童用的塑料工具，如锤子或螺丝刀；沙子、小汽车；等等。

## 四、育儿游戏与指导技能

游戏是孩子最喜欢的活动，爸爸妈妈是孩子最喜欢的人，所以在婴幼儿阶段与孩子进行适宜的亲子游戏是孩子最快乐的事情。他们在获得快乐的同时，还能获得身体、认知、社会性及情绪情感的多方面发展。

## （一）0～1岁亲子游戏

**1. 感知游戏**

（1）听声寻物。妈妈利用简单的话语、声音和动作引孩子来寻找所在位置，对着孩子左右拍手吸引他的视线，然后问他：手手拍哪边？要他指出位置。或者不断摇动一些发出声响的玩具，例如摇铃，问孩子：哪边摇铃响？答对就要赞赏孩子。

（2）踢响球。把一个响球或是有铃声的气球放在孩子可以碰触到的地方，孩子在活动过程中触碰到球会发出声音，促使孩子有意识地进行碰触。

**2. 操作游戏**

（1）套圈游戏。准备塑料小棍一根，大小不一的小圆环若干。

①小棍垂直放置。妈妈垂直拿着小棍，让孩子把小环依次套在小棍上；然后让孩子自己一手垂直拿着小棍，另一只手用大拇指、食指和中指3根手指捏住小环，套在小棍上。

②小棍水平放置。妈妈水平拿着小棍，让孩子把小环依次套在小棍上；然后让孩子自己一只手水平拿着小棍，另一只手用大拇指、食指和中指3根手指捏住小环，套在小棍上。

（2）听指令取物。妈妈说一个孩子认识的物品，孩子按照妈妈说的具体位置，找到物品拿给妈妈。

## （二）1～2岁亲子游戏

**1. 感知游戏**

盒中寻宝。首先妈妈可以用碗盖着一些孩子喜爱的小玩具或食物，然后让孩子寻找；接着根据宝宝情况加深难度，用一个纸盒盖着藏有玩具或食物的碗，再让孩子寻找。然后妈妈要说出物件的名称，提示孩子寻找，当孩子找到后一定要称赞他。

**2. 操作游戏**

（1）叠叠乐。准备一些积木或是无毒的废旧盒子，和孩子一起将积木或盒子叠起来。

（2）放珠子。准备大一些的珠子，让孩子把珠子从一个盒子放到另一个盒子中。

**3. 童谣游戏**

手指歌。"两个拇指，弯弯腰，点点头；两个食指，变公鸡，斗一斗；两个小指，钩一钩，做朋友；两个手掌，碰一碰，拍拍手。"妈妈边唱儿歌边和孩子一起互动。

### (三) 2~3岁亲子游戏

**1. 认知游戏**

（1）分类放衣服。妈妈将晾干的全家人的衣服收起来放在床上，让孩子认识每件衣服是谁的，然后让他将爸爸的衣服放在床头的一端，将妈妈的衣服放在另一端，将自己的衣服放在床的中间。放对了给予表扬，放错了让他仔细观察后再放，直到放对为止。

（2）找一找我在哪。准备一组相对应的图片和实物，可以是水果、蔬菜和日用品等。让孩子根据图片找实物或根据实物找图片。开始可以是一种，而后慢慢增加种类。

（3）猜猜我在哪。妈妈将两只空碗倒扣在地上，把一样玩具或水果放在其中一只碗下边，让孩子注意看妈妈移动碗的位置，最后猜一猜哪只碗下有东西。可以根据孩子的能力增加交换次数以及碗的数量。

（4）煎鸡蛋。打一个生蛋，让孩子观察蛋黄、蛋清；再把蛋煎熟，观察蛋清变白；最后和孩子一起做煎鸡蛋的游戏，准备几张大的白圆纸片和小的黄圆纸片，引导孩子把黄色纸粘到白色纸上，"鸡蛋"就煎好了。

**2. 想象游戏**

（1）做饭游戏。事先为孩子准备一些做饭会用到的物品及玩具，妈妈可以和孩子说今天吃什么饭，和宝宝讨论怎么做。

（2）打电话游戏。准备一部玩具手机或是废旧手机，妈妈引导孩子模仿大人打电话，通过打电话的方式与孩子进行语言互动。

提示：孩子最喜欢模仿的成人，都是他在日常生活中经常接触到的人。家庭中注意提供一些孩子能进行模仿游戏的物品、玩具及各种材料，而这些东西又是他在手边能经常拿得到的，就能使孩子有较多的机会主动运用这些东西进行某些模仿活动。父母和家人的任务是支持他进行模仿游戏，同时参加到游戏中去配合他玩得更逼真。

**3. 运动游戏**

（1）踏板行走。游戏前，准备两块比孩子的脚稍大一些的硬泡沫塑料板或木板，用绳子在板的两侧中间穿过；若用木板，可在左右两侧各钻一个洞将绳子穿出；绳子的长度从板子到孩子的腰部，绳子的两端打成结。游戏时，让孩子的两脚各踏在一块板上，两手各拉一根绳子。用右手拉绳提起右脚，向前走一步，再用左手拉绳提起左脚，向前走一步。左右两手轮换拉绳，提起左右两脚，轮换踏板向前行走。

提示：开始教孩子踏板行走时，可以慢一些，先一步并一步地走，等孩子熟练后，再教他两脚轮换行走。

(2) 摇小船。孩子坐在床上，两腿弯曲，两臂抱住弯曲的双腿，用力使身体向前后移动，像只小船在摇。刚开始的时候，父母可以给孩子一些帮助。

**4. 歌谣游戏**

(1) 小手爬山。妈妈一边唱儿歌"小小手学爬山，一爬爬到脚背上，脚背脚背摸摸。小小手学爬山，一爬爬到膝盖上，膝盖膝盖碰碰。小小手学爬山，一爬爬到肚子上，肚子肚子揉揉……"，一边引导孩子做动作，让孩子通过游戏来认识自己的身体。

(2) 手指游戏。妈妈边唱边做律动，"一根手指点点，两根手指剪剪，三根手指弯弯，四根手指叉叉，五根手指变小花"，引导孩子一起做动作，并不断学会边唱边做动作。

### (四) 3~4 岁亲子游戏

**1. 认知游戏**

(1) 空气宝宝。用一些薄的塑料袋，和孩子一起去抓空气。妈妈把袋撑开，再快速扎紧，让袋里充满气；然后引导孩子用手去拍"空气宝宝"，在拍的同时告诉孩子上和下等方位。

(2) 不同的声音。在相同的饮料瓶里分别装一点水、米和一颗石头，摇一摇给孩子听，让孩子感受不同的声音；然后放音乐，让孩子跟着音乐玩自制的乐器。

(3) 钥匙开锁。准备一把钥匙、一把锁，妈妈先表演给孩子看，如何才能用钥匙打开锁，接着就让他自己去开锁，如果打不开，就不断启发他，引导孩子自己想办法，直到打开为止。

**2. 想象游戏**

娃娃家游戏。妈妈要为孩子准备游戏需要的烧饭的锅、炉子、餐具、清洁用具、小推车、床以及被褥等玩具及物品。妈妈引导孩子扮演爸爸或妈妈，将娃娃当成自己的孩子，去为娃娃烧饭、喂饭、洗脸、洗澡、洗衣，抱娃娃出去玩，陪娃娃睡觉，等等。

**3. 运动游戏**

(1) 踩影了。在较大的场地上，选择或营造一个有影子的环境，可以多邀请一些人参与游戏，互相踩影子，同时躲避，防止自己的影子被踩到。

(2) 气球比赛。妈妈先和孩子一起动手制作球拍或是用大一点的扇子当作球拍。用打气筒吹一些气球，绑好。然后，爸爸妈妈就可以和孩子一起进行气球比赛了，看看谁的气球可以保持不掉落。

**4. 童谣游戏**

歌谣《卷白菜》。"卷、卷、卷白菜，卷完了白菜我洗白菜。洗、洗、洗白菜，洗完了白菜我切白菜。切、切、切白菜，切完了白菜我炒白菜，炒、炒、炒白菜，炒完了白菜我吃白菜。啊……呜。"妈妈边唱儿歌边和孩子一起创编动作。

## （五）4～5岁亲子游戏

### 1. 认知游戏

（1）找错误。妈妈对孩子说："我说的每句话都有不对的地方，你来帮我听一听，把错的地方指出来。"孩子指出一个错误，可以弹一下爸爸（妈妈）的脑门；反之，爸爸（妈妈）弹一下孩子的脑门。当孩子指出错误时，再引导他说出正确的词句。例：①象的个子小，可是力气非常大；②火车可以在公路上开；③春天，知了在树上叫；④水结了冰，就变成了石头；⑤乌龟是六只脚，蚂蚁是四只脚。

（2）听指示，做反动作。由家长说出一个词，孩子做相反的动作。起初可以只用一对相反的词；孩子较大时，就可以用两对甚至三对相反的词做游戏了。比如：家长说"大圆圈、小圆圈"。孩子听到"大圆圈"，用两只手比成小圆；听到"小圆圈"，用两只手比成大圆。家长随意排大小顺序。

孩子在正确理解反义词的基础上正确反应，正确率越高，说明听觉注意越好。同时可以由孩子来"发号施令"，家长严格按照规则来做，以增强游戏的趣味性，发展孩子的学习能力。要注意孩子在游戏中提出的问题，给孩子思考的空间。

（3）捞鱼捉虾。准备一个盆、若干活的鱼虾、有柄的小网兜或大汤勺，也可以用玩具鱼虾代替。引导孩子学习一条一条地捞鱼虾，让孩子在捞鱼虾的过程中学习数数。当孩子熟练游戏后，和父母进行比赛。

### 2. 想象游戏

商店游戏。孩子扮演售货员（可由父母或其他家人扮演顾客）售货。可用纸制成游戏用的钱，家中的盒、罐、瓶、水果、糖果、玩具等都可以作为商品进行游戏。同时可以和孩子互换角色来进行商店游戏。

### 3. 运动游戏

（1）毛毛虫。准备小呼啦圈两个，每个家庭派出一个小孩和两个大人，三人排成一列纵队，第一个圈套在前面两人身上，第二个圈套在后两人身上，比比哪组先跑完规定路线。为了加大难度，可在路线上设置独木桥、山洞等障碍物。

（2）跳格子。家长将一个沙包扔在任意格子内，孩子根据沙包掉落的格子位置，依次沿着所有的格子单脚跳，从这头跳到另外一头，沿途要捡起掉落的沙包并带回终点。

**4. 歌谣游戏**

（1）拍手游戏。妈妈边唱儿歌边与孩子拍手。

儿歌："你拍一，我拍一，一个小孩坐飞机。你拍二，我拍二，两个小孩丢手绢。你拍三，我拍三，三个小孩去爬山。你拍四，我拍四，四个小孩写大字。你拍五，我拍五，五个小孩敲锣鼓。你拍六，我拍六，六个小孩拣豆豆。你拍七，我拍七，七个小孩穿新衣。你拍八，我拍八，八个小孩吃西瓜。你拍九，我拍九，九个小孩齐步走。"

（2）小鸭捉鱼。妈妈念儿歌时，孩子站在路沿上准备往下跳，儿歌念完，跳下"水"，按家长的要求捉"鱼"（1条、2条或许多条）。

儿歌："小鱼小鱼游游游，游来游去真自由。小鸭小鸭爱吃鱼，跳到水中去捉鱼。"

## （六）5~6岁亲子游戏

**1. 认知游戏**

（1）比大小。准备20以内的数字卡片。

①出牌比大小。爸爸（妈妈）和孩子各有一半牌，每次双方各出一张牌，都反扣在桌上然后数一、二、三，同时把出的牌翻过来。比较这两张牌的数目，若是一样大的，就各自收回牌；若不是一样大的，小的牌被大的牌"吃掉"，归大牌所有者（这两张牌不能再用来出牌）。直到把双方的牌都出完，最后看谁得到的牌多谁就赢了。

②翻牌比大小。先把牌都反扣在桌上，爸爸（妈妈）和孩子各翻一张牌，比较牌的数目，若是一样大的，就仍翻转回原处；若不是一样大的，就大牌"吃掉"小牌，这两张牌都归翻到大牌的人。直到把反扣的牌都翻完，最后看谁得到的牌多谁就赢了。

（2）词语接龙。可以两人可以多人，游戏选定一个人作为开始，第一个人说一个词语，而后第二位及后面的每一位说的词语的第一个字都要是前一位说的词语的最后一个字（可以是同音字），谁接不下去就算输。输的人作为游戏开头重新开始。

（3）大西瓜、小西瓜。家长和孩子面对面站立，家长说"大西瓜"，孩子就做"小西瓜"的手势；家长说"小西瓜"，孩子就做"大西瓜"的手势。错者淘汰，最后未被淘汰者为胜。

**2. 想象游戏**

医院游戏。妈妈扮演医生为娃娃看病，利用针筒、听诊器、纱布、棉球、塑料瓶等，可以用废旧物自制游戏的材料，模仿医生为娃娃听诊；两人互换角色或者邀请其他家庭成员来参与游戏。

### 3. 运动游戏

（1）大转轮。在没有阻碍的较大的空间，爸爸和孩子面对面站好，爸爸的双手拉住孩子的双手。爸爸说"一、二、三"，把孩子提起来，一边说"大转轮转起来了"，一边以自己为中心转圈。如果转累了，不妨提着孩子小幅度地左右摇摆。

（2）夹零食比赛。妈妈示范筷子的拿法给孩子看，接着让孩子试着用筷子去夹东西，和爸爸比赛；在两个碗里放些小零食，让孩子和爸爸各拿着一个碗，再给他们另一个空碗；当妈妈说开始时，孩子和爸爸就得用手上的筷子把碗内的东西夹进空碗里；第一个完成的则为胜者。等全部结束后，可以让胜者吃掉这些零食。

（3）抢种抢收。桌子依次放两排核桃，妈妈和孩子手里各拿一个筐，同时出发，看谁先把桌子上的核桃拿完，更快到达终点者为胜。

### 4. 手工游戏

（1）巧玩广告纸。①准备各种广告纸，把广告纸裁成长纸条，和孩子一起做彩链，布置在孩子的卧室里。②折纸游戏：可以折成小船、帽子、青蛙、宝塔、飞机等。③把广告纸上的图案、文字分别剪下来，玩认字游戏。④把完整图案的广告纸剪成几片或十几片，玩拼图游戏。提示：在把广告纸扔掉以前好好利用一下，不用专门去买手工书和拼图，既环保又经济，就地取材，只需要一点儿灵感。

（2）巧玩薯片桶。①家长和孩子一起发挥想象，用一些瓦楞纸或是好看的彩纸等来装饰薯片桶，制成一个创意的笔筒。②把薯片桶加工形成一些造型奇特的摆件。

### 5. 科学游戏

（1）看七色彩虹。准备不透亮塑料袋（如塑料信封）、小镜子、水盆、手电筒、白纸、剪刀。用剪刀在塑料袋上剪出一个1厘米×10厘米大小的长方形孔；把小镜子放入袋内，镜面从长方形孔处露出。一同放入水盆中，使镜面处在水面之下，斜靠在盆沿；用手电对着镜面照射，让镜面反射的光线照在白纸上；仔细看会发现白纸上会显现一个亮块，能看到彩虹的颜色。

（2）自制灭火器。点燃小蜡烛，滴几滴烛油，把它固定在杯子里；在另一只杯子中加入少量小苏打，再加入少许食醋。小苏打粉末开始冒泡，慢慢将杯子中的泡沫倒向燃烧的蜡烛；这时就会发现确实就像泡沫灭火器一样，只一瞬时，蜡烛就熄灭了。注意：在做科学游戏时一定要强调在家长的关注和引导下完成。

### 6. 歌谣游戏

（1）《什么声音》。"天空中轰隆隆，什么声音响？轰隆隆轰隆隆，打雷声音响。天空中哗啦啦，什么落下来？哗啦啦哗啦啦，雨滴落下来。天空中呼呼呼，什么刮起来？呼呼呼呼呼呼，大风刮起来。"

（2）《牵牛花》。"牵牛花，爬篱笆，爬到膝盖笑哈哈。牵牛花，向上爬，爬到肩膀吹喇叭。牵牛花，继续爬，爬到头顶来玩耍。滴滴答，滴滴答，小朋友们笑哈哈。"

（3）《谁的耳朵长又长》。"谁的耳朵长又长？小兔耳朵长又长。谁的嘴巴尖又尖？小鸡嘴巴尖又尖。谁的脖子长又长？长颈鹿脖子长又长。谁的鼻子长又弯？大象鼻子长又弯。谁的胡子翘两边？小猫胡子翘两边。谁的尾巴粗又大？松鼠尾巴粗又大。"

玩法：妈妈和孩子可以一起创编童谣韵律，加上动作展示出来，让孩子感受节奏的美。

## 参考文献

[1] 宋微. 婴幼儿辅食喂养与配餐：升级版 [M]. 长春：吉林科学技术出版社，2012.

[2] 李营. 0～3岁婴幼儿潜能开发与游戏指导 [M]. 北京：人民邮电出版社，2018.

[3] 胡志远，张舒. 童谣游戏 [M]. 上海：复旦大学出版社，2016.

# 第九章　女性与信息化技能

**本章要点**

进入 21 世纪以来，社会信息化进程逐渐加快，信息化在不断推进社会发展的同时，也在不断影响和改变着个人的行为方式。具备良好的信息素养是女性人才的重要特征和基本要求。女性人才不仅要有知识积累的毅力，而且要掌握知识搜索和信息处理的技能。

本章首先介绍了信息化技能的内涵，然后介绍了生活中各类信息的获取方式和处理技术，最后通过典型的案例详细介绍了数据处理软件和音视频信息的处理技术，并附有实际操作步骤，提升女性信息化素养的同时提高了实操技能。

## 一、信息化技能的内涵

### （一）信息化的内容

信息化是指发展以计算机为主的以智能化工具为代表的新生产力，并使之造福于社会的历史过程。信息化是以现代通信、网络、数据库技术为基础，将所研究对象各要素汇总至数据库，供特定人群生活、工作、学习、辅助决策等和人类息息相关的各种行为相结合的一种技术。

比如：家庭信息化平台是指通过有线或无线方式，在家庭内部建立起集控制网络和多媒体信息网络于一体的家庭信息化平台，实现信息设备、通信设备、娱乐设备、家用电器、自动化设备、家居设施、家庭安防设施等家居设备的互联、管理以及信息化资源的共享和控制。

家庭信息化应用包括的内容很丰富，分类方法也有多种。可以将其分为五个方面十四项服务，包括家务管理、家政管理、文化修养、交流沟通和一般事务，涵盖了房屋智能控制、能源控制、房屋安全管理、家庭理财管理、预订交通工具、家庭医疗、家庭办公、家庭教育、家庭娱乐、家庭创造性活动、通信、咨询、社区服务和数据库管理等，也可以将其分为便利家、健康家、影音家、游戏家、同城购、安全家、智慧家七个方面。

### （二）女性信息素养

信息素养内涵广泛，分为不同层次。它主要包括三方面内容：信息意识、信息能力和信息道德。

#### 1. 信息意识

信息意识是指对信息、信息问题的敏感程度，是对信息进行捕捉、分析、判断和吸收的自觉程度。未来世界将是以信息、知识、科技占主导的社会，新时代女性必须有信息意识，掌握信息技能。

#### 2. 信息能力

信息能力是指在特定环境下运用信息知识、技术和工具解决信息问题的能力。它包括对信息基本概念和原理的理解与掌握、对信息资源的收集整理与管理、信息技术及其工具的选择使用、信息处理过程的设计等能力。

#### 3. 信息道德

信息技术，特别是网络技术的迅猛发展，给人们的生活、学习和工作方式带来了根本性变革，同时引出许多新问题，如侵犯个人信息隐私权、软件知识产权、软件使用者权益，网络信息虚假传播，网络黑客，等等。针对这些信息问题，出现了调整人们之间以及个人和社会之间信息关系的行为规范，这就形成了信息伦理。能不能在利用信息能力解决实际问题的过程中遵守信息伦理，体现了一个女性人才信息道德水平的高低。

这三者中，信息能力是信息素养的核心和基本内容，信息意识是信息能力的基础和前提，并渗透到信息能力的全过程。具有强烈的信息意识，才能激发信息能力的提高。信息能力的提高，也促进了人们对信息及信息技术作用和价值的认识，进一步增强了应用信息的意识。信息道德则是信息意识和信息能力正确应用的保证，它关系到信息社会的稳定和健康发展。

## 二、信息的获取技能

### （一）常见的信息类型

#### 1. 文本信息

文本（text）就是指各种文字信息，包括文本的字体、字号、格式以及色彩等信息。文本是计算机文字处理程序的处理对象，也是多媒体应用程序的基础。通过对文本显示方式的组织，多媒体应用系统可以更好地把信息传递给用户。

文本数据可以在文本编辑软件里面进行制作，例如使用Word、WPS或记事本等应用程序所编辑的文本文件，基本上都可以被输入多媒体应用系统。但一般多媒体文本直接在制作图形或图像的软件或多媒体编辑软件中一起制作。

常见的文本文档的扩展名有 txt、doc、docx、wps 等。

**2. 图形和图像信息**

图形图像文件大致上可以分为两大类：一类为位图文件，另一类为矢量类文件。前者以点阵形式描述图形图像，后者是以数学方法描述的一种由几何元素组成的图形图像。位图文件在有足够的文件量的前提下，能真实细腻地反映图片的层次、色彩，缺点是文件体积较大，一般说来，适合描述照片。矢量类图像文件的特点是文件量小，并且任意缩放而不会改变图像质量，适合描述图形。

常见的图形图像文件格式有 bmp、jpeg、psd、gif 等。

**3. 音频信息**

音频（audio）除了包含音乐、语音外，还包括各种声音效果。将音频信号集成到多媒体中可以提供其他任何媒体不能取代的效果，不仅烘托气氛，而且增加活力。音频信息增强了对其他类型媒体所表达的信息的理解。

数码音频系统是通过将声波波形转换成一连串的二进制数据来保存原始声音的，实现这个步骤使用的设备是模/数转换器（A/D）。它以每秒上万次的速率对声波进行采样，每一次采样都记录下了原始模拟声波在某一时刻的状态，称之为样本。将一串样本连接起来，就可以描述一段声波，把每一秒钟所采样的数目称为采样频率，单位为赫兹。采样频率越高，所能描述的声波频率就越高。对于每个采样，系统均会分配一定存储位来表达声波的振幅状态，称之为采样分辨率或采样精度，每增加一个位，表达声波振幅的状态数就翻一番。采样精度越高，声波的还原就越细腻。

音频文件有多种格式，常见的有波形音频文件、数字音频文件及光盘数字音频文件等。

**4. 视频信息**

视频（video）是由一幅幅内容连续的图像组成的，当连续的图像按照一定的速度播放时，由于人眼的视觉暂留现象，就会产生连续的动态画面效果，也就是所谓的视频。按照处理方式的不同，视频分为模拟视频和数字视频。模拟视频是一种用于传输图像和声音的随时间连续变化的电信号，它的记录、传播及存储都以模拟的方式进行。数字视频处理的对象是已数字化的视频，易于编辑处理，具有较好的再现性。

视频信号可分为模拟视频信号和数字视信号两大类。模拟视频信号具有成本低和还原性好等优点，视画面往往会给人一种身临其境的感觉。但模拟视频信号的最大缺点是不论记录的图像信号有多好，经过长时间的存放之后，信号和画面的质量都将大大降低；或者经过多次复制之后，画面的失真就会很明显。数字视信号是基于数字技术及其他图像显示标准的。

视频文件也有很多种格式，常见视频格式有 avi、mpeg 和 wmv 等。

## （二）各类信息的获取方式

**1. 文本素材的获取方式**

（1）从网站中获取

百度、谷歌等搜索引擎都可以搜索所需文本素材，完成搜索后复制文本到本地计算机即可。复制网页文本时，由于网站对页面进行了保护设置，有些网页文字不允许直接选择或复制，此时可以采用下面步骤获取文字素材：

①选中文本，在高亮处单击鼠标右键，在弹出的快捷菜单中选择"保存为文本"命令。

②在打开的对话框中将网页保存为文本文件，选择目标位置，按"保存"按钮，不用修改文件名，文件名自动生成，不会重名，且包含网页标题。

③保存成功后，可以到目标位置查看结果。

④双击打开目标文件即可得到文字素材。

（2）使用文本识别软件识别图片文字

家庭信息收集过程中，有时候需要识别图片中的文字，并将其转化为可编辑的文字素材，这时候我们需要使用文本识别软件来获取图片中的文字。具体操作参考以下步骤：

①安装并打开 OCR 文本识别软件，在其主界面中心通过"点击"添加需要识别的图片文件，或者单击"添加文件按钮"。

②选择需要识别的图片。

③选定目标文件后，软件开始识别文件，随后出现预览效果和识别状态条，并且可以设置文件输出位置。

④识别成功后，出现信息提示框。

⑤根据输出目录位置，找到文本文件并打开。

（3）将语音转换为文字

除了上述两种方法以外，还可以将声音转换成文字，如：微信"语音输入"功能和科大讯飞的"听见"软件提供了语音转文本的服务。

**2. 图像的获取方式**

（1）从网站中获取

一些网站专门收集图像素材，并按一定的类别放置，用户登录这些网站后可以很容易地下载所需的图像素材。用户可以到专门的图片网站中收集图片，也可以直接使用搜索引擎（如百度、360 搜索）来搜索相应关键字的图片。找到想要的图片之后，可以将这些图片下载到本地计算机中保存备用。

以下载现代简约客厅装修图片为例，介绍下载图片的步骤：

①打开360浏览器，在搜索栏中输入"现代简约客厅装修实景图大全"，打开搜索页面。点击搜索栏下面"图片"标签或者点击显示内容中"现代简约客厅装修实景图大全_360图片"，打开搜索结果页面。

②从海量图片中筛选出目标图片，单击右键出现快捷菜单，点击"图片另存为"。

③选择目标位置，修改文件名，单击"保存"按钮，下载完成。

（2）扫描图像

使用彩色扫描仪可以将照片、印刷图片、美术作品等扫描到计算机，变成通用的数字图像。使用分辨率较高的彩色扫描仪可以获取质量很高的数字图像。

扫描仪的应用已经很广泛，现在的打印、复印、扫描、传真一体机更是走进千家万户。扫描仪的用法：

①打开一体机扫描仪上盖，把要扫描的文件或图片面朝下压在下面。

②点击"开始"—"设备和打印机"，打开设备窗口。

③右键单击"默认设备"，弹出快捷菜单。

④单击"开始扫描"按钮，打开"新扫描"窗口，同时显示扫描进度条。

⑤扫描完成后，自动弹出"导入图片和视频"对话框。单击"导入"按钮，存至目标位置。

（3）截取屏幕图像

如果计算机屏幕上出现了有价值的画面，可以使用屏幕图像截取软件将其截取下来，直接调用或者保存到素材库中。这样的软件很多，使用也比较方便。常用的截图软件有HyperSnap、Snagit等，它们不仅可以截取窗口、全屏幕，而且可以截取Windows窗口的各个组成部分，如按钮、工具栏、浮动面板等。另外，Word、PPT、QQ和微信等软件也有截图功能，如图9-1至图9-4所示。

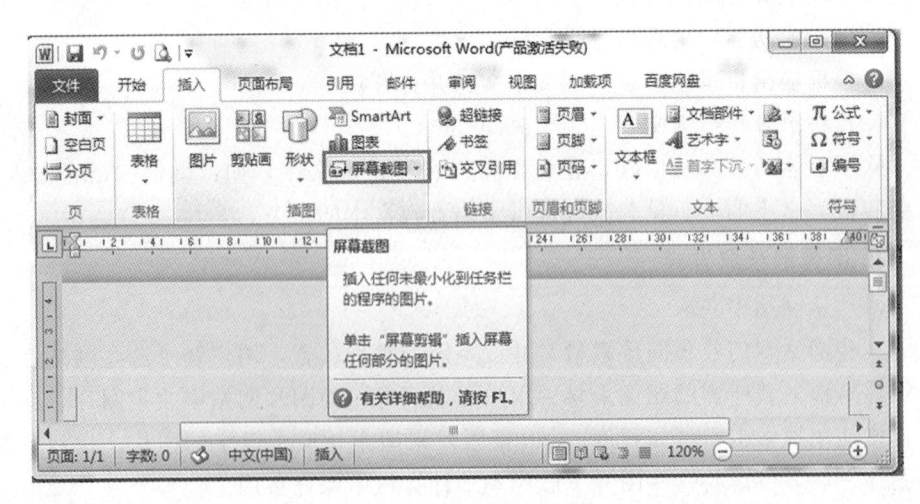

图9-1 Word截图工具

图 9-2　PPT 截图工具

图 9-3　微信截图工具

图 9-4　QQ 截图工具

### (4) 数码设备拍摄

数码设备拍摄的照片能方便地输入计算机。如今的数码设备（如数码相机、智能手机、DV等）已相当普及，像素也越来越高。因此，可以随时随地采集图像素材并保存到计算机中。

### 3. 音频、视频的获取方式

视频获取的途径有很多种，网络上不仅有丰富多彩的图像，也有很多精彩的视频，借助一些下载工具，如迅雷等可以方便地下载，也可以从 VCD、DVD 光盘中获取。

### (1) 从网络上下载

网络上的音视频资源，有的是可以直接下载的，有的通过浏览器自带的下载功能或者通过一些下载软件可以将音视频素材下载下来。比如：腾讯视频、爱奇艺视频和优酷视频下载工具。

①打开腾讯视频软件，选择目标视频，打开视频后，窗口上方有下载按钮，如图 9-5 所示。

图 9-5　腾讯视频下载工具

②打开爱奇艺视频软件，选择目标视频，右键单击目标视频，即可弹出下载按钮，如图 9-6 所示。

第九章　女性与信息化技能

图 9-6　爱奇艺视频下载工具

优酷视频下载方法同腾讯视频下载方法相似，不再赘述。

（2）截取 VCD、DVD 中的视频素材

在家庭生活中，有时候会需要使用 VCD、DVD 光盘中的部分视频，通过一些音视频播放和编辑软件，比如格式工厂，可以直接截取音视频中的部分素材。

（3）从设备中获取

将 DV 摄像机录制的视频文件传输到计算机上，需要确认 DV 设备与计算机端口正确连接，然后将摄像机模式设置为播放与录制的视频。

（4）通过软件分离出音频、视频素材

使用格式工厂软件中的"分离器"，可以实现将原有视频中的音频和视频分离，得到两个独立文件，分别是音频文件和视频文件。如图 9-7 所示。

图 9-7　格式工厂分离器

173

## 三、数据信息的处理技能

### (一) 数据处理软件——Excel

处理信息数据是日常办公事务中常见而烦琐的任务,Excel 电子表格处理软件是帮助我们完成这些任务的有效工具,也是目前使用最广泛的电子表格处理软件之一。下面通过实践案例介绍 Excel 2010 的基本操作和使用方法。

**1. Excel 2010 的启动**

启动 Excel 2010 的方式有很多,通常我们使用以下几种:
(1) 从"开始"菜单启动

单击桌面左下角的"开始"按钮,在弹出的"开始"菜单中执行"所有程序"→"Microsoft Office"→"Microsoft Office Excel 2010"命令。

(2) 通过打开工作簿文件启动

在计算机中找到一个已经存在的工作簿文件(扩展名为 xlsx),双击该文件图标。

如果在桌面上已经有创建好的 Excel 2010 快捷方式,也可通过双击该桌面快捷方式图标来启动 Excel 2010。

(3) Excel 2010 的操作界面

启动 Excel 2010 后,将进入 Excel 的主界面窗口(如图 9 - 8 所示),可以看到,除了 Excel 本身的程序窗口,系统还自动创建了一个名为"工作簿 1"的空白工作簿,在此可以进行数据的输入、编辑和图表制作等操作。

图 9 - 8 Excel 的主界面窗口

一个标准的 Excel 主界面窗口由快速访问工具栏、标题栏、"文件"选项卡、功能区、名称框、编辑栏、工作区和状态栏等几部分组成。

**2. 创建工作簿**

(1) 启动 Excel 2010 后，系统会自动创建一个名称为"工作簿 1"的工作簿，其中包含三个工作表 Sheet 1、Sheet 2 和 Sheet 3，默认选择"Sheet 1"。单击快速访问工具栏中的"保存"按钮，打开"另存为"对话框，如图 9-9 所示。在"文件名"文本框里输入"班级成绩单"，单击"保存"按钮，将工作簿命名为"班级成绩单.xlsx"。

图 9-9　"另存为"对话框

(2) 双击"Sheet 1"工作表标签，进入标签名编辑状态，输入"一班"后按"Enter"键，将工作表名称改为"一班"。

**3. 数据的输入**

在 Excel 中可以输入的数据类型有：文本（包括字母、汉字和数字代码组成的字符串等）、数值（能参与算术运算的数、货币数据等）、时间和日期、公式及函数等。输入数据时，不同的数据类型有不同的输入方法。

(1) 输入数据的步骤

①输入标题。双击 A1 单元格，进入编辑状态，输入"一班成绩单"。选择 A2：I2（从 A2 单元格开始到 I2 单元格结束的一个单元格区域），依次输入"学号""姓名""语文""数学"……"总分"等。如图 9-10 所示。

图 9-10　输入文本

②输入学号。选择 A3 单元格，输入第一名同学的学号"C1-01"，将鼠标移至 A3 单元格右下角，待鼠标形状变为"+"，按下鼠标左键向下拖动至 A12，完成学号自动填充。如图 9-11 所示。

图 9-11　输入学号

③输入其他数据。在 B3：H12 中输入姓名和各项成绩。如图 9 - 12 所示。

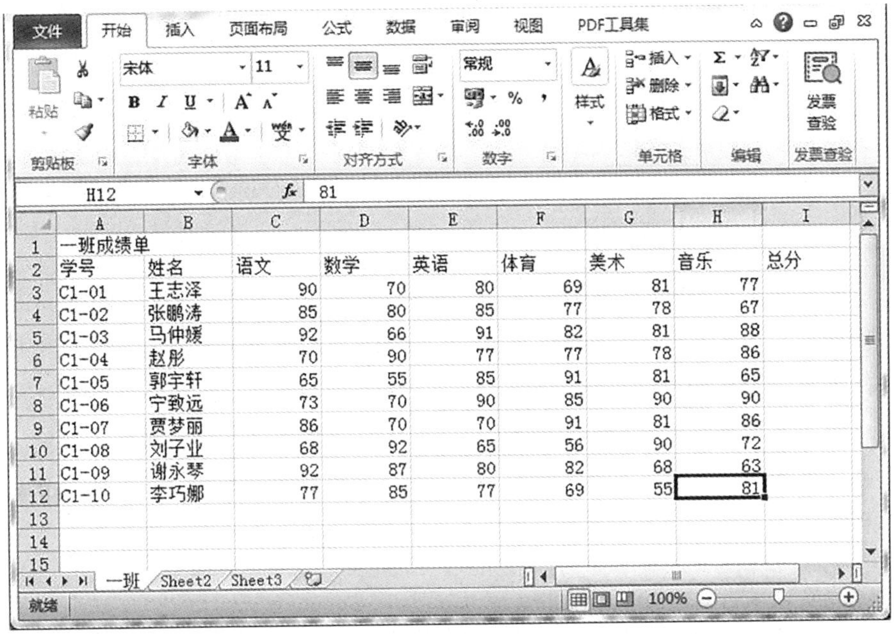


| | A | B | C | D | E | F | G | H | I |
|---|---|---|---|---|---|---|---|---|---|
| 1 | 一班成绩单 | | | | | | | | |
| 2 | 学号 | 姓名 | 语文 | 数学 | 英语 | 体育 | 美术 | 音乐 | 总分 |
| 3 | C1-01 | 王志泽 | 90 | 70 | 80 | 69 | 81 | 77 | |
| 4 | C1-02 | 张鹏涛 | 85 | 80 | 85 | 77 | 78 | 67 | |
| 5 | C1-03 | 马仲媛 | 92 | 66 | 91 | 82 | 81 | 88 | |
| 6 | C1-04 | 赵彤 | 70 | 90 | 77 | 77 | 78 | 86 | |
| 7 | C1-05 | 郭宇轩 | 65 | 55 | 85 | 91 | 81 | 65 | |
| 8 | C1-06 | 宁致远 | 73 | 70 | 90 | 85 | 90 | 90 | |
| 9 | C1-07 | 贾梦丽 | 86 | 70 | 70 | 91 | 81 | 86 | |
| 10 | C1-08 | 刘子业 | 68 | 92 | 65 | 56 | 90 | 72 | |
| 11 | C1-09 | 谢永琴 | 92 | 87 | 80 | 82 | 68 | 63 | |
| 12 | C1-10 | 李巧娜 | 77 | 85 | 77 | 69 | 55 | 81 | |

图 9 - 12　成绩单数据输入

（2）输入数据的技巧

在 Excel 中输入一些有规律的数据时，除了要注意输入规则外，还可以使用一些快速输入数据的技巧，以提高输入数据的效率。

在 Excel 中输入有规律的数据时，填充柄是一个很方便的工具。使用填充柄可以在输入数据或公式的过程中，给同一行（或同一列）的单元格中快速填充某种有规律的数据，而用户只需拖动当前单元格的填充柄即可完成。当前单元格的填充柄位于该单元格边框的右下角，当光标指向该位置时，会自动变为填充柄形状“**+**”，此时按下鼠标左键不放并拖动填充柄，便能将拖动过程中填充柄所经过的单元格区域进行数据填充，不同形式或规律的数据采用不同的填充方法。

①相同数据填充：先在填充区域的起始单元格中输入要填充的数据，在该单元格中使用填充柄拖动直到填充区域的最后一个单元格，就能将输入的数据填充到填充柄移过的单元格。如图 9 - 13 所示为在单元格 C1 中输入 255 后，再使用填充柄拖动直到 C9 单元格时的效果。

图 9-13 相同数据填充效果　　　　图 9-14 数据序列填充效果

②数据序列填充：先在填充区域的前两个单元格中依次输入要填充的数据序列的前两项，选定这两个单元格，使用填充柄拖动直到填充区域的最后一个单元格完成填充。新填充的数据与先前输入的两个数据按照单元格顺序一起构成一个数据序列，且每两项间递增（或递减）的值（也称为步长）与先前输入的两个数据间的步长相同。如在 C1、C2 中输入 2、4 后，拖动填充柄到 C9 后的结果如图 9-14 所示。

**4. 格式设置**

在"开始"选项卡中单击"字体"组的组按钮，打开"设置单元格格式"对话框。该对话框包含 6 个选项卡，如图 9-15 所示。

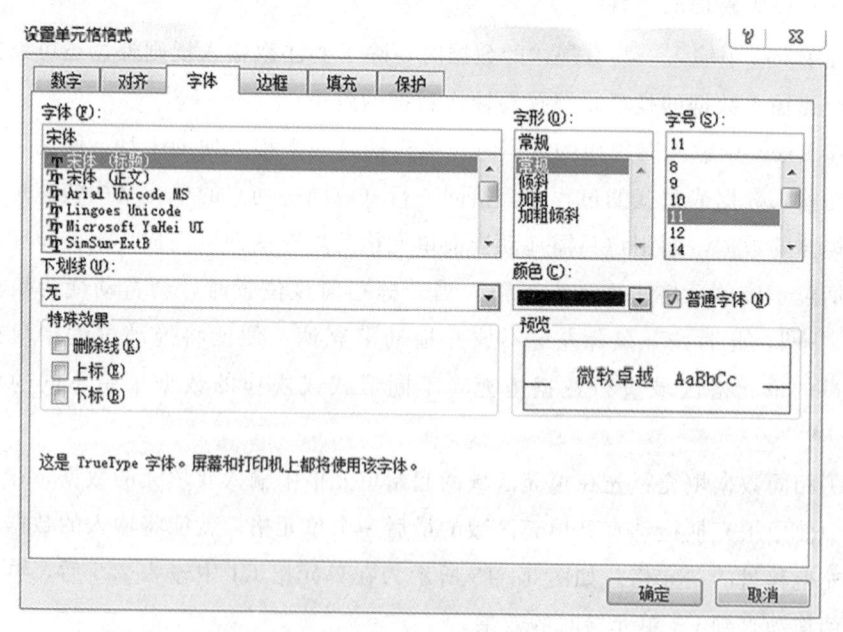

图 9-15 设置单元格格式对话框

"数字"选项卡：设置单元格中数据的类型。

"对齐"选项卡：可以对选定单元格或单元格区域中的文本和数字进行定位、更改方向和指定文本控制功能。

"字体"选项卡：可以设置选定单元格或单元格区域中文字的格式，包括字体、字号、字形、下划线、颜色和特殊效果等选项。

"边框"选项卡：可以为选定单元格或单元格区域添加边框，还可以设置边框的线条样式、线条粗细和线条颜色。

"填充"选项卡：填充选定的单元格或单元格区域，其中使用"图案颜色"和"图案样式"选项可以为单元格填充双色图案或底纹，使用"填充效果"选项可以为单元格填充渐变。

"保护"选项卡：用来保护工作表数据和公式的设置。

（1）对齐方式

①选中 A1：I1，在"对齐"选项卡中单击 合并后居中 右侧下拉按钮，在打开的下拉列表中选择"合并后居中"，如图 9-16 所示。

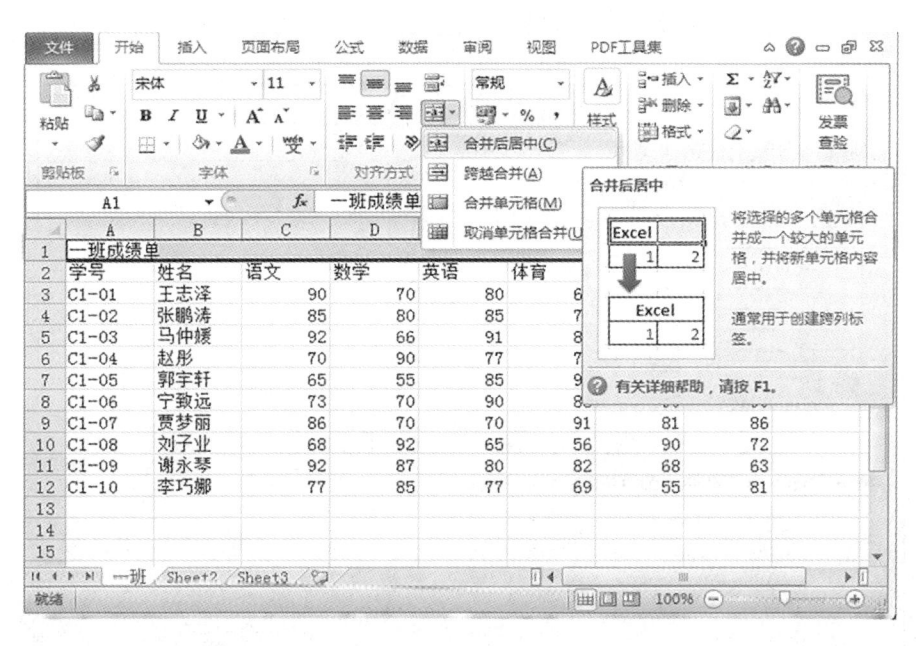

图 9-16 标题合并后居中

②选中 A2：I2，在"对齐"选项卡中单击居中按钮，使成绩各选项居中。对齐方式也可以通过"设置单元格格式"对话框实现。选择 A3：I12，单击"对齐方式"选项卡的组按钮，打开"设置单元格格式"对话框中的"对齐"选项卡，设置文本对齐方式。

### （2）字体格式

选中 A1 单元格，单击"字体"选项卡的组按钮，打开"设置单元格格式"对话框中的"字体"选项卡，设置"一班成绩单"字体格式为"黑体"，字号"20"，颜色"蓝色"；选择 A2：I2，设置字体格式为"黑体"，字号"12"；其余数据格式为"宋体"，字号"12"。

### （3）设置边框和填充

在默认状态下，Excel 中的数据表格都没有边框线，通过设置边框和填充格式可对数据表格添加多种样式的边框线和填充格式。

①设置单元格区域的边框线

第一步：选择 A2：I12，打开"设置单元格格式"对话框的"边框"选项卡。

第二步：在"边框"选项卡的"样式"列表中选择代表"单实线"的选项（该选项为默认选项），"预置"栏中单击"内部"按钮来设置内边框，可以在右下侧的"边框"栏中看到内边框设置的预览效果（如图 9-17 所示）。

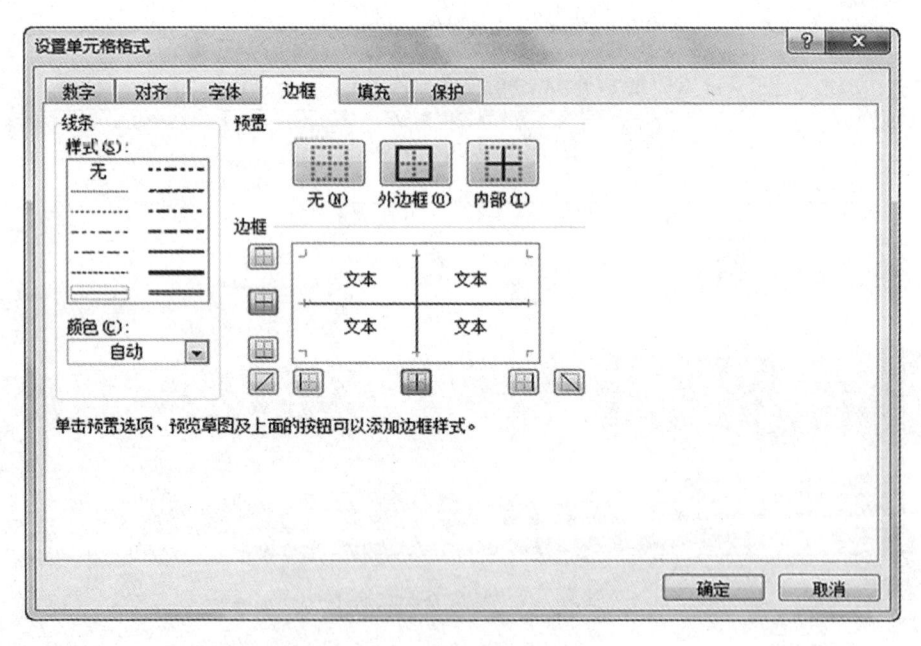

图 9-17 设置内边框格式对话框

第三步：在"样式"列表中选择代表"双实线"的选项，"预置"栏中单击"外边框"按钮来设置外边框，在"边框"栏中可以看到双线外边框的预览效果（如图 9-18 所示）。

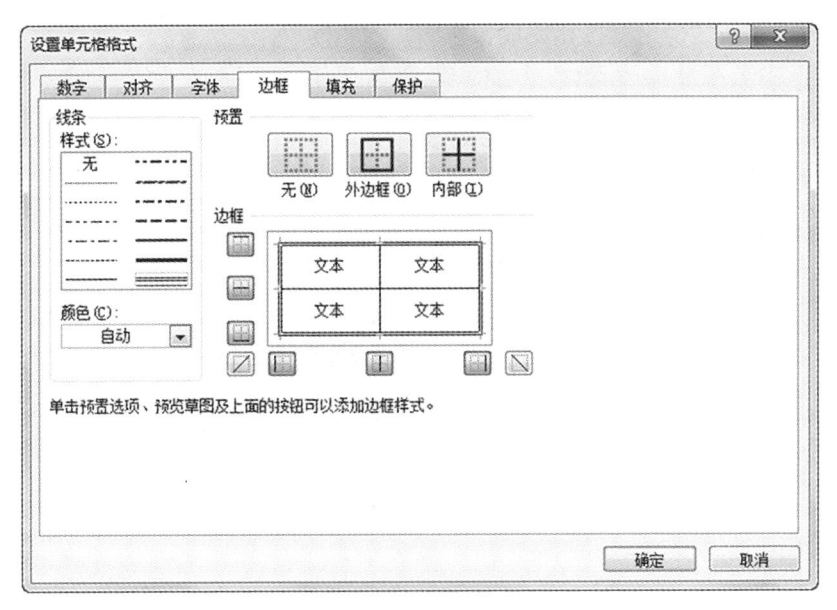

图 9-18　设置外边框格式对话框

第四步：单击"确定"按钮完成操作。如图 9-19 所示。

图 9-19　边框设置效果

②设置单元格区域的填充格式

选择 A1 单元格区域，打开"设置单元格格式"对话框的"填充"选项卡，在"背景色"下的颜色选择控件中移动光标，设置背景颜色（选择过程如图 9-

20 所示），单击"确定"按钮完成操作。

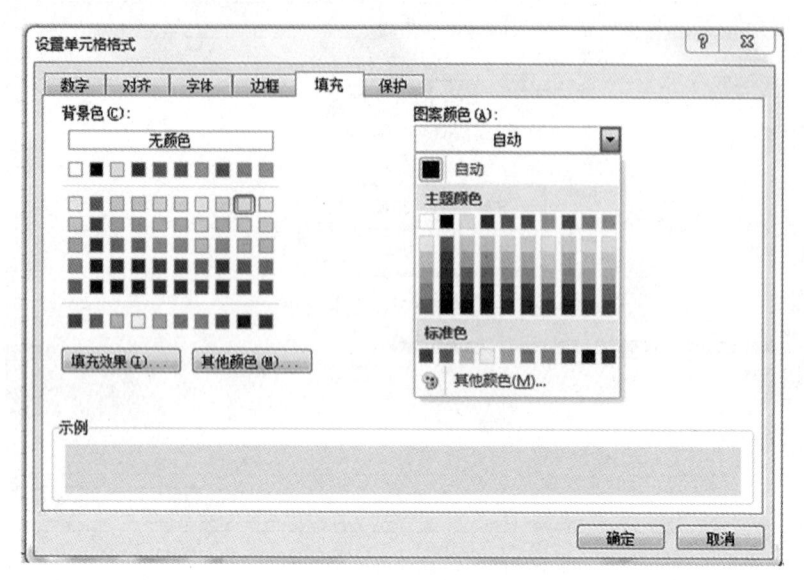

图 9-20 设置单元格背景颜色

也可以用同样方法设置 A2：I2 单元格区域背景颜色。

（4）设置行高列宽

①粗略调整

选中目标行，将鼠标指针移动到行与行单元格分割线上，待其变为十字形状，按住鼠标左键进行拖动，调整行高。可用同样方法设置列宽。如图 9-21 所示。

图 9-21 粗略调整行高列宽

②精确设置

将鼠标指针移动到表格左侧行标上，选择需要设置的目标行，选择"开始"—"单元格"组，单击"格式"按钮，在打开的下拉式列表中选择"行高"选项。如图 9-22 所示。

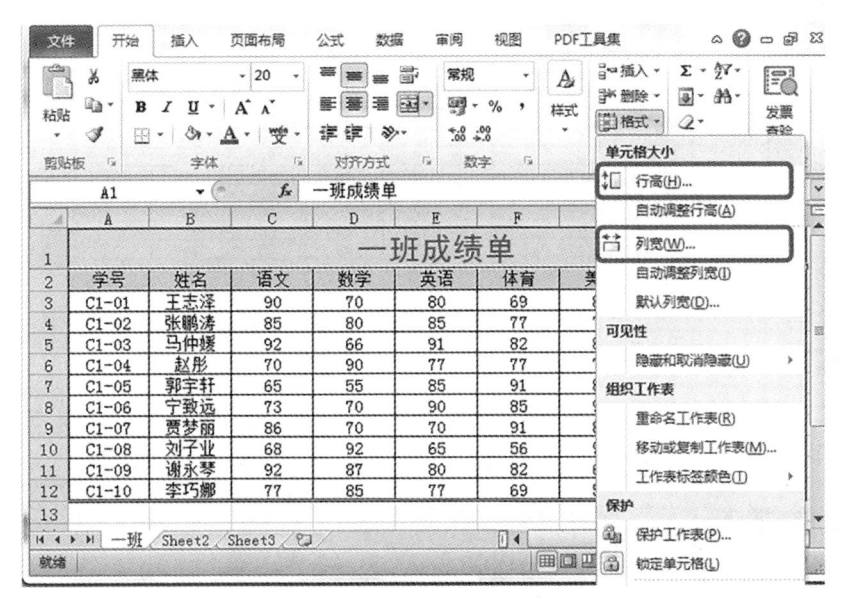

图 9-22　行高、列宽按钮

打开"行高"对话框，在"行高"数值框中输入行高数值，单击"确定"按钮，完成精确设置。列宽设置方法类似。

**5. 单元格数据计算**

数值计算是 Excel 的重要功能之一，可以通过输入公式计算，也可以使用函数计算。完成第一个数值计算后，还可以通过快速填充功能将公式复制到其他单元格，完成数据的计算。

（1）计算总分

①编辑公式

在 Excel 中，公式就是一个等式，由"＝"开头，后面紧跟着一个表达式。因此 Excel 中的公式可以表示为"＝表达式"。其中的表达式又由运算符和运算数组成，运算符包括算术运算符、比较运算符和文本运算符等，运算数则可以是常量、单元格引用、单元格区域引用及函数等。

第一步：双击 I3 单元格，定位文本插入点，或者选中 I3 单元格，将文本输入点定位在编辑框中，输入"＝C3＋D3＋E3＋F3＋G3＋H3"，然后按回车键，在 I3 单元格中计算出第一个同学的总分，如图 9-23 所示。

183

图9-23 公式法计算总分

第二步：选中I3单元格，将鼠标移至单元格右下角，待鼠标形状变为"+"，按下鼠标左键向下拖动至I12，完成总分自动填充。如图9-24所示。

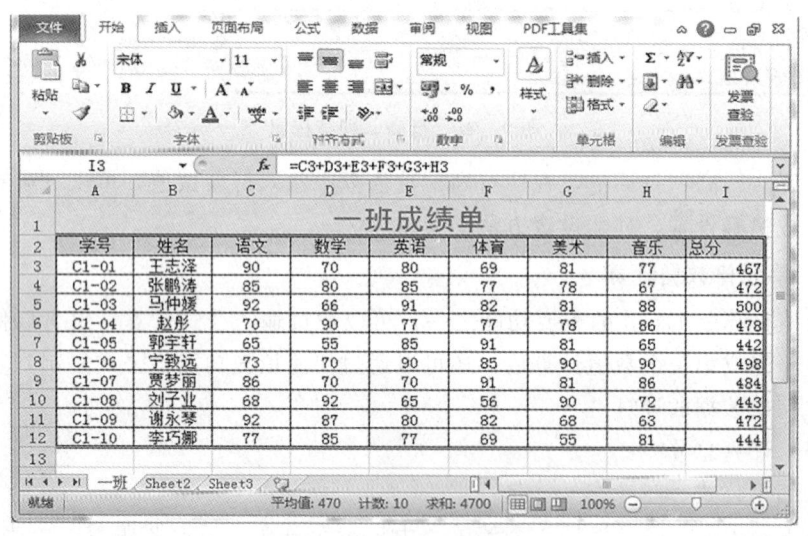

图9-24 总分自动填充

②函数运算

总分还可以通过求和函数计算。

第一步：双击I3单元格，选择"公式"—"函数库"组—"插入函数"，打开"插入函数"对话框，选择"常用函数"—求和函数"SUM"。

第二步：单击"确定"，打开函数参数对话框，点击"Number 1"右侧折叠按钮，选择求和参数C3：H3。

第三步：再次单击折叠按钮，打开函数参数对话框，单击"确定"，即可计算出第一名同学的总分。选中 I3 单元格，待鼠标形状变为"+"，按下鼠标左键向下拖动至 I12，完成总分自动填充。

（2）计算平均分

同总分计算方式一样，各科平均分还可以通过函数计算。

第一步：双击 C13 单元格，选择"公式"—"函数库"组—"插入函数"，打开"插入函数"对话框，选择"常用函数"—平均函数"AVERAGE"。

第二步：单击"确定"，打开函数参数对话框，点击"Number 1"右侧折叠按钮，选择参数 C3：C12，再次单击折叠按钮，打开函数参数对话框，单击"确定"，即可计算出第一科的平均分。

其他各科平均分的计算可以使用前面讲过的公式计算中的快速填充法来完成。

## 6. 创建、编辑图表

图表是 Excel 中常被用来表现数据关系的图形工具，Excel 中大约包含 11 种内部的图表类型，每种图表类型中又有很多子类型，还可以通过自定义图表满足用户的各种需求。

下面在一班"班级成绩单.xlsx"工作簿中创建柱形图，具体操作如下：

（1）选择数据区

在"平均成绩分析"工作表中选择 A2：F3 单元格区域，选择"插入"—"图表"工具组，单击"柱形图"按钮，在打开的下拉式列表中选择"簇状柱形图"选项，如图 9-25 所示。

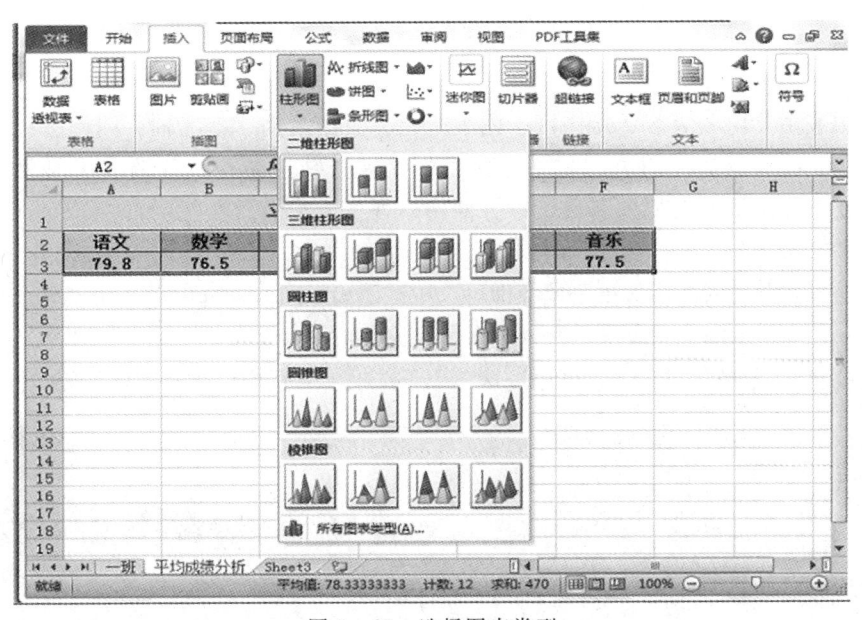

图 9-25　选择图表类型

(2) 调整图表位置和大小

在表格编辑区可以看到插入的图表。将鼠标指针移动至图表边框，拖动鼠标调整图表位置至表格下方。将鼠标指针移动至图表四边的控制点上，待其变为"↔"形状时，可以调整图表大小。如图9-26所示。

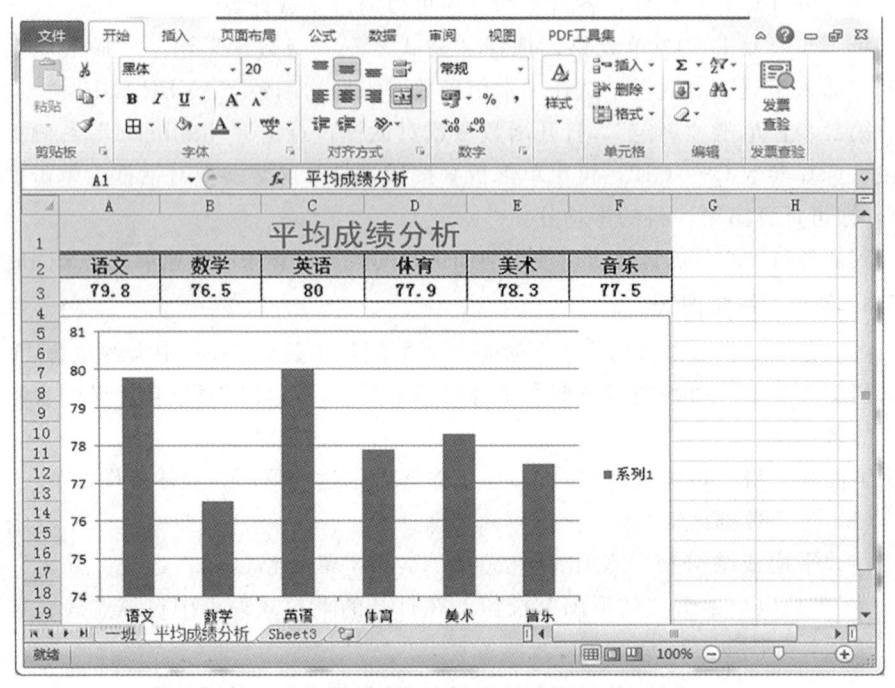

图9-26 调整图表位置和大小

(3) 编辑图表

图表主要由图表区、绘图区、图表标题、数据系列、坐标轴、图例、模拟运算表和三维背景等子对象组成。通常，当鼠标指针停留在这些图表子对象上方时，就会显示该子对象的名称，以方便用户查找或编辑。

①编辑工具

通过在图表的图表区单击鼠标即可选中该图表，图表被选中后，功能区会出现如图9-27所示的"图表工具"选项卡，在该选项卡中又包含三个子选项卡，依次为"设计""布局""格式"，可通过这三个子选项卡对选中的图表做多种编辑操作。

图9-27 "图表工具"选项卡

②编辑图表样式

选择图表,选择"图表工具"—"设计"—"图表样式"组,单击列表框右下角的"▼"按钮,在打开的下拉列表中选择"样式 8",如图 9-28 所示。

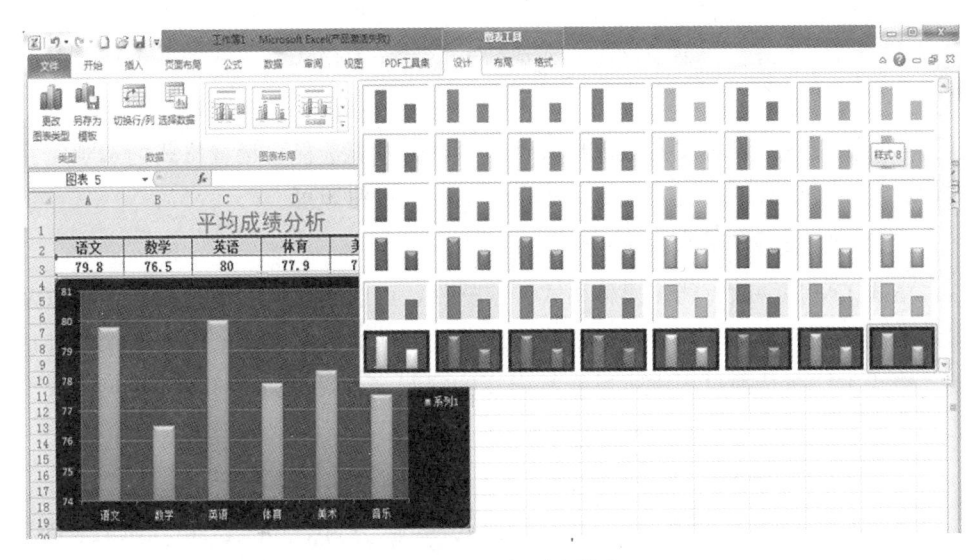

图 9-28 选择图表样式

(4)美化图表

为了使图表更美观,在创建好图表后,还可对其设置格式,对其进行美化。

①选择布局:选择"图表工具"—"设计"—"图表布局"组,单击列表框右下角的"▼"按钮,在下拉列表框中选择"布局"选项。

②编辑坐标轴:选择"图表工具"—"布局"—"标签"组,单击"坐标轴标题"按钮,在下拉列表中选择"主要横坐标轴标题"子列表中的"无",不显示横坐标轴标题。

③设置形状样式:主要是对图表对象中涉及的各种边框颜色及边框样式等进行的设置。具体设置步骤如下:

第一步:选择要设置格式的图表,进入功能区"图表工具"选项卡中的"格式"子选项卡,在"当前所选内容"选项组上方有一个下拉列表,从中可以选择要设置格式的图表子对象。

第二步:在"当前所选内容"选项组下拉列表中选择想要设置格式的图表子对象后(也可以直接通过鼠标单击该子对象进行选择),单击"形状样式"选项组右下角的下拉按钮,会弹出与该子对象对应的格式设置对话框。

第三步:在格式设置对话框的左侧选择要设置格式的选项,在右侧进行相应格式的设置,完成后单击"关闭"按钮即可。

④设置文本样式：与设置形状样式操作类似。

第一步：选择要设置格式的图表，进入功能区"图表工具"选项卡中的"格式"子选项卡，在"当前所选内容"选项组的下拉列表中选择要设置格式的图表子对象（也可以直接通过鼠标单击该子对象进行选择）。

第二步：单击"艺术字样式"选项组右下角的下拉按钮，弹出"设置文本效果格式"对话框。

第三步：在"设置文本效果格式"对话框的左侧选择要设置格式的选项，在右侧进行相应格式的设置，完成后单击"关闭"按钮即可。

### （二）音视频处理软件——格式工厂

格式工厂是一款万能多媒体格式转换软件，可以实现大多数视频、音频以及图像不同格式的相互转换，在转换时可以设置文件输出配置，增添数字水印等功能。格式工厂在转换过程中可以修复损坏的视频文件，还具有DVD视频抓取功能，可以轻松备份DVD到本地硬盘。

**1. 视频格式转换**

格式工厂可以将所有类型视频转换为mp4、3gp、mpg、avi、wmv、flv、swf等常用格式，还可以实现视频的剪辑与合并。具体操作步骤如下：

第一步：以视频为例，打开"格式工厂"软件，点击"视频"标签，选择要转换的目标视频格式，比如avi，打开转换界面。

第二步：点击界面中心的"添加文件"按钮，选择需要转换的文件（*.mp4），单击"打开"按钮。

说明：单击"输出配置"可以改变配置文件的分辨率、名称和图标等，界面左下角可以设置输出路径。

第三步：点击"开始"按钮，转换状态栏中会显示转换进度。单击暂停或停止按钮，可以终止目前转换进度。

第四步：转换完成后，自动保存至设置的路径。

**2. 视频剪辑**

视频剪辑就是在原视频基础上，剪辑出所需要的部分进行保存。具体操作步骤如下：

第一步：在主界面上单击"视频"—"快速剪辑"按钮。

第二步：同前面方法一样，选择目标文件，打开剪辑面板，根据需要，选择"开始时间"和"结束时间"，也可以在时间文本框中输入时间，单击"确定"，完成视频剪辑。

音频的格式转换、剪辑跟视频操作类似，不再赘述。

## 四、主要软件使用技能

### (一) 文字处理软件

**1. Word 2010**

Word 2010 是 Office 2010 系列办公组件之一，是目前世界上最流行的文字编辑软件。它强大的功能可以帮助用户创建高质量的文档，轻松实现协作并且随时随地访问自己的文件。Word 2010 还为用户提供了最优秀的文档排版工具，并帮助用户更有效地组织和编写文档。用户使用 Word 2010 可以编排出精美的文档，方便地编辑和发送电子邮件，编辑和处理网页，等等。

**2. WPS 文字**

WPS 是英文 Word Processing System（文字处理系统）的缩写。它集编辑与打印为一体，具有丰富的全屏幕编辑功能，还提供了各种控制输出格式及打印功能，使打印出的文稿既美观又规范，基本上能满足各界文字工作者编辑、打印各种文件的需要和要求。WPS 的主要功能包括文字输入、文字修饰、文档编辑、图文混排，尤其是汉字排版方面，独有的文字竖排、稿纸方式，丰富的模板可以编排出更专业、更生动的文档，更适合家庭文字编辑的需求。

### (二) 图片处理软件

**1. Windows 画图程序**

画图程序是 Windows 操作系统自带的一个图像编辑软件。可以用"画图"程序处理图片，例如 jpg、gif 或 bmp 等格式的文件。可以将"画图"图片粘贴到其他已有的文档中，也可以将其用作桌面背景，甚至可以用"画图"程序查看和编辑扫描好的照片。

**2. ACDSee**

ACDSee 是知名的数字图像处理软件，它能广泛应用于图片的获取、管理、浏览、优化。使用 ACDSee 图片浏览器，可以从数码相机和扫描仪高效获取图片，并进行便捷的查找、组织和预览，支持超过 50 种常用多媒体格式。作为重量级的看图软件，它能快速、高质量显示图片，再配以内置的音频播放器，可以播放精彩的幻灯片。ACDSee 还能处理如 mpeg 之类常用的视频文件。此外，ACDSee 是图片编辑工具，能够轻松处理数码影像，拥有去除红眼、剪切图像、锐化、浮雕特效、曝光调整、旋转、镜像等功能，还能进行批量处理。

**3. Photoshop**

Adobe 公司出品的 Photoshop 软件因其强大的图形图像功能，一直深受广大平面设计者的青睐。Photoshop 作为专业的图像编辑工具，使用户尝试新的创作方式，它还适用于制作打印 Web 和其他任何用途的最佳品质的图像。通过其更便捷的文件数据访问、流线型的 Web 设计、更快的专业品质照片润饰功能及其他功能，使用者可创造出无与伦比的影像世界。

### （三）IE 浏览器

万维网通过网络中的无数 Web 站点提供 Web 服务，用户可以通过计算机对万维网进行访问，实现对网络资源的获取。在这个浩如烟海的万维网中，每个 Web 站点都有自己独特的地址，或者称为统一资源定位符（URL）。用户只要知道 Web 站点的地址，就可以利用浏览器方便地访问相应的 Web 站点。

**1. IE8 浏览器及使用**

IE8 是微软公司开发的新一代浏览器，是使用最为广泛的 WWW 浏览器软件。与 IE 以前的版本相比，IE8 具有强大的功能和更高的安全性。

（1）IE 的界面布局

在 Windows 7 中附带的浏览器是 Internet Explorer 8.0，常常简称为 IE8。下面就以 IE8 为例对浏览器进行简单的介绍。

在确认连接到 Internet 后，在桌面上双击 Internet Explorer 图标或者点击"开始/所有程序"，选择"Internet Explorer"，即可启动 Internet Explorer 工作窗口。启动后的 IE8 浏览器如图 9-29 所示（已经进入百度网站）。

图 9-29 IE8 窗口

Internet Explorer 8 浏览器的工作窗口主要由菜单栏、命令按钮栏、地址栏、收藏栏、Web 窗口、状态栏等几部分组成，可以用鼠标拖动其任意一边或一角来调整大小，也可以按住窗口上方的标题栏进行拖动。如果在窗口中不能观看到网页的全部内容，可以拖动窗口中的滚动条观看需要的内容。

（2）利用 IE8 浏览网页

IE8 提供了多种在网上漫游的方式，用户可以采用不同的方法浏览网页。

方法一：在地址栏中输入 URL

如果用户知道要访问的网页 URL，直接在地址栏中输入 URL 即可。Internet Explorer 具有记忆网址的功能，单击地址栏最右侧的下拉箭头，在列表中会显示最近访问过的网址，用户可以从下拉菜单中选择网址访问网页。

方法二：利用网页中的超级链接浏览

Web 的最佳特性就是超级链接的使用，超级链接就是屏幕上的热区。当超级链接被单击时，可以转向图像、视频、音频剪辑或其他 Web 网页。大多数超级链接表现为带下划线的文本。当鼠标指针触及一个超级链接时，鼠标指针变成小手状，此时在状态栏上一般将显示出超级链接的地址。单击该链接即可链接到目标。

方法三：使用导航按钮浏览

在 IE8 中分散地设置了 5 个导航按钮，在浏览过程中会频繁用到这几个按钮，其名称和功能如下：

"后退"按钮：当用户在进行网上浏览时，有时需要退回到一个刚访问过的网页，此时单击此按钮即可。单击此按钮后的下三角箭头，在下拉列表中会看到刚才访问过的网页名称列表，单击这些网页名称，IE 即直接跳转到以前访问过的网页。

"前进"按钮：如果在连续返回前面的网页后，再单击该按钮，可以直接转到后面的网页。

"停止"按钮：在浏览过程中，有时会因通信线路太忙或出现了故障而导致一个网页长时间没有反应，此时单击该按钮来停止对当前网页的载入。

"刷新"按钮：单击此按钮可以重新载入网页，有的网页更新很快，单击此按钮可以及时阅读新信息。

"主页"按钮：在 Internet Explorer 中，主页是指每次打开浏览器时所看到的起始页面，在浏览过程中单击该按钮返回到起始页面。

方法四：使用收藏夹

IE8 窗口中工具栏最左侧的"收藏夹"可以存放用户感兴趣的网页地址。如果想要把某个网站添加到收藏夹，先访问该网站，点击"收藏夹"按钮，接着点击"添加到收藏夹"。可以在"收藏夹"中管理已经收藏的网站，也可以查看旁边的"源"和"历史记录"。如果想让"收藏夹"中的内容固定显示在页面上，点击"收藏夹"按钮，然后点击右侧的"固定收藏中心"图标即可。以后要访问这些网页，点击相应的列表即可。

**2．IE8 浏览器的设置**

（1）将 IE8 设为默认浏览器

运行 IE8，点击其工具栏中的"工具"选项，选择"Internet 选项"，接着在窗口的上部点击"程序"选项卡，在"默认的 Web 浏览器"下点击"设为默认值"即可。还可以勾选"如果 Internet Explorer 不是默认的 Web 浏览器，提示我"，这样当 IE8 启动时如果当前的默认浏览器不是 IE8 就会弹出对话框，就可以快捷地将其设置为默认浏览器。设置完成后，点击"确定"保存更改。

（2）添加删除 IE8 工具栏

运行 IE8，点击其工具栏中的"工具"选项，再点击"工具栏"，也可以直接在工具栏上点击右键，进入"工具栏"选项列表，选择其中的"自定义"。最后在"自定义工具栏"对话框中可以根据自己的需要添加或者删除相应的工具。设置完成后选择工具栏列表中的"锁定工具栏"选项，这样当我们每次使用 IE8 时，就会固定显示已经选择好的工具栏。

（3）添加删除 IE8 加载项

如果想要添加或删除加载项，请点击"工具"选项，从下拉菜单中选择"管理加载项"，在此菜单中，我们可以查看和管理已经安装到浏览器中的不同类型的加载项列表。如果想要添加更多加载项，点击窗口底部的"查找更多加载项"选项。如果想要删除加载项，选择并高亮显示希望删除的加载项，点击"删除"按钮；如果希望保留但禁用该加载项，可点击"禁用"按钮。

（4）IE8 的多媒体设置

用 IE 浏览网页时，有时为了节省流量或者提高浏览速度，可以对网页的多媒体进行设置。点击菜单"工具"下的"Internet 选项"，选择"高级"标签，可以进行多媒体设置。如果要使网页中不显示图片，则去掉"显示图片"复选框中的对钩，同样可以设置是否在网页中播放动画、是否播放声音等。

**3．保存网页中的信息**

（1）保存网页中的图片

在网页图片上右击，然后在弹出的快捷菜单中选择"图片另存为"命令，打开"保存图片"对话框。在"保存图片"对话框中选择正确的目录，如果想更改文件名，可在"文件名"文本框内输入新的文件名，然后在"保存类型"下拉列表中选择保存图片的格式，最后单击"保存"按钮，图片将被下载到用户的计算机上。

(2) 保存网页

在要保存的网页中选择"文件"/"另存为"命令，打开"保存网页"对话框。在对话框中单击"保存类型"下拉列表右侧的下三角按钮，根据需要选择保存的对象。如需要保存整个网页，选择"网页，全部"选项。在"文件名"中输入保存的名称，在路径框中选择正确的保存位置，然后在"编码"文本框中选择保存文件的编码。最后单击"保存"按钮，下载结束后完成保存。

**4. 使用 IE8 浏览器下载资源**

一般而言，在网页上允许下载的软件都有一个超级链接，要下载它们，只要单击该超级链接，就会有一个下载对话框弹出。如果单击"打开"，则打开此文件；单击"保存"，则打开"另存为"对话框。设置好目录和文件名后单击"保存"，下载完成后即保存到计算机中。

### （四）百度搜索引擎

目前常见搜索引擎包括百度、雅虎及谷歌。Google（谷歌）是目前世界上最流行的搜索引擎之一，Baidu（百度）是中国最大的搜索引擎，Yahoo（雅虎）是最著名的目录搜索引擎。

我们以百度为例，介绍搜索引擎的使用。

在 IE 的地址栏中输入 http://www.baidu.com，回车后即可进入百度搜索页面。一般搜索时，只要在页面的搜索框内输入搜索关键词，然后回车或点击"百度一下"，即可搜索出相应的内容。百度还支持命令式高级检索。

**1. 百度常用的检索命令**

（1）把搜索范围限定在网页标题中——intitle

网页标题通常是对网页内容提纲挈领式的归纳。把查询内容范围限定在网页标题中，有时会有良好的效果。使用方式是把查询内容中特别关键的部分用"intitle:"限定。例如，查找×××的写真，可以这样查询：

写真 intitle：×××

（2）把搜索范围限定在特定的站点中——site

把搜索范围限定在某个站点中，可以提高查询效率。使用方法是在查询的内容后面加上"site：站点域名"。例如，天空网下载软件不错，可以这样查询：

msn site：skycn.com

（3）专门文档搜索——filetype

很多有价值的资料，在互联网上并非普通的网页，而是以 Word、PDF 等格式存在。百度支持对 Office 文档（包括 Word、Excel、PowerPoint）、PDF 文档、RTF 文档进行全文搜索。使用时在普通的查询词后面加一个"filetype:"文档限定即可。可以跟的文件格式有：doc、xls、ppt、pdf、rtf、all。

(4) 搜索范围限定在 URL 链接中——inurl

网页 URL 中的某些信息，有时会有一定价值的含义。对 URL 做某种限定，有时可以获得较好的效果。实现的方式是用"inurl："后跟需要在 URL 中出现的关键词。

(5) 精确匹配——双引号和书名号

如果输入的查询词很长，百度经过分析后给出的搜索结果中的查询词很可能是拆分的。给查询词加上双引号，查出的结果就是不拆分的查询词。加上中文书名号的查询词有两个功能：一是书名号会出现在搜索结果中；二是被书名号括起来的内容不会被拆分。书名号在查电影和小说方面常常很有效。

**2. 百度其他功能**

(1) 百度快照

如果无法打开某个搜索结果，或者打开速度极慢时可以用"百度快照"。每个未被禁止搜索的网页，在百度上会自动生成临时缓存页面，即百度快照。当遇到网站服务故障或堵塞时，可以通过"百度快照"快速浏览页面内容。百度快照只缓存文本内容，其他多媒体信息仍储存于原网页中。

(2) 百度百科

百度百科始于 2006 年 4 月，是一部开放的网络百科全书，每一个人都可以自由访问并且可以参与撰写和编辑，并使其不断完善。

(3) 百度知道

百度知道是一个基于搜索的互动式知识问答分享平台，它并非直接查询那些已经存在于网上的内容，而是用户自己根据具体需求有针对性地提出问题，通过积分奖励机制发动其他用户来解答问题。这些问题又进一步作为搜索结果，提供给其他有类似疑问的用户，达到分享知识的目的。

## 参考文献

[1] 李阳，侯丽霞，贾志中. 信息技术基础教程（Windows 7＋Office 2010）[M]. 北京：中国铁道出版社，2014.